KB219948

# 03

**백송 총서**

# 경허의 얼굴

근대 한국 선 불교의 개조

김호성(金浩星) karuna33@dgu.edu
Kim, Ho Sung

동국대학교 불교대학 인도철학과에서 학사, 석사, 박사 과정을 마쳤고, 현재 동국대학교 대학원 인도
철학과와 불교대학 불교학부 교수이다. 두 차례 일본에서 연구할 수 있는 기회가 있었다(2002. 9.~
2003. 8., 교토의 불교대학 ; 2013. 4.~9., 고치(高知)의 고치 대학). 저서로 『대승 경전과 禪』, 『천수경의
새로운 연구』, 『불교 해석학 연구』 등의 학술서와 몇 권의 교양서를 출판하였다. 논문은 인도 철학과
불교학에 걸쳐서 80여 편을 발표하였다. 이 책의 부록에 "저자의 논문 목록"으로 정리해 두었다.

백송 총서 03
경허의 얼굴 – 근대 한국 선 불교의 개조

2014년 4월 30일 초판 1쇄 발행

**지은이** 김호성
**펴낸이** 이규만
**편 집** 상현숙
**디자인** 아르떼203

**펴낸곳** 불교시대사
**출판 등록** 제1-1188호(1991년 3월 20일)
**주소** 서울시 종로구 인사동 7길 12 백상빌딩 1305호
**전화** 02-730-2500
**팩스** 02-723-5961
**이메일** kyoon1003@hanmail.net

ⓒ 김호성, 2014

ISBN 978-89-8002-139-0 93220

이 책의 수익금 중 1%는 유니세프를 통해 나눔의 기금으로 쓰입니다.

03
백 송
총 서

# 경허의 얼굴

근대 한국 선 불교의 개조

김호성

불교시대사

1% 나눔의 기쁨

2012년 여름, 처음으로 『경허집』(鏡虛集)을 읽었다. 통독(通讀)했고, 정독(精讀)했다. 참으로 행복한 체험이었다. 큰 공부가 되었다. 감사한 일이 아닐 수 없었다.

이 『경허집』 읽기를 통해서, 나는 내 나름대로 '경허 스님(1846~1912년)의 얼굴'을 보고 왔다. 이 책은, 내가 본 '경허의 얼굴'에 대한 증언록이다.

물론 나는 내가 본 '경허의 얼굴'만이 경허의 진짜 얼굴이라고 주장할 생각은 없다. 그보다는 '경허의 얼굴'은 보는 사람에 따라서 다양하게 달리 보일 수 있는 것은 아닐까 싶다. 이런 내 생각은, 평소 해석학적 방법으로 공부를 해서 그럴지도 모르겠다.(나의 해석학적 방법에 대해서는 졸저, 『불교 해석학 연구』 참조.)

적어도 우리나라 안에서만이라도, 이렇게 '경허의 얼굴'을 보고 왔다면서 나름의 견문을 증언하는 사람들이 계속 나오기를 나는 희망한다. 우리의 문화계나 지식인 사회에서 이름이 있는 사람이라면, "경허에 대한 저술 한두 권은 있어야 한다."라는 것이 마치 불문율처럼 된다면 …… 얼마나 좋을까! 나는 그런 날이 오기를 꿈꾸어 왔다. 그런데 참으로 부럽게도 이웃나라 일본에는 그런 스님이 있다. 신란(親鸞, 1173~1262년) 스님이라는 분인데, 나는 경허의 삼수갑산을 이야기하면서 그분 이야기를 했다. 그 스님 역시 경허처럼 '모순'이 있다고 한다. 그렇기 때문에 오히려 이야기가 끝없이 꼬리를 물고 있다는 것이다.

모순은 어떻게 해야 해결 또는 해소될 수 있을까? 그 자체는 하나의 논문 주제가 될 것이다. 참으로 중요한 문제이지만, 이에 대해서는 글을 쓰지 못하고 책을 묶게 되었다. 그 힌트는 인도 종교인 자이나교의 논리와 원효의 화쟁(和諍) 논리 속에 숨어 있는 것으로 생각된다. 만공(滿空, 1871~1946년) 스님은 이를 눈치 채고 있었다. 또 다른 경허 연구자의 혜안(慧眼)을 기다리기로 하자.

경허를 만나고 온 사람들마다 증언하는 '경허의 얼굴'이 다 다를 수 있다고 해서, 그 증언들 중에서 보다 더 타당한 증언을 가리는 일이 불필요하거나 무의미한 것은 아니다. 오히려 "내가 본 경허의 얼굴은 이러한데, 당신이 본 경허의 얼굴은 어떤 점에서는 잘못 된 것 같소."라고 하면서, 서로가 본 '경허의 얼굴'을 맞추어 보며 토론을 해나간다면 경허가 갖고 있었던 '경허의 얼굴'에 좀더 가까이 다가갈 수 있지 않을까?

2012년 여름, '경허의 얼굴'을 보고 온 뒤로 나는 내가 본 '경허의 얼굴'에 대해서 증언하고픈 욕망, 해야 한다는 의무감, 또는 하지 않는다면 '경허의 얼굴' 하나가 사라지고 말리라는 강박 관념 등으로 적지 않게 시달렸다. 번뇌라 할 수도 있을 것이다. 이 번뇌로부터, 이 시달림으로부터 벗어나는 길은 어디에도 없었다. 말, 말을 하는 것밖에는 말이다. 마치 무당이 신 내림을 받음으로써 신병으로부터 벗어날 수 있는 것처럼 ……

그 말들이 4편의 논문과 3편의 에세이가 되었다. 논문들 중 3편은 이미 학술 논문집을 통해서 발표되었고, 1편은 이번에 이 책을 통해서 비로소 세상에 나가 평가를 기다리게 된다. 제일 앞에 수록한 논문, 「경허의 삼수갑산은 입전수수인가 은둔인가」가 그것이다. 제3부 '보충 또는 해설'에 실은 3편의 에세이들 모두는 이 첫번째 논문에 대한 것들이다. 논문을 읽은 뒤에, 또는 논문을 읽기 전에(더 나아가서는 논문을 안 읽고 이것만) 읽어 본다면 내가 그리는 경허의 얼굴을 쉽게 짐작할 수 있으리라 생각된다.

다시 4편의 논문은 크게 두 부분으로 나누어서 실었다. 1부는 '삼수 갑산과 행리의 분별'이라 하였고, 2부는 '결사와 그 이념'이라 하였다. 결사 역시 결사라는 행위〔結社行〕이므로, 넓은 뜻에서 경허의 행위(넓은 뜻의 행리/行履)와 관련된 주제이다.

삶은 행위의 문제이고, 행위는 윤리의 문제이다. 많은 사람들은 도(道)를 문제 삼지만, 나는 행위를 문제 삼는다. 도가 중요하지 않아서가 아니다. 도는 1차적으로 자신의 문제, 즉 '자신 대 자신'의 문제라는 뜻에서 대자적(對自的)이지만 행위는 '자신 대 타자(他者)/중생'의 문제라는 뜻에서 대타적(對他的)이기 때문이다. 물론 도가 행위를 위한 전제가 된다는 점은 힌두교나 불교나 똑같이 갖고 있는 윤리의 기본적 전제일 것이다. 그런 점을 생각하면, 전제가 되는 도와 그로부터 나오는 행위 사이에는 모순이 없어야 한다는 관점 역시 도출된다.

실제로 오랜 동안 나는 행위의 문제를 다루는 윤리학의 측면에서 힌두교나 불교를 생각해 왔다. 책 뒤의 부록 '저자의 논문 목록'을 일별한다면 짐작할 수 있으리라 보지만, 힌두교의 카르마요가(karma-yoga, 행위의 길), 폭력 대 비폭력, 결사, 그리고 출가(出家)를 주제로 한 글들은 모두 행위와 윤리에 관한 것들이다.

어느 한 분야의 영역에 집중(또는 안주)하는 대신에 그 주제어를 붙들고, 그 주제와 관련되는 내용이라면 글을 쓰는 학문적 태도 덕분에 (또는 때문에) 경허의 결사에도 관심을 가지게 되었다.

최초로 쓴 글은 경허와 한암의 결사를 함께 다룬 「결사의 근대적 전개 양상 ― 정혜결사의 계승을 중심으로」(1995년)이지만 이 책에는 수록하지 않았다. 경허의 경우에는 이 책에 실린 논문들에 의해서 충분히 극복되었다고 믿기 때문이다.

부처님 법은 인연법이다. 이 책 역시 수많은 인연에 의해서, 그 인연 덕분으로 이루어지게 되었다. 일일이 거명하지 못하지만 이 순간 그 은인들의 얼굴이 지나간다.

특히 출판에 대해서 의기 소침해 있던 나에게 책을 낼 수 있도록 용기를 북돋아 주었던, 굳이 익명을 원하는 길벗이 있었다는 것은 내게는 큰 복이었다. 마지막으로 어려운 출판 환경, 특히 그 정도가 더욱 자심(滋甚)한 불교 학술서의 시장 형편에도 불구하고 책을 내 주시는 불교시대사 이규만 사장님의 후원에 깊이 감사드린다. 부디 독자 여러분의 도움으로, 출판사에 민폐가 되지 않았으면 좋겠다.

마지막으로 '경허의 얼굴'을 보고 오신 또 다른 견자(見者, voyant)들의 많은 질정을 부탁드리고 싶다.

나무아미타불

2014년 3월 동악(東岳)의 한 모퉁이에서
김호성 합장

## 표 차례

제1부
# 삼수갑산과 행리의 분별

**제1장**

# 경허의 삼수갑산은
# 입전수수인가 은둔인가

— 「경허의 주색과 삼수갑산」(윤창화)을 기연(機緣)으로 해서

2012년은 경허 성우 선사의 열반 100주년이 되는 해였다. 이에 윤창화는 「경허의 주색과 삼수갑산」이라는 논문을 『불교평론』 제52호에 발표하였다. 이 논문은 필화 사건을 불러일으키고, 『불교평론』의 회수와 폐간이라는 엄청난 파문을 몰고 왔다. 하지만 엄밀하게 학술적인 차원에서 볼 때, 이 일은 "경허의 삼수갑산을 어떻게 이해할 것인가?"라는 문제를 제기했다는 데에 의미가 있는 것이었다.

　이에 나는 윤창화의 논의에 촉발되어서, 경허의 삼수갑산의 의미를 다시 사색해 보게 되었다. 과연 삼수갑산은 김지견과 민영규가 주장하는 것과 같이 입전수수인가, 아니면 윤창화가 말하는 것처럼 은둔인가? 이 두 가지 관점을 나는 각기 패러다임 1과 패러다임 2로 보고 각각 검토해 보고자 하였다.

　나는 우선 패러다임 1이 경허의 전 생애를 모두 입전수수로 보고자 한 것에 대해서는 반대한다. 왜냐하면 입전수수의 길이 하강의 길이라면, 경허는 그 하강의 길에 들어가기 전에 상승의 길을 줄기차게 모색했기 때문이다. 결사와 선실(禪室)의 복원 등을 통해서 그는 근대 선 불교를 다시 일으키고자 하였다.

　다음으로 패러다임 2에 대해서는, 그것이 경허의 삼수갑산의 이유를 물으면서, 경허의 시를 통하여 내면 세계를 살펴보고자 한 방법론에 대해서는 동의한다. 그런 점에서 패러다임 전환을 이룬 것으로 평가한다. 다만 개인적 차원의 이유만을 묻고 교단사적 차원의 이유를 생각하지 않았다는 점에서 문제가 있다고 본다.

이에 나는 교단사적 차원의 이유를 더 생각해 보았고, 이 과정에서 결사에 나타난 '경허의 꿈'과 그 좌절을 고려해 보았다. 또한 패러다임 2는 개인적 차원의 이유에 대해서도 고독과 도피, 그리고 은둔과 같은 개념을 쓴다는 점에서는 동의할 수 있지만, 그러한 개념을 부정적으로만 받아들이고 있다. 이는 윤창화에 대한 반대론의 입장을 취하는 논자들에게서도 마찬가지로 확인되는 점이다. 하지만 나는 그러한 개념을 인정할 뿐만 아니라 오히려 매우 긍정적인 의미 부여를 하고자 한다.

이렇게 패러다임 1과 패러다임 2 모두에 대해서 완전한 일치를 볼 수 없는 나의 관점을 패러다임 3으로 제시하였다. 패러다임 3은, 은둔을 긍정적으로 바라보면서 그것을 저잣거리의 중생들을 이익케 하는 행으로 본다는 점에서 패러다임 1을 부분적으로 되살리고 있다. 그것은 은둔과 동진(同塵)을 동일시하는 우리의 피은(避隱)의 전통과 일본 불교사에서 볼 수 있는 저잣거리의 성인(市聖), 즉 히지리의 전통과도 부합하는 것으로 평가하였다.

이 논문은 이 책을 통하여 처음으로, 또 비로소 발표하는 글이다.


# 1. 경허의 삼수갑산을 어떻게 볼 것인가

민영규(閔泳珪, 1915~2005년)는 그의 「경허 연보」에서 경허 성우가 남방으로부터 완전히 종적을 감춘 1906년의 기사(記事)를 다음과 같이 정리하고 있다.

1906년 61세, 광무 10년 병오(丙午).

봄 안변 석왕사(釋王寺) 나한 개분 불사의 증명. 시 "석왕사 영월
루에 부쳐"[題釋王寺映月樓]를 씀.

이후 장발 유복(長髮 儒服)으로 함경도, 평안도로 잠적. 주로 평
안북도 강계(江界), 위원(渭原), 함경남도 삼수(三水), 갑산(甲山),
희천(熙川) 등지로 자취를 감춘 뒤, 스스로 이름을 박난주(朴蘭洲)
라고 지었으며 머리를 기르고 선비의 갓을 쓰고 변신한 뒤, 서당의
훈장을 하며 김탁(金鐸), 김수장(金水長) 등의 친지들과 술을 마시
기도 하고 시를 지으며 소일하고 세간의 풍진(風塵) 속에 자신을
묻어 버림.[1]

경허가 입적한 것은 1912년 4월 25일의 일이었다. 그러니까 1906년
부터 1912년까지 만 6년의 세월 동안 종래 그가 몸 담았던 기성 불교
계는 그의 존재를 전혀 알 수 없었다. 만공(滿空, 1871~1946년)이나
한암(漢岩, 1876~1951년)의 문도들 역시 까맣게 몰랐던 것이다. 완벽
한 잠적이라 아니할 수 없었다.

이러한 경허의 말년을 흔히 '삼수갑산'이라는 말로 부르고 있다. 삼
수갑산은 그가 말년을 보낸 지역의 이름을 복합어로 만든 것이지만,
그의 말년의 삶을 상징하는 하나의 상징어로도 쓰이는 것이다. 나 역
시 이 말을 그렇게 상징적으로 쓰고자 한다.

왜 경허는 삼수갑산을 했을까? 또한 그의 삼수갑산을 어떻게 보
아야 할까? 전자의 물음은 이유에 관한 것이고, 후자의 물음은 의미
에 관한 것이다. 뒤에서 논의할 것이지만 나는 이유와 의미는 다를

수 있다[2]고 본다. 그럼에도 불구하고 이 두 가지 질문에 대한 종래 선학(先學)들의 많은 논의들은 이 두 가지 차원을 명확히 구분하지 않았다. 그래서 논의가 서로 착종(錯綜)되는 바 적지 않았던 것으로 보인다. 과연 경허의 삼수갑산을 어떻게 평가할 수 있을까?

우선 이 문제에 대해 나는 방법론을 달리해서 접근해 보고자 한다. 경허의 삼수갑산은 물론 역사이지만 그 자체를 역사적인 것으로 받아들여서 해명하고자 할 때는 완벽하게 정리되기 어렵다고 본다. 사료가 극히 부족하기 때문이다. 시가 몇 편 있을 뿐이고, 전해 오는 일화가 몇 편 있을 뿐이다. 경허에 대한 많은 논의들이 일화를 사료로 이용하고 있으나, 나로서는 아직은 역사의 재구성을 위한 일화의 활용에 주저하게 된다.[3]

그렇기에 다른 접근 방법이 필요한 것은 아닐까 생각하는 것이다. 그것은 바로 경허의 삼수갑산을 하나의 이야기(text)로 받아들이는 것이다. 역사로서 완벽하게 재구성하고자 하더라도 논자들은 저마다 자기 나름으로 해석(interpretation)을 덧보탤 수밖에 없어서 적지 않은 어려움이 있다. 물론 경허의 시를 비롯하여 활용 가능한 자료가 있다면 적극적으로 활용해야 할 것이지만, 그렇다고 하더라도 어느 지점부터는 논자/해석자의 해석학적 상상력(hermeneutical imagination)이 크게 작용할 수밖에 없게 된다. 이렇게 해석학적 상상력에 크게 의지하면서 제시되는 해석들은 다양할 수밖에 없는데, 나로서는 그러한 다양성을 다 존중하고 싶다. 그 모두가 일리(一理) 있다고 인정하는 바탕에서 출발해야 할 것이다.

그 다양한 해석들 중에 하나의 새로운 해석의 틀을 나는 '패러다임'(paradigm)이라는 말로 불러 보고자 한다. 이 말은 원래 소쉬르 (F. d. Saussure, 1857~1913년)의 언어학에서 비롯되는 용어로서, 쿤 (T. S. Kuhn, 1922~1996년)의 과학사에 적용됨으로써 널리 유명해진 개념이다. 그에 대한 쉬운 설명을, 프랑스 문학의 연구자인 김현은 다음과 같이 말한다.

> 계열 관계(rapport paradigmatique ― 인용자)란 언술상의 일정 지점에 실현될 요소와 대치되어 나타날 수 있는 잠재적 요소들 사이의 상호 관계를 말한다. '개는 동물이다'라는 문장에서 개의 위치에 개 대신 말, 소, 양 등의 요소가 대치되어 나타날 수 있는데 이들 요소는 동시에 나타날 수는 없다. 이때 개, 소, 말의 관계가 계열 관계이며, 이런 상호 관계를 맺고 있는 잠재적 요소의 총체를 계열체(paradigm)라 한다.[4]

동물 안에서 개, 말, 소, 양은 모두 계열 관계, 즉 패러다임이다. 그러니까 동일한 하나의 사태, 경허의 삼수갑산을 해석하는 관점들의 상호 관계는 패러다임의 차이라 볼 수 있는 것이다. 경허의 삼수갑산을 입전수수라고 보는 해석과 은둔이라고 보는 해석은 각기 패러다임이 서로 다른 것이다. 그렇지만 후술할 바와 같이, 입전수수라고 보는 해석 안에서 김지견의 관점과 민영규의 관점은 패러다임의 차이를 보여 주지 않는다. 크게 보아서 같은 패러다임 안에서의 변주일 뿐이기 때문이다

경허의 삼수갑산을 이렇게 다양한 패러다임에 의해서 해석될 수

있는 하나의 이야기/텍스트로 보는 입장에서, 나는 김지견과 민영규가 제기한 입전수수설을 '패러다임 1'로 이름하고 윤창화가 제기한 은둔설을 '패러다임 2'로 이름한다. 이들의 관점에 대한 비평[5]을 통하여, '입전수수 = 은둔'설이라 할 수 있는 내 자신의 관점을 '패러다임 3'으로 제시[6]하고자 한다.

## 2. 패러다임 1, 입전수수

경허의 삼수갑산을 입전수수로 평가하는 것이 언제, 누구에 의해서 비롯된 것인지는 알 수 없다. 다만 그러한 평가는 문헌 안에서 기록으로 등장하기 전에 구전(口傳)이 먼저 형성되지 않았을까 싶다. 또한 학계에서보다 총림(叢林)에서 먼저 이루어졌을 가능성도 있을지 모른다. 하지만 그것에 관한 자료를 나 자신 아직 얻지 못하고 있으므로, 학계에서 이루어진 논의 중에서 김지견(金知見, 1931~2001년)과 민영규의 관점을 살펴보려고 한다. 경허의 삼수갑산을 입전수수로 규정한 가장 강력한 논의를 이 두 분에게서 볼 수 있기 때문이다. 먼저 한 분 한 분의 관점에 대한 고찰을 한 뒤에, 이들 입전수수설이 어떤 가능성과 한계를 갖고 있는지 종합적으로 살펴보기로 하자.

## (1) 패러다임 1의 구조에 대한 비평

### 1) 김지견의 관점

김지견의 경허론은 이능화(李能和, 1869~1943년)의 경허 비판을 전문 인용하는 것으로 문을 연다. 김지견은 경허에 대한 이능화의 논의가 '참으로 준엄한 심판'[7]이라 하였는데, 이능화에 대한 김지견의 논의 역시 참으로 준엄한 심판이다. 「경허당 산고」는 사실 에세이[8]라고 할 수 있는데, 가히 명문(名文)이다. 문학적이다. 또 분석적이기보다는 직관적인 언술이 이루어지고 있다. 이런 말을 들어 보자.

> 남의 길이 아닌 나의 길, 그것을 가는 것이 고행입니다. 설사 부처가 간 길이라고 하더라도 이를 버리고 육사 외도(六師 外道)가 떨어진 곳을 향하여 함께 떨어짐으로써 비로소 정명식(正命食)이 가능한 곳, 그래서 피모대각(被毛戴角)의 이류중(異類中)에 스스로 떨어짐으로써 비로소 열리는 한 가닥의 출신지로(出身之路) …… 거기에 모든 우상(偶像)이 침묵하는 말 없는 기쁨의 세계가 있습니다. 체제 불교가 알고 있는 상승 구조와는 판이한 시지프(Sisyphe)의 길, 저 끝없는 하강의 길, 스스로 소외되고 배척받아 유적(類的) 자아가 산산히 부서지는 이호백고(狸狐白狜)의 행 …… 경허당이 걸어간 길, 그 막행막식(莫行莫食)은 아무도 모방할 수 없는 가열한 자기 실험의 고행이요, 그래서 이호백고의 이류중행(異類中行)이었던 것입니다.[9]

우선 피모대각, 이류중행, 입전수수, 화광동진과 같은 언어로 묘사되는 그 '하강의 길'에 대해서는 나 역시 한없는 동경과 찬탄을 금하지 않는다. 또 중간의 생략 부분에서 언급되는 이류중행의 전통이야말로 선사(禪史)의 진상(眞相)이라는 사관에 대해서도 동의를 한다. 그런데 김지견의 관점에 대해서 언급해 두고 싶은 것이 전혀 없지는 않다.

우리가 잊지 말아야 할 것은, 이능화의 경허 비판이 그의 범계(犯戒)에 대해서일 뿐이라는 점이다. 다시 말하면 이능화는 경허의 삼수갑산행에 대해서는 문제 삼지 않았다. 나는 이 점은 구분해서 논의되어야 한다고 본다. 즉 주색과 같은 행리(行履)가 문제되는 시점은 삼수갑산 이전의 것이어야 한다.

실제로 경허의 경우에 환계(還戒)라는 의식(儀式)을 치르지는 않았다고 하더라도 삼수갑산에서의 삶은 그 스스로 '박난주'를 선택하였기 때문에 출가의 계율 의식을 기준으로 해서 막행막식 운운할 일은 아니라고 본다. 그런데 김지견의 글에서는 경허의 삶 전체, 그중에 포함되는 막행막식까지도 모두 이류중행으로 보고 있는 것이다.

> 그것은(호서 지방에서 남녘으로 향한 운수의 발길 ― 인용자) 또한 성색불구(聲色不拘) 광연유희(曠然遊戲), 찬양과 의방(疑謗), 훼예포폄(毀譽褒貶)을 일체 돌아보지 않는 이류중행의 대장정(大長征)이기도 하였습니다.[10]

이 판단에 대해서 나는 동의할 수 없다. 그렇게 보는 것은, 경허에게는 하강의 길만이 있었다는 것이 되기 때문이다. 그렇지 않다. 경허는 그 스스로 조선 불교의 기사회생을 위하여, 저 높은 곳으로 바위를 애써 밀어올리기도 했기 때문이다. 시지프가 하강의 길 이전에 상승의 길을 먼저 걸었음[11]과 마찬가지이다.

김지견이 말하는 하강의 길이 계보 밖의 길, 즉 부처가 간 길이 아니라 육사 외도가 간 길이라 한다면, 경허는 결코 그러한 길만을 간 것이 아니기 때문이다. 경허가 「오도가」에서부터 도통(道統)의 연원을 이을 길이 없음을, 즉 그에게 인가를 해줄 스승이 없음[12]을 깊이 한탄하였던 일이나 선실(禪室)의 부흥이나 결사(結社)를 통해서 그가 하려고 했던 것 — 이를 나는 '경허의 꿈'이라 부르고, 후술하겠지만 거기에는 개종(開宗)이라는 의미까지도 있다고 본다 — 은 정통 계보 안에서의 일이다. 그는 '족보'를 위해서 자신의 있는 힘을 다했던 것이다. 그러므로 나는 그의 삶 전체, 특히 남녘으로 향한 운수의 발길마저 이류중행의 하강의 길로 배대(配對)하는 김지견의 관점에는 동의할 수 없다. 그것은 경허의 삶에 즉(卽)한 판단은 아닌 것으로 생각되기 때문이다. '경허의 삶은 이류중행'이라는 직관이 경허의 삶이 갖는 이중성 또는 다양성을 보지 못하게 한 것이다.

그러다 보니 경허의 삼수갑산이 입전수수이고 이류중행이라는 평가 속에서 삼수갑산의 이유와 의미는 구분되지 못하고 마는 문제점 역시 발생한다. 그도 그럴 수밖에 없는 것이, 김지견에게 경허의 삶은 삼수갑산 이전부터 모두 이류중행이었기 때문이다.

후술할 것이지만, 삼수갑산에서의 경허의 삶 자체에서는 이류중행이나 입전수수라고 하는 의미를 발견할 수 있다고 하거나 또는 그러한 의미를 부여할 수 있다는 점에 대해서는 반대하지 않는다. 나 역시 그렇게 보고 있다. 하지만 바로 그러한 이유 때문에 삼수갑산으로 들어갔다는 이야기는 또 다른 차원의 문제인 것이다. 이유와 의미를 혼돈해서는 안 된다. 이 점에 대해서는 민영규의 관점을 살펴볼 때, 더욱 자세히 논의하고자 한다.

## 2) 민영규의 관점

### 가) 경허의 삶은 이류중행

경허에게서 입전수수, 즉 이류중행을 보려는 강렬함에서 결코 김지견에 뒤지지 않는 연구자는 민영규이다. 민영규는 평생 실증과 직관을 통합하는 글쓰기를 해 왔다. 가히 매력적인 필력의 소유자가 아닐 수 없다. 그런 그가 만년에 써서 남긴 「경허당의 북귀사(北歸辭)」는 제목 그대로 경허의 삼수갑산을 살핀 글이다. 이 글 역시, 김지견의 글이 그러했듯이, 엄밀한 의미에서 논문의 형식을 갖춘 글은 아니지만 엄밀한 학문성을 갖추고 있음은 두말할 나위 없다. 양적으로 장편은 아니지만 내용적으로 볼 때는 경허를 이해하는 데 매우 중요한 글임에 틀림이 없다.

> 석 달이 지나서 드디어 그해 겨울에 경허당은 무천비공우(無穿鼻孔牛)의 대명제 아래 활연대오(豁然大悟)한다.
> 경허당의 무천비공우 철학은 일찍이 『유마경』(維摩經)의 '행어비도'(行於非道)에서 출발, 승조(僧肇)의 화광동진(和光同塵), 남전

(南泉)의 이류중행(異類中行), 동안찰(同安察)의 피모대각(被毛戴角)과 직결한다. 그리고 고려 일연(一然)의 『중편조동오위』(重編曹洞五位) 2권과 조선조 초 김시습의 『조동오위요해』(曹洞五位要解) 불분권(不分卷)과도 직결한다.[13]

　이류중행이라는 개념은 피모대각, 즉 털을 뒤집어쓰고 뿔을 인 채 중생을 위하여 애써 복무하다가 끝내 잡아먹히게 되는 소의 운명을 보살행의 상징으로 역전시킴으로써 탄생한 것이다. 그러한 지향성이 초기 선종사 안에서 존재했음을 밝히고, 그 전통의 회복을 염원하면서 선종사를 뒤집어 보았던 것이 민영규의 학문적 행로였다. 그러면서 그는 다행스럽게도, 중국 선종사에서는 씻겨 내려갔으나 우리 불교사 안에서는 그 아름다운 전통이 살아 있었음을 기뻐한다. 단속적이기는 하지만 일연(一然, 1206~1289년)에서 매월당 김시습(金時習, 1435~1493년)으로, 그리고 다시 경허로 그 계보를 이어 갔다고 본다.

　『중편조동오위』를 쓰기 전, 한 100년 전 중국에서 『벽암록』이라는 책이 나옵니다. 그런데 이상하게도 오늘날까지 선종 제일자라고 하는 그 『벽암록』의 첫 장에서부터 끝장까지 '이류중행'이나 '화광동진'이나 '행어비도'는 한 번도 나오지 않습니다. 중국에서는 그것을 다 씻어 내 버렸습니다. …… 이것이 경허당에서 '이류중행'이 승조의 '화광동진'이라는 말로 다시 되풀이되어 나옵니다. 아주 극적이고, 나로서는 감격의 순간입니다.[14]

김지견과 같은 입장에서 — 어쩌면 김지견이 민영규와 같은 맥락이라 해야 할지도 모르지만 — 경허의 삼수갑산을 이류중행으로 높이 평가한다. 하지만 이 글에서는, 김지견이 그렇게 한 것처럼, 경허의 삶 전체를 다 이류중행이었다고 판단하는 명시적 언급은 보이지 않는다. 다만 문맥상으로 볼 때 그렇게 본 것으로 판단된다. 그 이유는 앞의 인용문에서 본 것처럼 경허의 오도 이야기에 '콧구멍 없는 소' 이야기가 등장하고 있기 때문이다. 이를 민영규는 이류중행의 차원으로 해석해 버리고 말았다. 그런 까닭에 경허의 삶은 오도의 그 순간부터 열반까지 전부 다 이류중행이라고 보고 말았던 것이다. 그리고 오도의 내용 역시 이류중행의 메시지를 깨달은 것으로 보았다. 과연 그러할까?

민영규가 선종사에서 이류중행의 전통을 되살리려 노력한 것에 대해서는 나 역시 깊이 공감한다. 그것이야말로 중생에 복무(服務)하는 선(禪)이기 때문이다. 그런 전통이 우리의 경우에는 일연이나 매월당에게서 확인되는데 이제 다시 경허에게서 볼 수 있다는 관점 역시 동의할 수 있다. 실제로 경허는 한암에게 준 「전별사」에서 '화광동진'이라는 말을 쓰고 있기 때문이다.

하지만 앞서 말한 것처럼 경허의 삶 전체를 다 이류중행, 즉 입전수수의 삶으로 보는 관점에 대해서는 동의할 수 없다. 그렇게 되면 경허가 삼수갑산에 들어가기 전에 조선의 선 불교를 위해서 실천했던 건설적 프로그램에 대한 평가를 결(缺)하게 되기 때문이다.

그래서인지는 몰라도 김지견이나 민영규 둘 다 해인사에서의 결사를 통해서 경허가 이루고자 했던 꿈 — 경허의 꿈 — 에 대해서는 전혀 눈길을 주지 않는다. 기실 그의 삶 전체를 오직 이류중행이라고만 평가해 버려서는 그러한 점이 드러날 수 없는 것이다.

다음으로 경허의 이류중행, 즉 입전수수를 그의 삼수갑산 이후에 시작되는 것으로 평가하려는 나의 관점에서 볼 때, '콧구멍 없는 소'에 대한 이야기를 듣고서 깨침을 연 오도의 인연담에서부터 곧바로 저 선종사의 이류중행이나 피모대각을 읽어 버리는 것은 민영규의 과다 해석이 아닐 수 없는 것으로 판단된다.

'콧구멍 없는 소'라고 하는 것은 경허가 깨치는 데 하나의 기연(機緣)이 되어 준 화두일 뿐이다. 거기에서 중생을 위하여 소가 되어서 복로위인(服勞爲人)하자는 이념을 보는 것은 민영규의 이념이 투영된 것일 뿐이다. 그러한 이념 자체에는 동의할 수 있지만, 그것을 경허의 오도에서부터 발견할 수 있다고 투영함에는 동의할 수 없다. 그렇게 해서는 경허의 면목, 즉 상승과 하강의 길을 둘 다 걸었던 경허의 이중성이나, 상승의 길에 매진하였다가 하강의 길로 돌아서 오는 환상(還相)의 회향[15]이 온전히 보이지 않기 때문이다.

나) 경허 문도에 대한 민영규의 비판

경허를 이류중행으로 보는 점에서 민영규는 김지견과 궤를 같이 한다. 하지만 김지견이 '오대산 월정사 문중과 덕숭산 수덕사 문중'[16]의 입장을 동시에 대변하고 있음에 반하여 민영규는 그렇게 하지 않는다. 오히려 그 문중들, 아니 덕숭산 수덕사 문중에 대한 비판을 숨기지 않는다. 매우 시니컬하다.

그동안 경허의 책, 경허당에 관한 책을 읽어 봤으나 한 사람도 경허당의 이 '무천비공우'(콧구멍을 뚫지 않은 소)에 대해서 옳게 해석을 붙인 사람을 보지 못했습니다. 그러고서도 왜 경허당이 위대하다고 하는 것인지 나는 까닭을 모르겠습니다.[17]

경허당과 반평생 같이 지냈던 만공이나 혜월이나 그 제자들 한 사람도 이를 알아들은 이가 없습니다. 만공에게서 배웠다는 그 제자들이 오늘날 조계사를 움직이는 원로들인데 그중 하나도 '이류중행', '피모대각', '무천비공우'에 대해서 언급한 사람이 있는 걸 보지 못했습니다.[18]

왜 그럴까? 경허가, 정말로 민영규가 상상하듯이, 오도에서부터 '무천비공우'의 철학을 갖게 되었고 그로써 만공이나 혜월과 같은 제자들을 지도했다면 이러한 결과가 나왔을까? 만약 그랬다면 만공이나 혜월에게 우리는 스승의 가르침을 배반했다는 비난을 퍼부을 수 있을지도 모른다. 지금 민영규는 그렇게 보고 있기 때문에 이렇게 비판을 하고 있는 것이다.

그러나 나는 그렇지 않았으리라 본다. 즉 오도에서부터 '무천비공우'의 철학, 즉 이류중행의 이념을 깨달았다고 볼 수는 없다. 과연 민영규가 생각한 것처럼, 경허는 만공이나 혜월에게 이류중행의 철학을 가르쳤던 것일까? 과문한 탓인지 알 수 없으나, 현재의 나로서는 그 증거를 제시할 역량이 없다. 어쩌면 만공이나 혜월 같은 제자들, 또 만공의 제자들 역시 이류중행을 언급하지 않았던 것은 경허에게서 그것을 (역점적으로) 배운 것이 아니었기 때문[19]이 아닐까?

경허는 참으로 자상하고도 위대한 스승으로 생각되거니와, 그의 제자 지도에서 이류중행의 이념을 전수하고 있는 모습은 볼 수 없다. 제자의 지도에 관한 하나의 사례를 가장 자세하게 목격할 수 있는 자료는 한암의 「일생패궐」(一生敗闕)[20]이다. 거기에서도 경허는 한암에게 화두를 지도하고 있었을 뿐이다. 그것은 결코 일연이나 매월당으로 이어지는 '경초선'(莖草禪)이 아니다. 오히려 『벽암록』과 같은 계통인 간화선(看話禪)일 뿐이다.

다시 말하면, 나는 경허에게서 이류중행을 인정하고, 그러한 맥락에서 경허를 일연이나 매월당의 계보 속에서 자리 매김하는 것에 대해서는 찬성할 수 있다. 그런 점은 참으로 소중한 역사적 평가일 것이며, 그런 점에서 민영규의 업적은 탁월한 점이 있다. 하지만 경허의 전 생애를 그러한 사상사적 맥락 속에서 평가하는 것은 오류인 것으로 본다. 그것은 경허의 다양성, 적어도 이중성 — 여기서는 간화선과 경초선의 이중성 또는 제도 내적 선 불교의 중흥이라는 구성적 (構成的) 방향과 제도권으로부터의 탈피라는 해체적(解體的) 방향의 이중성 — 을 단일성으로 귀일(歸一)[21]시키고 마는 것으로 보인다.

삼수갑산을 경계로 해서 그 이전과 이후로 양분할 수 있는 경허의 삶을, 그 이전의 간화선을 중심으로 한 구성적 방향과 그 이후의 이류중행을 중심으로 하는 해체적 방향 둘 다 함께 살펴 주는 것만이 경허의 삶 자체에 대한 온전한 이해가 아닐까?

## (2) 패러다임 1의 가능성과 한계

이제 생각해 보고자 하는 것은 경허의 삼수갑산을 입전수수로 보고자 할 때 어떤 이유로 그렇게 볼 수 있는지, 또 그 한계는 무엇인지 하는 점이다. 뒤에서 자세히 논의하겠거니와, 나는 방법론적으로 볼 때 어떤 한 행위를 이유의 차원과 의미의 차원으로 구분해서 볼 수 있다고 본다. 경허의 삼수갑산을 입전수수로 볼 수 있느냐 하는 논의에서도 이유와 의미를 서로 다른 차원에서 논의할 필요가 있다. 즉 삼수갑산의 이유는 무엇이고, 그 의미는 무엇인가? 이유도 입전수수라 볼 수 있는가? 아니면 의미만을 입전수수로 보아야 하는가? 나로서는 의미의 맥락에서는 입전수수라 평가할 수 있지만, 이유의 맥락에서까지 입전수수라 볼 수 있는 것은 아니라고 본다.

이 절에서는 귀류법을 이용해서 바로 그 점을 상론(詳論)하고자 한다. 귀류법은 먼저 반론〔前主張, pūrvapakṣa〕을 상정하고서, 그 반론이 오류임을 밝혀 냄으로써 자설(自說, 悉檀, siddhānta)이 옳다는 것을 증명하는 논법이다. "경허는 입전수수하기 위하여, 즉 중생을 제도하기 위하여 삼수갑산으로 갔다."라는 문장이 반론/전주장이다. 이 반론/전주장의 주장〔宗〕을 뒷받침해 줄 수 있는 근거/이유〔因〕는 과연 무엇일까? 현재로서는 경허가 한암에게 준 「전별사」에서 "나는 성품이 화광동진을 좋아한다."[22]라고 한 말이 떠오를 뿐이다.

앞서 인용한 바 있지만 민영규가 "경허당에서 '이류중행'이 승조의 '화광동진'이라는 말로 다시 되풀이되어 나옵니다."라고 한 것도 바로 이 구절을 염두에 두었기 때문일 것이다. 승조의 '화광동진'이든 경허의 '화광동진'이든 모두 『노자』에 그 근원이 있다. 그러므로 경허에게서 도가적 은둔의 입장이 있다고 한 이덕진의 관점[23]은 틀린 것이 아니다.

경허가 한암에게 글을 준 것은 1903년 해인사에서였다. 그리고 그이후 경허는 덕숭산에 들른 뒤 오직 북행 일변도였을 뿐이다. 그러기에 이 「전별사」는 "경허는 왜 삼수갑산으로 갔을까?"라는 이유에 대한 중요한 증거가 된다. 비록 짧지만 그 속에는 분명히 "화광동진"이라고 하는 말이 쓰였기 때문이다. 그런 점에서 나는 경허가, 그의 삼수갑산행이 하나의 화광동진일 수 있다는 점을 의식하고 있었다고 본다. 이 점을 인정하는 데 인색할 이유는 없을 것이다.

그런데 문제는 이 단일한 하나의 증거만으로 삼수갑산의 이유를 다 설명할 수 있을까 하는 점이다. 화광동진이 경허에게 의식되고 있었다 해서, 곧바로 그것만을 증거로 해서 경허의 삼수갑산을 '화광동진을 하기 위해서 결행한 것'이라 판단할 수 있을까? 그렇지는 않다. 분명 그 스스로 그 점을 의식하고 있는 터에, 그렇게 판단하지 못할 이유는 무엇인가?

이 단 하나의 문장만으로 추정 가능한 나머지 이유들을 다 괄호 안에 집어넣을 수는 없기 때문이다. 그렇게 하기에는 너무나 많은 증거들이 존재하고 있는 것이다. 뒤에서 구체적으로 살펴보고자 하거니와, "자범어사향해인사도중구호"(自梵魚寺向海印寺途中口號)라는 시나 민영규와 윤창화, 그리고 홍현지까지 공히 인용하고 있는 "인심은 사납기가 무서운 호랑이와 같아" 운운하는 시들이 그러한 예일 것이다. 그러한 시에 나타난 경허의 내면 세계가 하나의 이유가 될 수 있다면, "나는 성품이 화광동진을 좋아한다"라는 경허의 말을 유일한 이유로 삼을 수는 없을 것이다. 그렇다면 경허에게서 보이는 이 모순을 어떻게 해결할 수 있을까?

경허의 삼수갑산을 하나의 '이야기'로 본다면, 그가 그렇게 말한 것은 바로 '저자의 의도'를 드러낸 것으로 볼 수도 있다. 하지만 그것은 표층일 뿐이다. 그의 심층 속에서는 훨씬 더 다양한 심리들이 존재하고 있었던 것으로 보인다. 저자가 다 의식하지 못한 저자의 이야기가 비평가에게 보일 수도 있는 것이다. 즉 저자에게는 저자 자신도 모르는 의도가 있을 수 있다는 것이다. 라캉(Jacques Lacan, 1901~1981년)이 말한 것처럼, "내가 생각하는 곳에서 나는 존재하지 않고, 내가 존재하지 않는 곳에서 나는 생각한다."라고 할 수 있는 부분을 경허 역시 내보이고 있기 때문이다. 그의 오도나 선의 경지에 대해서는 의심할 수 없지만, 그렇다고 해서 그가 늘 세계와 자아의 불이(不二)만을 노래한 것은 아니었음도 분명하다.

그것은 그가 남긴 시를 살펴보면 된다. 이상하는 "경허의 한시는 가식과 체면을 벗어 던지고, 심지어 한시 작품으로서의 성패도 아랑곳 않고 자신의 심경을 솔직하게 표출해 놓았다. 이것이 경허 시의 큰 특징이기도 하다."[24]라고 말하였다. 홍현지 역시 시를 통하여 경허의 고독을 감지하고 있다. '인간적인 너무나 인간적인' 경허의 내면 세계를 인정하고 있는 것이다.

경허는 평소 자신을 알아주지 않음을 슬퍼하고 고뇌하였다. 이별을 두려워하고, 고향에 가고 싶다고 노래도 하였다. 이런 점에서 필자에게는 경허의 모습이 대도를 성취한 대선사의 의지로 읽히기보다는 차라리 애처로운 인간의 모습으로 느껴진다.[25]

그런데 아쉽게도 홍현지는 경허의 행리나 삼수갑산을 평가할 때는 바로 이러한 경허의 내면 세계를 적극적으로 고려하지 않는다. 무오류의 무애행이라든가, 전생의 (어떤 업이 될 만한) 행위에 대해서만 상채(償債)하기 위한 것으로 해석하고 만다. 경허가 결코 불이의 차원에서만 존재하던 인물이 아니라는 점에서, 우리는 경허의 실존을 다시 분석해 보아야 하고, 또 할 수 있는 것으로 생각한다.

'인간적인 너무나 인간적인' 경허의 내면 세계를 인정하는 부분에서 홍현지는 윤창화와 멀리 떨어져 있지 않은 것처럼 보이지만, 그 점을 배제하고서 경허를 말하는 점에서는 윤창화를 비판하고 있다. 이제 우리는 '인간적인 너무나 인간적인' 경허를 말하는 또 다른 관점을 윤창화의 은둔설을 중심으로 해서 살펴보기로 하자.


## 3. 패러다임 2, 은둔

경허의 삼수갑산에 대한 종래의 이해는 앞 절에서 살펴본 입전수수설이 전부였다고 해도 크게 과언은 아니다. 다만 은둔설을 제시하는 것처럼 파악할 수 있는 이덕진의 입장이 있었다. 이덕진은 경허의 삼수갑산이 입전수수인지 물으면서, 은둔설의 가능성을 제시한 것으로 보인다. 과연 삼수갑산이 입전수수인지, 은둔인지에 대한 판단의

근거를 이덕진은 충실히 제시한다.[26]

그러한 근거에 비추어 볼 때 경허의 삼수갑산이 입전수수인지 은둔인지를 판단하면 되었다. 그러나 거기서 이덕진은 머뭇거린다. "연구자는 경허의 삶이 입전수수의 삶인지를 알아차릴 안목을 갖추지는 못하였다."[27]라고 말하고 말았던 것이다.

이런 까닭에 나는 입전수수의 패러다임을 은둔의 패러다임으로 바꾼 영예의 월계관을 이덕진이 아니라 윤창화의 머리 위에 씌우는 것이다. 물론 이덕진이 말하는 도가적 은둔과 윤창화의 은둔이 갖는 함의(含意)는 다르지만, 그 차이는 마치 김지견의 관점과 민영규의 관점 사이의 차이와 같이 동일한 패러다임 내에서의 차이일 뿐이다. 공통적으로 삼수갑산을 은둔으로 해석하는 점에서는 같기 때문이다.

윤창화는 종래의 '패러다임 1, 입전수수'에 명백하게 도전한다. 그의 글 「경허의 주색과 삼수갑산」[28]은 필화 사건을 가져옴으로써 오히려 더 널리 읽히게 되고 인구에 회자되었다. 그러한 과정에서 저자의 의도와는 다르게 받아들여지는 측면이 없지 않았다. 주색의 문제를 중심으로 해서 그 논문이 받아들여졌다는 점이다. 사실 그 논문은 삼수갑산에 초점이 있다고[29] 했으나 그러한 점이 부각되지 못하고 말았다.

이에는 논문 자체의 형식적 문제가 일정한 역할을 한 것으로 보인다. '왜 삼수갑산으로 갔을까'라는 문제를 추적하는 맥락에서, 원인을 먼저 제시하고 결과를 나중에 제시하는 순서를 취하게 된 것이다. 그러나 삼수갑산의 이유나 의미를 밝히려는 것은 제시[宗]이고, 주색이라는 문제는 그 원인[因][30]의 일부이다. 인도/불교 논리학에서 볼 때, 주제와 제시는 병렬적으로 쓸 수 있는 것이 아니다. 가치의 무게가 다르기 때문이다. 그런데 윤창화는 제목에서부터 이를 병렬적으로 쓸 뿐만 아니라, '주색'을 오히려 먼저 논의함으로써 논문의 논리를 스스로 혼돈스럽게 하였다.

따라서 나는 윤창화의 논문을 해체하여 읽는다. 가능한 '주색'에 대한 논의는 괄호 속에 넣어 두고자 한다. 실제로 윤창화의 논문이 갖는 의미는 주색의 문제를 언급한 데 있는 것은 아니라고 본다. 그것은 이미 이능화 등이 말한 바 있기에, 새로움(apūrvatā)[31]이라는 측면에서 볼 때는 그다지 새롭다고 보기는 어렵기 때문이다. 그러나 나는 삼수갑산에 대한 논의는 연구사적으로 보아서 새로운 패러다임을 제시한 것으로 평가하고자 한다.

우선 윤창화는 어떤 입장에서 종래의 '패러다임 1, 입전수수'에 동의하지 못하였는지 살펴보기로 하자. 이는 간략히 각주로서 제시되어 있을 뿐인데, 다음과 같이 말하고 있다.

> 입전수수, 이류중행은 경허의 「심우송」 끝에 있는 말로 좋은 착상이지만 개연성이 좀 부족하다. 경허가 지음자가 없다고 탄식하는 부분, 무상, 고독, 선(禪)의 전등이 단절될까 봐 탄식하는 글은 많아도 중생 제도에 대한 글은 승려라면 갖는 정도 이상은 별로 없다. 삼수갑산이 오지, 유배지이므로 그렇게 본 것이 아닌가 생각된다.[32]

그의 삼수갑산을 입전수수로 해석해 줄 증거를 경허의 글 가운데서 찾기 어렵다는 입장이다. 물론 한암에게 준, 이른바 「전별사」에서 '화광동진'이라는 말이 나옴을 그가 모르는 것은 아닐 터이다. 그럼에도 불구하고 그것만으로는 "개연성이 좀 부족하다."라고 본 것이다. 그 대신 경허의 내면 세계를 표현하고 있는 시(詩)에서 그 근거를 찾아보자고 하였다.

여기서 새로운 패러다임이 나오게 된다. 바로 "경허는 깨친 분이다. 그러므로 그는 선험적(先驗的)으로 무오류(無誤謬)의 존재이다."라는 식의 생각에 동의하는 대신, "경허는 깨친 분이 맞다. 하지만 그러면서도 그 나름으로 고뇌가 없지는 않았다."라고 생각한 것이다. 그 고뇌가 삼수갑산으로 그의 발걸음을 이끌었다는 것이다.

그렇게 윤창화는 경허의 시를 살펴보면서 경허가 시비와 훼찬 속에서 고독하였음을 말한다. 그리고 그러한 시비와 훼찬을 초래한 데에는 그의 주색이 가로놓여 있었다고 본다. 그러니 경허의 삼수갑산은 "도피적 성격이 짙다."고 말하는 것이다. 이러한 그의 관점은 결론부분에서 다음과 같이 정리된다.

하지만 그 속내를 자세히 보면 그의 삼수갑산행은 염세(厭世),
은둔 등 다분히 도피적 성격이 짙다. 이는 경허가 남긴 시문 즉 "범
어사에서 해인사로 가는 도중에 읊다"에서 …… 나타난다. 경허의
삼수갑산행의 진의는 매우 복합적이다. …… 그 결과 따가운 시선
으로부터 벗어나기 위하여 은둔을 선택하였다고 생각된다. 즉 자
신에 대한 훼찬(毁讚) 등 시비를 피하여 상면인(相面人)이 없는 곳
으로 영영 종적을 감추고자 한 것인데, 이것은 그가 은둔 지역을

남한이 아닌 서북단(西北端)의 오지인 갑산을 택했고, 이름을 박난 주로 바꾸었고 유생 차림으로 입적한 점에서도 유추할 수 있다. 또 그의 삼수갑산행은 평소 그가 깊은 허무, 고독, 늙음, 무상 등에 젖어 있었던 점도 요인이었다고 본다.[33]

종래에는 '삼수갑산 = 입전수수'라고 하는 정식(定式)에 대해서, 아무도 그 동기나 이유를 묻지 않았다. 물론 입전수수를 하기 위하여 삼수갑산으로 들어갔다고 한다면, 그것은 동기 혹은 이유가 될 수도 있다. 하지만 "입전수수, 즉 중생제도를 위해서 삼수갑산으로 갔다." 라고 한다면, "남방의 중생들 역시 아직 제도의 손길을 기다리는 터에, 왜 하필 굳이 북방의 고원까지 가서 중생들을 제도해야 했는가?" 라는 질문에 봉착해야 하기 때문이다. 그런 점에서 삼수갑산의 동기 혹은 이유를 물어본 윤창화의 의문 제기는 정당하다. 윤창화는 삼수갑산의 이유를 묻고, 나름으로 그에 대한 대답을 제시함으로써 이 문제에 대한 본격적인 논의의 물꼬[34]를 텄다. 그 점은 인정하지 않을 수 없다.

다음으로 생각해 보아야 할 것은, 윤창화가 제시한 이유가 필요하고도 충분한 것인가 하는 점이다. 경허가 삼수갑산을 선택한 데에는 뭔가 그의 행리(行履, 행위)에 대한 당시의 평가가 관련이 있을 것이라 본 점에 대해서는 나로서도 동의할 수 있는 부분이다. 또한 앞서 말한 것처럼 그 이유를 그 내면의 고뇌와 결부시킨다는 점에서 의미가 있다. 나 역시 기본적으로 삼수갑산이라는 행동을 선택한 데에는, "중생을 제도하기 위해서 간다."라는 것보다는 더 내밀한 그 자신

만의 이유가 있었을 것으로 생각한다. 그 점에서 윤창화의 은둔설을 '패러다임 2'로 평가하고자 한 것이다.

그러나 삼수갑산을 결단한 배경에는, 윤창화가 든 것과 같은 개인적 차원의 이유만이 작동하고 있었던 것으로 보이지는 않는다. 경허가 삼수갑산으로 간 데에는 적어도 교단적 차원의 이유와 개인적 차원의 이유가 함께 있었던 것으로 생각되기 때문이다. 이 점에서 나는 '교단적 차원의 이유'를 함께 생각해 보고자 한다. 이는 윤창화의 패러다임에 대한 보충[35]이 될 것이다.

그런데 나는 보충만이 아니라 윤창화를 대리(代理)/대체(代替)하는 부분도 있다고 느낀다. 그것은 두 가지 측면에서이다. 한 면은 교단적 차원의 이유를 개인적 차원의 이유와 함께 생각해 보아야 한다는 점이고, 다른 한 면은 윤창화는 은둔이나 도피에 대해서 부정적[36]으로 평가하였으나 나는 그것을 긍정적으로 평가하고자 한다는 점이다.

윤창화는 입전수수설을 받아들이기를 거부하였으나, 나는 다시 그것의 어느 부분을 살려서 받아들이고자 한다. 삼수갑산의 이유라는 차원에서가 아니라 의미의 차원에서 그렇게 한다. 도피, 은둔을 긍정적으로 보는 관점을 통하여, 그것이 곧 입전수수일 수도 있음을 드러내고자 한다.

이 두 가지 점에서 나의 해석학적 상상력은 윤창화와 다르기에, 감히 '패러다임 3'으로 자리 매김한 것이다. 이제 절을 바꾸어서 그 '패러다임 3'을 상세히 논의해 보기로 하자.

# 4. 패러다임 3, 입전수수가 곧 은둔

## (1) 이유의 두 차원

'패러다임 2, 은둔'은 삼수갑산의 이유를 묻는 데 초점이 두어졌고, 그 이유를 곧바로 의미로 연결지었다. 그래서 먼저 삼수갑산의 이유에 대한 나 자신의 관점을 제시해 둘 필요가 있게 되었다. 먼저 윤창화가 고려하지 않은 교단적 차원의 이유에 대해서 살펴보고 난 뒤, 개인적 차원의 이유를 살펴보게 될 것이다.

### 1) 교단적 차원의 이유

#### 가) 경허의 꿈, 결사를 통한 개종(開宗)

교단적 차원의 이유라는 것은 당시 조선 불교계에서 경허가 떠안게 된 역사적인 사명과 관련된 것이다. 물론 그것은 경허 스스로 자임한 것이다. 「오도가」에서 나타난 것처럼 의발을 전해 받을 스승이 부재한 상황, 즉 도통(道統)의 연원을 찾고 이어가야만 한다는 것은 그의 어깨 위에 지워져 있었던 역사적인 짐이었다. 도통 연원이라는 것이, 족보를 만들어서 될 문제가 아니라 조사의 활구(活句)를 참상(參商)하여 깨칠 수 있는 인재 양성을 통해서 이루어질 수 있는 것이었기 때문이다.

이를 위해서 그가 힘을 쏟았던 것은 영호남에서의 선실(禪室) 부흥과 해인사에서의 결사 운동이었다. 특히 1899년 해인사에서 행한 결사에 그의 모든 꿈, 모든 정열을 다 쏟아 부었던 것으로 나는 평가한다. 그 의지의 강렬함은 「규례」 자체에 「계사문」과 「규례」의 유포를 강조하는 유통분(流通分)[37]이, 전체 30조 중 23조에서 30조까지 8조에 걸쳐서 이루어지고 있다는 점을 통해서도 알 수 있다.

또 하나 결코 간과할 수 없는 것은 경허가 이 결사를 다만 해인사 안에서의 결사로만 생각하지 않았다는 점이다. 「규례」 제10조를 주목해 보자.

> 이 결사는 처음 시작할 때에 다른 곳에 선포하지 못하였으며, 이제 해인선사를 결사소(結社所)로 정하노니, 그 머무는 주소와 성명 등은 편리한 대로 기록하여 결사소로 보내어서 결사의 여러 동참자들이 돌려서 보게 할 것이다. 반드시 오직 그 일만을 위하여 오고감으로써 번거롭게 하지는 말라.[38]

여기서 말하는 '결사소'를 수덕사본 『경허 법어』에서는 '결사의 장소'[39]라고 옮기고 있다. 물론 결사를 한 장소가 맞다. 그러나 그것만으로는 부족한 해석이다. 왜냐하면 경허가 생각했던 결사의 장소가 다만 '해인사'만으로 한정된 것은 아니었기 때문이다. 해인사 이외의 장소에 머물면서 이 결사에 동참한 계원(稧員)들에게는 그 이름과 주소를 적어서, 해인사로 보고해 주기를 바라고 있기 때문이다.

이는 해인사를 '결사의 본부'로 하면서, 전국 단위의 결사를 기획하였다는 것을 알게 하는 증거가 된다. 그래서 나는 원문의 '결사소'라는 말이 '결사의 본부'라는 의미로 쓰였던 것으로 해석한다. 경허의 결사는 이렇게 '열린 결사'였다.

이것이 바로 경허의 꿈이었다. 도통이 끊어진 지 이미 오래이고, 전국 각 지방의 선실들 역시 사라진 지 오래이다. 선실의 부흥과 함께 경허는 해인사를 본부로 하여 전국적인 규모에서 결사를 실천하고자 하였다. 그것을 통해 그는 새로운 불교 내지 선가(禪家)를 건설하고자 했던 것으로 판단된다. '득의의 시기'[40] 내지는 '전성기'라고 표현되는 이 시기는 그의 모든 것을 걸고서 꿈에 도전한 시기였다.

경허를 흔히 '한국 선의 중흥조'라고 부른다. 이 말은 맞는 평가이다. 도통 연원이 이미 단절되어서 150년 이전의 용암 혜언(龍岩 慧彦, 1783~?)으로 원사(遠嗣)했던 역사를 생각할 때, 경허가 한국 선을 중흥/부흥했다고 말하는 것은 틀림이 없다. 그렇지만 또 다른 관점 역시 가능하리라 본다. 즉 작업 가설적으로 단절된 150년의 역사를 지워 놓고서 생각해 본다면 경허는 그 이후 한국 선의 출발점이 된다.

실제 경허는 그로부터 새롭게 시작되는 한국 선의 미래를 생각하고 있었다. 자신에게 떠맡겨져 있는 역사적 사명으로서의 초창(初創)에 대해서 무겁게 생각하였던 것은 틀림없다. 그것은 무엇이었을까? 그 스스로 명언(明言)한 바는 없으나 그 의미를 생각해 볼 때, 나는 그것을 '개종'(開宗)으로 보아도 별 무리는 없다고 본다. 즉 그 이전으로는 맥이 잇대어지지 않지만 그 이후로는 맥이 이어진다는 점을 생각할 때, 한국 선의 중흥조일 뿐만 아니라 더 나아가 '근대 한국 선 불교의 개조(開祖)'로도 볼 수 있는 것은 아닌가 한다. 그에게는 개조로서 개종의 꿈이 있었다고 생각된다.

사실 결사는 개종과는 다른 성격의 것이다. 그것이 종래의 연구를 통해서 내가 갖고 있었던 관점이었다. 우리 불교사에서는 결사로 나타났고 일본 불교사에서는 개종으로 나타났다. 그렇지만 경허에 이르러서는 결사를 통해서 개종을 의도한 것이 아닐까 하는 평가를 하게 된다. 그것이야말로 경허의 결사가 내보이는 특징이리라. 이때 '개종'의 의미는 지금과 같이 제도적 차원에서의 종파 성립을 말하는 것은 물론 아니다. 그런 사판적(事判的) 차원에서 그가 개종을 꿈꾼 것은 분명히 아니기 때문이다. 하지만 이판(理判), 즉 수행적인 측면에서는 개조로서의 꿈이 있었다. 그것을 나는 '경허의 꿈'[41]이라고 부른다.

### 나) 꿈의 좌절

꿈이 꿈인 까닭은 현실에서 이루어지기 어렵기 때문이다. 경허의 꿈, 즉 개종의 꿈을 담았던 결사는 오래 지속되지 못했다. 공간적으로도 그가 직접 주맹(主盟)하고 있었던 해인사의 '결사소'에서 이루어지고 있었을 뿐이다. 또한 그 당시 참여한 대중들에게 그의 깊은 생각이 전해졌던 것 같지도 않다. 멀리 갈 것도 없이, 그가 '지음'(知音)이라 불렀던 한암 중원(漢岩重遠, 1876~1951년) 역시 당시의 결사에 참여하고 있었지만 후일 한암의 회고 속에서는 그것이 결사로서 의식되고 있었다는 증거는 없다. 「선사 경허 화상 행장」이나 「일생패궐」에서는 그 시절에 대한 서술이 있지만, '결사'라는 말은 등장하지 않는다. 이렇게 결사의 꿈이 널리 공유되거나 이어지지 못한 까닭은 무엇일까? 이에 대해서는 좀더 정밀한 추적이 필요할 것으로 보인다. 그러나 현 단계에서는 다음과 같은 최병헌의 관점이 탐색의 실마리를 제공해 주는 것은 아닐까 싶다.

　　호서 지방에서 20년간 울분과 실의의 나날을 보내던 경허에게
새로운 전기를 가져다 준 것은 1899년 범어사와 해인사에서의 초
청이었다. 이 두 사찰에는 오성월(吳惺月)과 김남전(金南泉)이 각각
주지직에 있었는데 …….[42]

　　오성월과 김남전과 같은 외호(外護) 세력의 도움/추대로 인하여 결
사를 시작할 수 있었다. 그런데 중도에 변동이 있었다고 한다면, 충
분히 그 외호 세력 사이의 어떤 변동을 예상해 볼 수 있는 것은 아닐
까? 그 원인이나 경과야 어떻든, 경허의 인생사에서 정점에 이르렀던
이 시기, 교단을 위한 그의 꿈이 좌절했다는 것은 사실일 터이다.
　　이러한 정서를 나타내는 증거가 있다. 바로 윤창화가 인용하고 있
는 「취은 화상 행장」의 말미 부분이다.

　　나는 성글고 게을러서 세상에는 쓸데없으며 부처님의 교화에도
폐(廢膜)가 되니, 백 가지 허물이 한꺼번에 발생하여 도덕으로도
능히 구제할 수 없는데 문장이 또한 어찌 구제할 수 있으리오. 이
로 인하여 북받쳐 오름을 느껴서 문묵(文墨)을 밀쳐 둔 지도 역시
여러 해 되었다.[43]

　　이러한 경허의 탄식에 대하여 윤창화는 "자신의 행위가 불교에 폐
해가 되고 있다는 것에 대하여 인정하고 있다."[44]라고 본다. 물론 그

럴 가능성을 완전히 부정할 수는 없을지도 모른다. 그것 역시 하나의 해석이기 때문이다. 하지만 이 문장을 조금 다르게 읽어 볼 가능성은 없는 것일까? 우선 확인할 것은 이렇게 경허 자신이 스스로를 낮추어서 말하는 것은 「서룡 화상 행장」의 말미에서도 확인된다는 점이다.

　　올해 쉰다섯인데 머리는 빠지고 얼굴은 주름졌다. 불법에 개명 (開明)한 바 없고, 두 가지 이익이 다 결여되어 있으니, 오호라, 가 히 말해서 무엇하리오.[45]

　같은 맥락의 말로 보인다. 이는 어쩌면 행장이라는 장르가 열반한 스님들을 찬탄하는 글이라는 점에서, 글 쓰는 이로서는 스스로를 낮추어 말하는 겸양의 의미 역시 없지는 않을 것이다. 그래서 위악과 과장이 있을 수 있다고 본다. 혹은 거기에 경허의 인간적 면모가 엿보이는지도 모른다. 그도 그럴 것이 "문묵을 밀쳐 둔 지 여러 해 되었다."라는 말은 명백히 사실과 다르기 때문이다.

　「취은 화상 행장」은 그 말미에, 그 저술의 시기가 명시되어 있다. '대한 광무 4년 경자 납월 하순'[46]이다. 이때는 경허가 자신의 모든 꿈과 정열을 다 쏟아 부었던 결사(1899)의 실패 뒤, 약 1년이 지난 시점이다. 그러니까 그 전해(1899)만 해도 경허는 그의 문묵 중에서는 가장 장편이고, 가장 이론적이며, 힘과 정열을 다해서 쓴 「결 동수정혜 동생도솔 동성불과 계사문」과 「정혜계사 규례」를 쓰고 있었던 것이다. 이러한 사실을 통해서 보더라도, 「취은 화상 행장」 말미의 부분을 사실 그대로 받아들이기보다는 어느 정도는 자학이 투영되어 있었던 것으로 볼 수 있는 것 아닐까 싶다.

그와 더불어 '분'(憤)이라는 말에 대해서도 달리 생각해 볼 여지는 있다. 윤창화는 '비분 강개'라고 옮겼고, 『경허 법어』는 '분개'라고 옮겼다.[47] 글자 그 자체의 의미로는 그렇게 볼 수 있으니, 그렇게 보더라도 틀렸다 말하기는 어려울 것이다. 그렇게 '분'은 흔히 '발분'(發憤)한다는 의미로 많이 쓰이는 것이 사실이다.

하지만 앞에서 말한 것처럼, 그 스스로 불법에 아무 소용이 없고 세상을 위해서도 어떤 이익이 되는 존재가 아니라는 것을 한탄하는 맥락인데, 그렇기 때문에 더 더욱 분발(奮發)하여 노력하겠다는 대분심(大憤心)을 일으켰다고 이해해도 좋은 것일까? 그렇다고 한다면 그것은 바로 뒤에 나오는 "문묵을 밀쳐 두었다."라는 말과는 모순된다. 오히려 문묵을 가까이 하면서 자기 역할을 다 해야 할 것이기 때문이다.

"문묵을 밀쳐 두었다."라는 것은 오히려 뭔가 세사가 되었든, 불사가 되었든 의욕을 잃었다는 뜻이 아닌가 싶다. 그러니까 이러한 행장을 쓸 만한 형편이 아니지만 화상(和尙)의 도업이 탁월하고 또 그 제자의 권청(勸請)이 정성스러워서 이 「행장」을 짓는다[48]고 했던 것이다.

결국 이 '분'의 의미가, 앞에서 말한 것처럼 스스로의 존재에 대한 부정적인 인식으로부터 나온 것임은 분명하다. 하지만 '분발'이나 '발분'의 의미보다는 무언가 스스로 느끼는 좌절감의 의미로 볼 수는 없을까? 그렇게 생각하여 '북받쳐 오름'이라고 옮겨 본 것이다. '분'의 사전적 자의(字意) 중에서 나는 '감정이 북받치다'를 택한 것이다. 이렇게 볼 수 있다면, 이 '분'은 어떤 좌절감과도 연결되는 것이리라. 그 시기가 해인사에서의 그의 도전, 그의 꿈이 좌절로 돌아간 뒤의 시점임을 생각할 때 어쩌면 그 안에는 교단사적 차원에서 "이제 내가 할 일은 없네."라고 하는, 일종의 허무감이 투영된 것은 아닐까 싶다.

그래서 나는 윤창화가 인용한 이 문장을 윤창화와는 달리, 개인적 차원의 이유와 관련해서가 아니라 교단적 차원의 이유를 암시하는 것으로 해석하고자 한 것이다. 이제 더 이상 이 교단을 위해서 내가 해야 할 일은 없다. 그렇게 생각했을 수도 있는 것이 아닐까?

## 2) 개인적 차원의 이유

### 가) 비방으로부터의 자유

한 인간은 그 스스로를 대상으로 하는 의미도 있지만, 다른 존재와의 관계 속에서 갖는 의미도 있다. 이를 각기 대자(對自)와 대타(對他)로 불러볼 수 있을 것이다. 불교에서 자리와 이타를 함께 말하는 것은 바로 이 두 차원을 다 생각하기 때문이다. 경허에게 대타적 차원은 바로 교단사적 차원이다.

그러면 대자적 차원, 즉 개인적 차원의 이유는 무엇일까? 이에 대해서 이덕진은 경허의 개인적 성향이나 도가적 세계관을 말했다. 또 최병헌 역시 "당시의 정치적 상황"이라고 하는 다른 존재와의 관계를 고려함과 동시에 "불교계의 형편이 경허를 용납할 수 없는 분위기로 바뀌고 있었던 점을 고려할 필요가 있다."[49]라고 말하였다. 최병헌은 이 '불교계의 형편'이나 '경허를 용납할 수 없는 분위기'를 교단사적 차원에서 생각하는 것 같다. 그렇게 볼 수도 있겠으나, 나는 그 것이 결국 경허 개인의 삶, 즉 행리와 관련된다는 점에서 '개인적 차원'으로 보고자 한다. 이를 개인적 차원으로 파악하는 것이다.

그렇다면 경허 그 자신의 실존이 안고 있는 문제점은 무엇이었을까? 이것들 가운데 하나를 윤창화는 주색으로 말미암은 비방으로부터의 해방이라 하였다. 경허의 주색과 관련한 논의가 지금만이 아니라 그 당시에도 있었다는 점을 확인하는 것으로 충분하다. 그의 사후, 이능화에 의해서 이루어진 비판이나, 이번에 윤창화가 발굴 소개한 김태흡(金泰洽, 大隱, 1899~1989년)의 평전 「인간 경허」에 나오는 이야기[50]도 결국 한 가지 사실만은 이의 없이 받아들이게 한다. 그것은 바로 경허의 주색이 당시부터 문제시되었다는 점이다.

제자 한암은 「행장」에서 스승 경허가 "사람들의 의심과 비방을 초래했다."[51]라고 밝혔다. 여기서 나는 그러한 비평의 타당성 여부를 논하려고 하는 것은 아니다. 다만 경허의 생존 당시부터 따라다녔던, 이러한 비판이나 비방에 대해서 경허 역시 의식하고 있었다는 점을 확인해 두려는 것뿐이다. 그러한 비평을 듣는 그의 심정이 다소나마 나타난 시가 있다.

> 인심은 맹호와 같이 사나운 것인가
> 악독하기가 하늘을 뚫고 나는도다
> 학과 벗하여 구름 밖에 노니는
> 이 몸과 함께 돌아갈 이 누구런가[52]

경허는 인심을 맹호와 같이 사납게 느꼈다. 어쩌면 맹호보다 더 사나웠던 것은 아닐까? 어떤 일로 말미암아 그렇게 느꼈던 것일까? 이

시는 아무런 정보를 전하지 않는다. 시는 원래 그런 정보를 전하지 않는 것이다. 다만 그 사건으로부터 입은 시인의 상처를 드러내고, 그리하여 시인 스스로 치유해 갈 뿐이다.

하지만 경허가 맹호처럼 사나운 인심을 느낀 것은 그에 대한 비방이 있었기 때문이 아닌가 추측해 볼 수 있다. 그 스스로 그러한 대접을 억울해 한다. 무엇이 억울했을까? 가장 억울한 것은, 그가 내보이는 그의 행리의 비상(非常)함, 즉 초일상성(超日常性)으로 인하여 그가 갖고 있는 깨침이나 도(道)가 함께 내쳐지는 상황이 아니었을까? 그런 상황에 놓인 그로서 할 수 있는 일은 대립하고 싸우고 이기고 하는 일은 아니었을 것이다.

> 시비와 명리의 길에서
> 마음이 광분되어 날뛰는
> 소위 영웅들이여
> 방황하다가 돌아갈 길 찾지 못하리[53]

경허는 자신에 대한 비방과 대립하면서 싸울 마음은 없다. 그것은 명리와 시비의 길로 떨어지는 일이기 때문이다. 그랬다가는 끝내 돌아갈 길을 잃고 말 것이다. 그런 그로서 할 수 있는 일은 학을 벗하여 구름 밖에서 노니는 일이다. 자연 속에서 그 스스로를 치유할 뿐이다.

"이 몸과 함께 돌아갈 이 누구런가"라는 말은 그의 고독을 나타낸다. 윤창화 역시 이러한 경허의 고독을 언급하고 있다. 당시 경허에게 퍼부어진 비방과 그로 말미암은 경허의 고독을 언급한 것은 부당한 것이 아니다. 다만 나로서는 '고독'을 좀더 긍정적으로 보고 있다.

우리는 흔히 '고독'을 벗어나야 할 그 무엇으로 본다. 그것이 근대주의/모더니즘(modernism)의 관점이다. 그러나 그렇지 않다. 우리 모두는 이 고독으로 들어갈 수 있어야 한다. 고독은 쓸쓸하게 보이지만, 그 고독을 느낄 수 있을 때 그의 삶은 시비와 명리에서 벗어난 진실의 삶이 될 수 있기 때문이다. 경허는 그런 고독 속에 스스로 들어가 있음을 노래하면서 무소의 뿔처럼 홀로 가고 있다.

나) 칭찬으로부터의 자유

주색의 행위들로 인해서 경허는 비방을 받았다. 그로 인해 고독을 느꼈다. 그래서 결국 그 비방을 내려놓고 싶었다. 이러한 윤창화의 추론은 일리가 있다. 하지만 이 개인적 차원의 이유에 있어서도 비난으로부터의 자유만이 있었던 것은 아니다. 경허에게는 또 다른 이유가 있었기 때문이다. 그것은 바로 칭찬으로부터의 자유였다. 물론 윤창화는 이에 대해서도 언급한다. 바로 다음과 같은 한암의 「행장」에 나오는 시구를 윤창화 역시 인용[54]하고 있기 때문이다.

계묘 가을 범어사에서 해인사로 가는 도중에 입으로 읊은 한 절구가 있다. "아는 것은 옅은데 이름만 높아져서 세상살이 위태로우니 / 가히 어느 곳에서 이 몸을 숨길 수 있을지 모르겠구나. / 어촌이나 술집에 어찌 숨을 곳 없으리 / 다만 두렵네, 숨기면 숨길수록 이름 더욱 새로우리." 대개 "시는 (시인의) 뜻을 말하는 것이다." 라고 하니, 그분의 뜻이 자취를 숨기는 데 있었으며, 오직 사람들

이 알아보지 못함을 추구했던 것임을 알 수 있게 된다.[55]

한암이 해설한 대로, 이 시에는 은둔(韜晦)에 대한 그의 의지가 담겨 있다. 꼭꼭 숨어서 사람들이 알아보지 못하도록 하고 싶다는 그의 뜻은 그를 비방하는 사람들 때문만은 아니다. 역으로 그를 찬탄하는 사람들 때문이기도 했다. 그래서 이름만 점점 높아졌던 것이며, 그것이 그에게는 오히려 위태롭게 보였다. 숨어야 한다는 생각을 하게 만든 한 요인이다. 그런데 잘못 숨으면 더욱 더 이름을 내려고 하는 것으로 오해를 받게 되거나, 아니면 더 높아질 수 있는 상황이 생길 수도 있다. 왜 그가 그동안 활동하던 남방(호서, 호남, 영남)으로부터 완전히 떠나서 북방의 고원으로 향했던가 하는 이유 가운데 하나를 설명해 준다.

결국 개인적 차원의 이유는 비방과 칭찬이라는 양극단으로부터의 동시탈출을 위해서였던 것은 아닐까? 나는 그렇게 생각한다. 그럴 때 비로소 경허는 칭찬과 비방, 즉 선악에 대한 포폄으로부터 벗어날 수 있는 계기를 만들 수 있었을 것이다.

이렇게 생각하면, 얼핏 보아서는 윤창화의 이해나 나의 이해 사이에는 차이가 없는 것처럼 생각할 수 있다. 똑같이 '칭찬'으로부터의 자유와 '비방'으로부터의 자유가 함께 다 필요했다고 보는 점에서는 같기 때문이다. 그러나 미세한 뉘앙스의 차이 역시 놓쳐서는 안 될 것이다. 나는 그 둘을 양극단으로 놓고서 그로부터의 벗어남을 삼수갑산으로 보고, 그런 의미에서 삼수갑산은 경허로서는 새로운 탄생, 즉 신생(新生)이기도 하고 제2의 생이기도 하다고 본다. 즉 긍정적으로 보는 것이다.

그러나 윤창화는 '칭찬'으로부터의 자유를 먼저 말하면서 인정하기는 하지만 결국 '비방'으로부터의 자유를 위하여 은둔했다고 본다. 그 부분을 다시 읽어 보면 이렇다.

> 경허는 음주 식육과 여색(女色) 등 비도덕적, 계율 파괴적인 행위를 일삼았는데, 이로 인하여 승가의 구성원들과 세인들로부터 '악마'(惡魔), '마종'(魔種)이라는 원색적인 비판과 비난을 사게 되었고, 그 결과 따가운 시선으로부터 벗어나기 위하여 은둔을 선택했다고 생각된다. 즉 자신에 대한 훼찬(毀讚) 등 시비(是非)를 피하여 상면인(相面人)이 없는 곳으로 영영 종적을 감추고자 한 것인데 ......[56]

윤창화와 나는 똑같이 훼찬과 시비로부터의 탈각(脫却)이 삼수갑산행이라는 점을 인정하는 데에서는 입장을 같이하지만, 그 탈각 자체에 대한 평가에 대해서는 분명 차이가 있다. 부정적 평가와 긍정적 평가로 갈라지는 것이다. 그것이 삼수갑산의 의미에 대한 평가에도 영향을 미치는데, 이에 대해서는 다음 항에서 상세히 논의를 해 본다.

## (2) '입전수수와 은둔'의 공존 가능성

다음으로 우리가 생각해 보아야 할 것은, 과연 입전수수와 은둔이 다른 이야기인가 하는 점이다. '삼수갑산은 입전수수'라고 보는 패러다임 1과 '삼수갑산은 은둔'이라고 보는 패러다임 2는 과연 다른 이야기인가? 전자를 지지하든 후자를 지지하든 그들이 서로 다른 이야기라고 보는 점에서는 마찬가지인 것 같다. 그러나 나는 그렇게 결정적으로 다른 차원이라고 생각하지 않는다. 패러다임 1과 패러다임 2는 공존[57]할 수 있다고 본다. 그렇게 보는 근거를 하나하나 제시해 보기로 하자.

### 1) '전'에서 보는 입전수수

주지하다시피, 입전수수의 '전'은 저잣거리를 의미한다. 시장은 어떤 곳인가? 중생들의 삶의 현장이다. 욕망과 다툼이 난무하는 곳, 가장 사바 세계다운 현장이 시장이다. 그런 의미에서 '전'은 하나의 상징(象徵, symbol)이다. 반드시 상품을 교역하는 곳만이 시장인 것은 아니다.

『십우도』(十牛圖)에서는, 인우구망(人牛俱忘)에서 가장 높은 곳, 즉 깨달음의 극치를 맛본 다음 하산하는 길에 반본환원(返本還源)의 무하유지향(無何有之鄕)에서 소요유(逍遙遊)를 한다. 이는 인우구망의 경지를 더 한층 순숙케 하는 보림(保任)[58]의 차원이라 해도 좋을 것이다. 거기서 한 걸음 더 내려와서, 중생들의 삶의 현장 속으로 들어가는 것이 입전수수이다.

그러니까 입전수수에서 '전'은 그 이전 단계들에서 줄곧 유지되어 오던 성스러운 공간과 대립하고 있는 개념이다. 그 성소는 절이기도 하고 선원이기도 할 것이다. 그곳에서는 승복을 입은 승려의 모습을 취하고 있었을 것이다. 그러한 성스러운 존재는 세속의 시장 안에서는 만날 수 없다. 성스러운 존재가 되기 위해서는 시장의 욕망과 시장의 투쟁을 떠나야 한다고 여겨져 왔다. 그러나 이제 다시 시장으로 돌아온 것이다. 시장 사람들이 입는 옷으로 갈아입고, 시장 사람들 속으로 들어와서 뒤섞여 살아간다. 이것이 입전수수이다.

물론 여러 가지 문제가 제기될 수 있다. 경허가 살았던 삼수갑산이 과연 시장인가? 또한 그가 거기에 살면서 남긴 행적들이 과연 시장 안으로 돌아가서/들어가서 중생을 제도하는 모습이었던가? 간화선으로 삼수갑산의 민중들을 교화했던가? 원효(元曉, 617~686년)나 신란(親鸞)과 같이, '나무아미타불'을 권하면서 민중들 속에서 살았던 것인가? 미륵의 하생 신앙에서 볼 수 있는 것처럼 민중들과 어울려서 새로운 세상을 열기 위해 노력했던가?

현재 남아 있는 자료에 의지하는 한, 위의 여러 질문에 대해서 긍정적인 답변을 하기는 어려워 보인다. 그는 선의 가르침으로 그들을 제접(提接)하려 했다거나 염불 또는 미륵 신앙으로 그들을 불교의 세계로 이끌려 했던 것으로 보이지 않기 때문이다. 이런 점에서 한계 내지는 아쉬움이 지적될 수도 있을 것이다. 분명 삼수갑산에서의 경허의 삶은 원효나 신란의 삶과는 달랐다.

하지만 그렇다고 해서 입전수수라는 의미를 부여할 수는 없는 것일까? 위에서 제기된 여러 가지 질문들은 충분히 제기할 수 있는 문제이긴 하다. 그렇지만 동시에 그러한 질문들은 '전'에 입각하고 있는 것이 아니라, '산'(山), '사'(寺) 또는 '원'(院)에 입각하여 제기된 것은 아닌가? 불교의 입장에서 하는 평가 역시 필요한 일이고 의미 있는 일이다. 하지만 동시에 '전'의 입장에서 바라보고 행하는 평가 역시 가능할 것이다. 오히려 입전수수가 갖는 본질에 비추어 본다면, '전'의 입장에서 행하는 평가가 더욱 중요하다고 볼 수 있다. 삼수갑산에서 살았던 경허의 삶이, 당시의 삼수갑산에서 살았던 중생들에게 이익이 되었던 것일까? 이 질문으로 그를 평가할 필요가 있는 것으로 나는 본다. 이익 중생으로 볼 수 있는 부분이 있었다면 그것은 입전수수한 것으로 볼 수 있기 때문이다.

이러한 물음에 답하기 위해서는 자료가 있어야 하는데, 넉넉하지는 않다. 그가 남긴 시 외에는 별다른 자료가 없는 것이 사실이다. 전해 오는 이야기/일화들이 몇 편 있을 뿐이다. 하지만 우리는 그것만으로도 몇 가지 사실을 확인할 수는 있다. 우선 김지견의 다음과 같은 평가를 들어 보자.

그래서 경허, 아니 박난주는 갑산과 강계 간을 왕래하며 여생을 지내게 됩니다. 삼가촌리(三家村裡) 서당의 훈장으로 학동들과 생활하는 외에 그가 교유한 인사로는 김담여(金淡如), 김윤종(金允鍾), 이여성(李汝盛) 등의 이름이 『경허집』에 올라 있습니다. 그중 김담여(金鐸)는 1919년 상해에서 임정 수립을 위한 국민대회가 열렸을 때 25명의 각 도(道) 대표 중의 한 사람이었고 김윤종이나 이여성은 교육자였습니다. 아마도 경허가 그들의 정신적 지주는 아니었던가 나는 그렇게 생각하고 있습니다.[59]

혹시 '그들의 정신적 지주'라는, 김지견의 찬탄이 과장이 아닐까 생각할 수도 있다. 그렇지만 삼수갑산에서 쓴 시[60]에는 나라를 걱정하는 마음이 담긴 시가 존재함을 함께 감안할 때, 그에게 우국(憂國)[61]의 충정(衷情)이 없지 않았음은 사실일 것이다. 즉 그런 경허로서는 김담여 등 독립 운동에 투신한 인사들과 교감하면서 정신적으로 힘이 되었거나 의지처가 되어 주었을 가능성은 충분히 있다고 본다.

다음으로 그가 서당의 훈장으로 학동들에게 글을 가르쳤다고 하는 사실이다. 이 역시 적지 않은 의미가 있는 일로 생각된다. 김담여 등과 시를 통해서 교류했다는 사실은 경허가 사대부 출신이나 지식인들과 교류했음을 의미한다. 하지만 서당에서 학동을 가르쳤다는 것은 그 교류의 계급적 폭을 한층 더 낮추었을 가능성을 엿보게 한다.

당시 삼수갑산과 같은 북방 고원에는 농민들이 다수였을 것으로 생각되는데, 서당에 나오는 학동들 중에는 지식인들의 자제도 있었겠지만 농민들의 자제 역시 있었을 가능성이 있다. 어쩌면 경허/박난주와 같은 존재는 농민들에게는 자제 교육의 가능성을 열어 준 의미 있는 스승이었을지도 모른다. 이러한 나의 추정에 타당성이 있다고 한다면, 그 역시 이익 중생의 하나일 수 있을 것이다.

결국 경허, 아니 박난주는 '전'의 입장에서 보았을 때는 분명히 '저잣거리의 성인'이 맞다. 저잣거리의 성인, 즉 시성(市聖)은 스스로 성스러운 존재이면서 민중들 속으로 내려와서 민중들에게 봉사하는 사람들을 일컫는 말이다. 일본 불교에서 '시성'은 보통명사로서 '이치히지리'라고 읽으며, 다시 줄여서 '히지리'(聖)[62]라고 말한다. 경허, 아니 박난주 역시 히지리였음은 사실이다. 다만 히지리들 중에는 염불을 권하면서 다닌 히지리, 다리 놓기와 같은 토목 공사를 주로 한 히지리, 불사에 대한 시주를 권하고 다녔던 히지리, 또한 서민들을 위해 불상을 조각해 주었던 히지리 등의 다양한 모습이 있었던 만큼, 경허 역시 한 사람의 히지리였다는 점은 인정될 수 있다고 본다. 다만 앞에서도 지적한 것처럼 그 구체적 실천의 모습이 원효나 교키(行基, 668~749년),[63] 신란 등의 히지리와는 달랐다 하더라도 말이다.

## 2) 입전수수가 곧 은둔

삼수갑산행의 의미를 입전수수라 하는 것이 가능하다면 은둔은 아닌가? 그렇지 않다. 모든 은둔이 다 입전수수는 아니지만 모든 입전수수는 다 은둔[64]이다. 그렇기에 경허의 삼수갑산은 입전수수이기도 하고 은둔이기도 하다. 이 두 술어는 동시에 써도 좋다. 서로 다른 것이 아니기 때문이다.

입전수수는 세속으로 들어오는 것인데, 그렇게 세속의 관점에서 하는 말이 입전수수이다. 삼수갑산에서 볼 때는, 경허가 그곳으로 와서 살아간 것은 입전수수가 맞다. 반면에 남방의 승가나 사찰에서 볼 때는, 거기서 자취를 감추고 숨어 들어간 것이 된다. 그러니 은둔이 맞는 것이다. 여기서 은둔하여, 거기서 입전수수한 것이다. 북방에서 입전수수하기 위해서는 남방에서는 그 몸을 감추지 않으면 안 된다.

여기서 나는 '은둔'이나 '피은'(避隱)과 같은 말에 대해서 우리가 너무 부정적인 이미지를 갖고 있는 것은 아닌가 하는 문제를 제기하고 싶다. 이는 윤창화나 그에 대한 비판자들이나 공통되는 점이다. 그러한 이미지는 근대로 넘어오면서 형성된 근대주의 이데올로기의 영향 때문일 것이다. 주지하는 바와 같이 만해(萬海, 1879~1944년)는 『조선 불교 유신론』에서 사찰의 위치를 논하면서 사찰은 도시에 있어야 한다고 주장했다. 근대화를 지향하는 것이 올바른 방향으로 인식되었던 그 시점에서 본다면 중요한 관점임에 틀림없다.

그러나 은둔이나 피은에는 적극적인 의미 역시 없지 않다. 경허는 1895년 도성 출입 금지가 해금된 뒤에도, "내게 서원이 있으니 도성의 땅을 밟지 않는 것이다."[65]라고 말하였다. 그리고 그렇게 했다. 그에게 '도성'이라는 것은 불교의 권력화를 상징하는 말이었다. 많은 승려들이 권력에 의지해서 불교를 부흥시키고자 했으나, 그는 결코 권력에 의해서 불교가 부흥된다고 생각하지 않았다.

그보다 그에게 필요했던 것은, 아니 당시의 조선 불교에 필요하다고 보았던 것은 남이 알아주든 말든 묵묵히 정진하는 일이었을 것이다. 거기에는 고독이 필수불가결한 조건이 된다. 그는 고독을 토로했다. 그러나 거기에는 고독을 노래하면서 나름대로 고독을 치유했을 가능성도 없지는 않다. 이에 대해서는 경허의 시를 좀더 세밀히 살펴보아야 할 것이지만, 나로서는 그런 가능성을 열어 두고 싶다. 시인이 시에서 고독을 노래할 때는 고독에 패배해서가 아니다. 시인은 그 순간 고독을 이기고 고독과 하나 되어서 즐기는 차원으로 들어가는 것이다. 시에는 그러한 '치유'(힐링) 효과가 있다.

다음으로 경허 스스로의 입장으로 돌아가서 생각해 보기로 하자. 경허 그 스스로는 삼수갑산을 어떻게 생각했을까? 남방에서 자취를 감추기 전, 그는 제자 한암에게 전별사와 시를 적어서 준다. 거기에서 말하기를 "나는 천성이 화광동진(和光同塵)을 좋아한다."라고 하였다.

주지하다시피 화광동진은 『노자』의 말이다. 그러나 그 말은 동시에 동양의 수행자들에게는 하나의 이상이 되었다. 『삼국유사』의 찬자(撰者) 일연에게도 영향을 미친다. 『삼국유사』에서 혜공(惠空)과 혜숙(惠宿)이라는 히지리를 말하면서 일연은 그 제목을 '이혜동진'(二惠同塵)이라 하였던 것이다. 혜숙과 혜공이 저잣거리의 민중 속에서 함께 동사섭(同事攝)을 한 내용이다. 『십우도』로 말하면 혜숙과 혜공은 입전수수를 했다고 할 만하다.

　그들은 분명 저 높고 귀한 성스러움의 세계를 이 세속 세계와는 다르게 설정한 것이 아니라, 세속 세계 속에서 구현했던 것이다. 성과 속은 둘이 아니었던 것이다. 그들은 정히 저잣거리의 성인, 즉 히지리였다. 성스러움의 세계에서 보면 그들은 은둔자이고, 저잣거리라는 속스러움의 세계에서 보면 그들은 동진자(同塵者)인 것이다. 이렇게 동진은 은둔이고, 은둔은 동진[66]인 셈이다. 입전수수가 은둔이며, 은둔이 입전수수가 될 수 있는 차원이 이렇게 해서 열린다.

　결국 경허의 삼수갑산이 은둔이라 말한다고 해서 입전수수를 반드시 부정하는 것이라 볼 필요는 없다. 물론 윤창화는, 위에서 내가 말했던 이러한 회통적 맥락에서 은둔이라 말했던 것은 아니다. 하지만 그 점은 종래의 '삼수갑산은 입전수수'론 역시, 입전수수가 곧 은둔일 수 있다는 그 내포적 의미를 충분히 설파해 주지 못했기에 일어난 일일 수도 있다. 따라서 '삼수갑산은 입전수수'가 정(正)이라면, 윤창화의 '삼수갑산은 은둔'이 반(反)일 수 있다. '입전수수가 곧 은둔'이라는 나의 논리는 이 양자를 하나로 합(合)하는 논리가 될 수 있으리라 본다.

# 5. 삼수갑산은 입전수수이면서 은둔이다

2012년은 한국 선의 중흥조로 평가받는 경허 성우 선사의 열반 100주년이 되는 해였다. 수덕사를 중심으로 한 문도들은 선양과 현창 사업을 준비하여 실천하고 있었다. 동시에 『불교평론』 역시 경허 열반 100주년을 맞이하여 경허에 대한 새로운 조명을 준비하였다. 경허에 대한 논의가 진일보하기를 바란다는 뜻에서였다. 이에 윤창화는 「경허의 주색과 삼수갑산」이라는 논문을 『불교평론』 제52호에 발표한다.

윤창화의 논문에서 다루고 있는 문제는 두 가지이다. 주색과 삼수갑산이다. 하지만 원래 의도는 삼수갑산으로 은둔한 이유를 추적하는 과정에서 주색이라는 문제가 새삼 제기된 것이었다. 그런 의미에서 나는 이 논문의 주제/주장〔宗〕인 삼수갑산의 문제에 주목하고자 했다. 윤창화의 논문이 갖는 학술적 의미는 주색을 재론해서가 아니라, 삼수갑산에 대해서 그 이유를 물었다는 데 있다. 그리고 그 이유를 경허의 내면 세계에서 찾아보려 한 방법론을 취했다는 데 있다. 이는 윤창화의 논문 서술 순서와는 상반된 것이다. 동시에 경허의 삼수갑산행의 이유 추정과 의미 부여에 대해서 내가 갖고 있는 생각을 제시함으로써, 윤창화설을 대리/대체하면서 보충하고자 했다.

김지견과 민영규는 경허의 삶 전체를 이류중행, 즉 입전수수로 평가했다. 그러나 이는 제도권 내에서 경허가 했던 건설적 노력을 올바르게 평가하지 못하는 문제가 있었다.

윤창화는 경허의 삼수갑산을 입전수수로 보아 왔던 종래의 패러다임 1과는 달리 삼수갑산을 은둔이라고 보았다. 윤창화의 은둔설은 '삼수갑산은 입전수수'라고만 고정하여 이해해 왔던 종래의 관점에서 벗어나 새로운 차원에서 경허의 삼수갑산의 의미를 재검토하도록 촉구한, 일종의 패러다임 전환이었다. 패러다임 2가 된 까닭이다. 그러나 은둔의 이유를 추정할 때는 교단적 차원의 이유와 개인적 차원의 이유를 함께 고려해 보아야 하는 것은 아닐까 싶다. 그것이 나의 '패러다임 3'이다.

먼저 교단적 차원의 이유에 대해서이다. 경허는 결사를 통해서, 선을 중심으로 한 조선 불교의 새로운 중흥 — 이는 경허의 시점으로부터 본다면, '개종'의 의미가 있는 것으로 나는 생각한다 — 을 맞이하고자 시도했으나, 실패로 끝난 것으로 나는 평가한다. 그의 꿈, 그의 비전을 담았던 결사에 그의 모든 것을 던졌던 것으로 보이지만 그것이 실패로 돌아갔다. 이제 조선 불교를 위하여 그가 해야 할 일은 없다고 판단했을 수 있다. 불법의 선양은 지음(知音)이라 일컬었던 한암이나 그를 오래도록 시봉해 왔던 만공에게 부촉해도 된다고 생각했을지도 모른다. 실제로 만공에게 준 시에서는 그런 그의 분부(分付)가 드러난다.

그러고 나면 그에게는 이제 그 스스로의 개인적인 문제만이 남게 되었을 것이다. 그것은 시비나 포폄(襃貶), 혹은 훼예(毁譽)와 같은 양 극단으로부터의 자유가 아니었을까? 그것이 삼수갑산의 결정에 영향을 미친 개인적인 이유가 아니었을까? 나 자신은 그렇게 보고 있다. 그것은 '경허의 삶'이라는 제일생(第一生)이 아니라, 새로운 '박난주의 삶', 즉 제이생(第二生)이 아니었을까? 적어도 그 스스로는 그것을 희구했던 것이 분명하다. 그것은 그가 '경허'로서 삼수갑산을 간 것이 아니라 '박난주'로서 갔기 때문이다. 아니, 경허로 갔다 하더라도 적어도 박난주로서 삼수갑산에서의 삶을 살았음은 분명하기 때문이다.(물론 그 의식 안에서는 여전히 '경허'가 살아 있었다고 하더라도 말이다. 그렇기에 '비승비속'이라 할 수 있다.)

윤창화 역시 시비, 훼찬이라는 상반된 극단으로부터의 자유를 함께 고려한 것은 사실이다. 그러나 나와는 다소 뉘앙스의 차이가 없지 않은 것으로 보인다. 그것은 먼저 칭찬으로부터의 자유를 말하고 있지만, 결국 무게 중심은 비방으로부터의 벗어남에서 은둔을 찾고 있었기 때문이다. 글의 흐름이 그렇게 되어 있다. 이는 어쩌면 '은둔'이라는 말을 공히 인정하면서도, 그에 대해서 긍정적으로 생각하는 나와는 달리 윤창화는 부정적으로 보았기 때문인지도 모르겠다. 이것은 윤창화의 논의가 '승가라는 정통 계보의 틀' 안에서 생각하는 것이었다면, 나의 경우에는 그런 문제 의식에 대해서는 공감하면서도 ― 주색의 문제는 그 안에서 다루어지는 것이 옳다 ― 결국 삼수갑산은 전(廛)이나 경허의 입장, 즉 '히지리[聖]의 틀'에서 봐 주어야 할 것으로 생각하는 점에서 기인한 차이일지도 모른다.

다음으로 나는 패러다임 1과 패러다임 2를 변증법적으로 통합해 보고자 했다. 삼수갑산이라는 지역에서 본다면, 그것은 경허가 '전', 즉 중생들의 삶의 현장으로 들어온 것일 수 있다. 그러나 그것은 성스러움의 세계로 자리 매김할 수 있는, 경허가 활동하던 남방에서 본다면 은둔일 수도 있다. 그러면서 나는 은둔과 입전수수가 결국에는 동진(同塵)이라는 맥락에서 하나가 될 수 있는 것으로 보았다. 공히 '성의 세계'에서 '속의 세계'로 들어가는 것이기 때문이다. 또한 권력의 길인 도성 안에서의 불교, 도시화되는 불교 교단으로부터 벗어나 고독하지만 중생들 곁에서 함께하는 삶에의 결단일 수 있다는 것이다.

이러한 나의 이해, 내가 본 '경허의 얼굴'은 종래에 제기된 패러다임 1이나 패러다임 2와도 다른 것으로 생각된다. 그러면서 동시에 패러다임 2의 제시로 인해서, 패러다임 1을 재검토한 결과, 생성된 것이다. 그런 점에서 패러다임 2와는 동의하는 부분, 보충하는 부분, 그리고 대리/대체하는 부분이 있다. 그러면서도 나는 패러다임 2와는 달리, 패러다임을 1을 의미의 차원에서 되살리고자 했다. 역시 패러다임 1과의 사이에도 동의하는 부분과 보충하는 부분, 그리고 대리/대체하는 부분이 존재한다. 그것이 바로 패러다임 3이었다.

이들 세 가지 패러다임은 동일한 하나의 '이야기'에 대한 서로 다른 해석의 틀로서, 그 어느 것도 역사로서의 진리성을 주장할 수는 없다. 그렇게 볼 수도 있지 않겠는가라는 상대적 개연성을 주장할 수 있을 뿐이다. 다만 보다 더 정합성이 있는 추론의 구성을 위하여 비평을 시도한 것이다. 물론 이 세 가지 패러다임 외에도, 앞으로 또 다른 패러다임이 더 나올 수 있을 것으로 생각된다. 그러한 해석의 다양성이 저마다 새롭고도 다양한 경허상의 창조로 이어지면서, 우리들에게 경허에 대한 이해를 더욱 깊이 있게 하면서 언제까지나 우리 모두를 경허열(鏡虛熱) 속에서 살아갈 수 있게 했으면 좋겠다. 그것이 또한 경허를 살리는 길이 아니겠는가?

# 사효의 윤리와
# 출가 정신의 딜레마

— 한암의 「선사 경허 화상 행장」을 중심으로

이 글은 불교의 출가 정신이 무엇인지를 탐색하는 일련의 논문 중 하나이다. 종래의 연구를 통해서, 불교의 출가 정신은 인도의 브라만교/힌두교와 중국의 유교가 공유하는 '효(孝) 이데올로기'를 탈피하는 것으로 파악하였다. 이는 역설적으로 인도에서나 중국을 비롯한 유교적 지배 질서가 통용되던 동아시아에서는 불교가 '효 이데올로기'와 맞닥뜨리지 않을 수 없었으며, 그로부터 많은 압박을 받지 않을 수 없었다는 점을 의미하는 것이었다.

그 압박에 대하여 불교에서는 다양한 측면에서 호교론을 전개하지만, 이 글은 그런 움직임보다도 유교적 효가 얼마나 깊이 압박하고 있는가? 그리하여 불교 안에 유교적 효 담론이 얼마나 깊이 내면화되어 있었던가 하는 점을 살펴보고자 한다.

그러한 하나의 사례로서 한암이 스승 경허의 삶을 정리하고 평가한 「행장」 속에서, 윤리적으로 문제되고 있는 경허의 행위를 그가 어떻게 말하고 있는가 하는 것을 살펴보았다. 거기에서 한암은 스승에 대한 효, 즉 사효(師孝)의 윤리가 주는 무게와 함께 '법'의 옹호를 위해서는 스승의 행위를 후학들이 따라 하지 못하도록 경계해야 한다는 이중의 과제를 다 이루고자 한다.

그 결과 한암은 한편으로는 승화 또는 미화를 하면서, 다른 한편으로는 '미필적 비판'으로 수용될 수 있는 후학에의 경계를 동시에 행한다. 이러한 한암의 딜레마는 출가 정신의 견지가 얼마나 어려운 일인가 하는 점을 말하기에 부족하지 않은 것이었다.

이 글은 같은 제목으로 『불교연구』 제38집(불교학연구회, 2013), pp. 301~355를 통해서 발표된 것인데, 다소 수정과 보완을 거쳤다.

# 1. 출가, 스승이 먼저냐 법이 먼저냐

인도에서 불교의 출가(出家, pabbajjā)는 브라만교의 가주기(家住期, gṛhastha)를 건너뛰는 것[1]이었다. '가주기 건너뛰기'라는 점에서 불교의 출가는 가부장제로부터의 탈피라는 의미 역시 없지 않았다. 바로 그러한 특성으로 인하여 불교의 출가는 효(孝) 문제와 깊이 관련된다. 이는 인도-브라만교/힌두교적 맥락에서도 그러하였으며, 동아시아의 유교적 맥락 속에서도 그러하였다. 인도-브라만교/힌두교나 동아시아-유교 모두 세속적인 사회 안에서 부모에 대한 효 — 인도에서는 '다르마'라는 말 속에 녹아 있다 — 를 지배 이데올로기로 강조하는 문화임을 생각할 때, 효의 문제는 출가자의 존재를 중심으로 해 온 불교에 작지 않은 도전이 되었을 것이다. 이러한 도전에 대하여 다양한 방식으로 응전해 온 것이 불교의 역사이지만, 이 글에서 다시 그러한 점을 추구하려는 것은 아니다.

그것보다는 불교로 하여금 그러한 효 이데올로기에 대하여 다양한 방식으로 응전하지 않을 수 없게 한, 그 압박의 무게를 주목해 보려는 것이다. 그것은 애당초 '가주기의 윤리'인 효를 지배 이데올로기로서 표방할 수 없었던 불교 교단이 효를 받아들여 내면화시켜 갔다는 점에서 그 무게감을 확인할 수 있을 것이다. 이는 애당초 불교의 윤리가 아닌 브라만교/힌두교적-유교적 윤리를 오히려 불교 안에서 현실화시켰으며, 불교의 윤리로 내면화시킨 것으로 볼 수 있다. 이제 그렇게 불교화된 담론을 해체[2]시킬 필요가 있다.

이러한 맥락에서 본다면 불교 안에서 브라만교/힌두교적-유교적 윤리의 흔적을 지워 가는 작업이 필요하게 된다. 그럼으로써 불교의 출가에 나타난 윤리적 정체성을 재확인하는 것이 곧 출가 정신의 회복으로 이어질 것으로 생각되기 때문이다. 그러한 하나의 사례 연구로서 나는 도겐(道元, 1200~1253년)이 전하는 바, 그의 스승 묘젠(明全)과 묘젠의 은사 묘유(明融)의 이야기를 예로 들어서 살펴본 일[3]이 있다. 병환에 든 스승의 간병을 위하여 입송구법(入宋求法)을 늦추어 달라는 스승의 청탁 앞에서, 제자 묘젠은 어떤 선택을 하는 것이 올바른 것이었을까? 스승에 대한 효, 즉 사효(師孝)[4]를 다하는 것이 옳은가, 아니면 법을 구하러 입송을 결행하는 것이 옳은가?

사효의 윤리와 출가 정신 사이에서 볼 수 있는 윤리적 딜레마는 한암에게서도 볼 수 있다. 한암은 스승 경허의 행장인 「선사 경허 화상 행장」(先師鏡虛和尙行狀, 이하 「행장」으로 약칭)을 쓰면서 스승 경허의 행리 전반을 분별(分別)[5]하고 있다. 이 부분의 존재로 인하여, 애당초 「행장」의 집필을 부탁한 만공은 이후 『경허집』을 간행하면서 이 「행장」을 수록하지 않는다. 제자 한암이 스승 경허에게 다해야 할 사효의 윤리를 어긴 것으로 판단했기 때문으로 생각된다. 그런데 다른 한편으로 석전(石顚, 1870~1948년)은 '한암'이라고 드러내 놓고 비판한 것은 아니지만, 한암의 입장에 대한 비판으로도 볼 수 있는 글을 남기고 있다.

한암이 남긴 「행장」을 통하여, 그는 사효를 강조하는 유교적 윤리의 영향 아래에 있으면서도 사효의 윤리만을 따르지 않고, 스승이라는 '사람'〔人〕과 '법'(法) 사이에서 윤리적 딜레마를 겪고 있음을 살펴볼 것이다. 이를 통해서 여전히 유교적 윤리의 영향 속에 놓여 있는 우리 불교 교단에서 어떻게 불교/붓다의 출가 정신을 살려갈 수 있을지 모색하기로 한다.

이를 위해서 먼저 한암이 어떠한 태도로 「행장」을 집필했는지를 살펴보고자 하는데, 「행장」 집필에 대한 그의 자세는 바로 그의 스승 경허가 가지고 있었던 '행장의 철학'으로부터 비롯된 것임을 확인하게 될 것이다. 경허의 '행장의 철학' 자체가 한암에게는 출가 정신의 근본을 제시해 줌으로써, 동시에 스승 경허의 행리를 판단하는 데 있어서 그를 하나의 딜레마적 상황 속으로 집어넣은 것이기 때문이다.

## 2. 경허의 '행장의 철학'

경허의 법제자 한암이 『조선 불교 통사』에 실린, 스승 경허에 대한 이능화의 비판을 보았는지는 알 수 없으나,[6] 「행장」에서 스승의 행리에 대한 분별을 하고 있다. 제자로서는 쉽지 않은 일이었을 것으로 생각된다. 말하기 어려운 부분은 다 빼놓고, 아름답고 추앙할 부분만을 쓸 수도 있었을 터인데 말이다. 실제로 만해가 쓴 「약보」는 그렇게 되어 있다. 행리 부분에 대해서 일체 말을 하지 않고 있는 것이다.

그런데 근래 나는 『경허집』을 읽다가 알게 되었다. 바로 그러한 태도로 행장을 쓴다는 것 자체가 이미 스승 경허에게서 발견된다는 점을 말이다. 한암의 「행장」 쓰기는 스승 경허의 '행장의 철학'을 그대로 배워서 따른 것이었으니, 이러한 사관(史觀)에서는 스승과 제자가 같은 길을 걷고 있었던 것이다. 한암이 스승 경허의 행리를 어떻게 평가하고 있는지를 살펴보기 전에, 먼저 이 점을 확인하는 것이 필요하리라 본다. 한암은 결코 스승에 대하여 배은하거나 망덕한 것이 아님을 분명히 해 두기 위해서이다.

경허 역시 행장을 썼다. 현재 남아 있는 것은 서룡(瑞龍) 화상과 취은(取隱) 화상에 대한 행장이다. 이 중에 「서룡 화상 행장」에는 다른 어떤 행장에서도 찾아 보기 어려운[7] 경허의 '행장의 철학'이 진술되어 있다.

> 옛 스님이 이르기를 "불법이 사라질까 두려워하지 말라."고 했
> 는데, 나는 오히려 사라질까 두렵다. 두려워하지 말라고 한 것도
> 일리가 있고, 오히려 두렵다고 한 것도 역시 일리가 있다. 비록 본
> 래 사라지지 않을 이치가 있다 하더라도 계정혜의 세 가지 배움을
> 닦지 않는다면, '사라지지 않는다'라고 한 것이 반드시 그것을 보
> 호하여 사라지지 않는 경지에까지 이른다고 기약할 수는 없는 것
> 이다. 이제 푸른 산기슭에서 고니와 새들이 서로 바라보는 곳은 다
> 부도(浮屠)요, 절의 누각에서 화려하게 색칠이 된 것은 모두 영정
> 이다. 실로 그것이 모두 다 해야 할 만한 것을 했다고 할 수는 없으
> 나, 행장이라는 것은 그렇지 않으니, 가히 해야 할 것이 아니면 하
> 지 말아야 한다. 저 세 가지 배움의 도를 닦지 않는다면, 행장은 하
> 지 않는 것이다.[8]

> 매양 행장을 씀에 이르러서는 일찍이 붓을 멈추고 감개한 바가
> 없지 않았다. 대저 출가한 사람이 세 가지 배움을 닦지 않는다면

도업이 이루어지지 않았을 것이고, 도업이 이루어지지 않았다면 가히 할 만한 행장이 없는 것이다. 그러므로 가히 할 만한 행장이 없음을 안타까워하지 말고, 그 도업이 이루어지지지 못함을 안타까워하라. 도업이 이루어지지 않는다면 부처님의 혜명을 얻어서 전할 수 없을 것이다. 저 세 가지 배움이 강령이 되어서 불법이 사라지지 않게 하는 것이다. 실로 이와 같은데, 오늘날의 사문이 그렇게 하는 것을 그치지 않으니, 가히 슬픈 일일 따름이다.[9]

이러한 인용문을 통하여 우리는 경허가 행장 짓기를 어떻게 생각하고 있었는지를 잘 알 수 있게 되었다. 행장은 부도나 영정과는 다르다. 부도나 영정의 경우에는, 비록 그것이 실제 그 주인공의 도덕에 비추어 볼 때 좀 지나치게 과찬(過讚)을 했다 싶어도 큰 문제는 없다. 그렇지만 행장은 그렇지 않다. 행장의 주인공이 살아 있을 때 계정혜 삼학(三學)을 닦지 않았다면 행장을 할 수는 없다고 역설한다. 부도나 영정의 경우와 행장의 경우, 왜 그러한 차이가 있는 것일까? 행장은 글이기 때문이다. 한 인물에 대해서 행장을 쓴다는 것은 역사적인 평가를 하는 일이며, 그럼으로써 역사에 편입시키는 일이 되기 때문이다. 그렇다면 불교사에 편입하는 것, 즉 입전(立傳)하는 것으로 생각할 수 있는 행장은 어떤 사람을 주인공으로 해서 쓸 수 있는 것일까?

경허는 간단히 말하고 있다. 도업이 이루어지지 않으면 행장을 할 것이 없으며, 도업은 세 가지 배움을 닦지 않고서는 이루어지지 않는다. 이는 정혜결사(定慧結社)를 일으킨 보조 지눌(普照 知訥,

1153~1210년)의 입장과 정히 부합한다. 보조는 정혜라고 하는 것은 약칭이고, 갖추어 말하면 계정혜[10]라 하였다. 경허 역시 보조와 마찬가지로, 그가 '정혜'라는 말을 쓸 때 그것이 사실은 '계정혜' 세 가지 배움 전체를 다 의미했던 것이다. 이러한 경허의 '행장의 철학'을 살펴볼 때, 우리는 이능화의 경허 비판에서 들었던 이야기, 즉 "호탕하여 음행이나 살생을 범하는 데 이르기까지 개의치 않았다."[11]와는 다른 면모를 확인할 수 있는 것이다. 그는 집요하게 계정혜 삼학을 지켜야만 행장을 할 만한 고승임을 강조하고 있다. 그만큼 '계정혜는 불법의 강령이기' 때문이다. 그럼에도 불구하고, 함부로 행장을 하는 풍조를 개탄하고 있었던 것이다.

바로 여기서 한암의 고뇌는 시작된다. 그는 법으로 사형이 되는 만공의 부탁을 받고서 행장을 쓰려고 한다. 이때 그의 스승 경허의 '행장의 철학'에 입각할 때, 그 대상(행장의 주인공)이 비록 스승이라 할지라도, 계정혜 삼학의 기준으로 스승의 삶을 평가하지 않을 수 없었던 것이다. 만약 그렇게 하지 않는다면 가까이는 스승의 가르침을 배반하는 것이 될 것이며 멀리는 부처님의 가르침을 배반하는 일이 될 것이었다.

과연 경허는 행장을 할 만한 고승인가 아닌가? 계정혜 삼학을 잘 닦았는가 아닌가? 이 문제는 그가 당장 해결해야 할 고뇌였던 것으로 생각된다. 그 고뇌의 결과, 그는 스승 경허의 행리 문제를 다루는 부분을 「행장」에서 마련하지 않을 수 없었다. 그것이 바로 '분별행리분'이라 이름 지어진 부분이다. 이를 통해서 한암은 스승 경허의 행리 문제에 대한 입장 정리를 시도한다. 이 분별행리분은 「행장」 전체에서 볼 때 비교적 긴 분량을 차지한다. 그만큼 중요한 문제이고, 한암 나름의 깊은 고뇌가 반영된 결과라 할 수 있다.


## 3. 경허의 행리에 대한 한암의 분별

경허의 행리에 대한 한암의 분별은 실로 어떠한 것이었을까? 또 그것을 우리는 어떻게 평가할 수 있을까? 종래 한암의 입장에 대한 평가가 얼마나 다양했는지를 우리는 다음에 인용할 김광식의 언급을 통해서 짐작할 수 있을 것이다.

> 그래서 저는 이걸(한암이 「행장」을 바로 1년 6개월 안에 『불교』지를 통해서 발표한 것 — 인용자) 만약 이제 윤창화 선생님처럼 뭐 승화냐? 또 이상하 선생님처럼 비판이냐? 이런 거에 대해서 저도 의사를 밝히자면, 한암 스님은 유교적인 가풍과 기반이 있기 때문에 수립하자는 것이었다고 볼 수 있어요. 사실을 사실대로 쓰면서도 절묘하게 표현한 겁니다.
> 그래서 저는 이제 제 입장을 밝히자면, 이건 중도적인 비판입니다.[12]

스승 경허의 행리에 대한 한암의 입장은 승화인가, 비판인가, 아니면 중도적 비판인가? 간단하게 한 마디로 정리해서 말하기 어려울 만큼 한암의 고뇌가 깊었기 때문에 다양한 의견이 제출된 것으로 볼 수 있다. 과연 한암은 스승 경허의 행리를 어떻게 논하고 있는 것일까?

## (1) 분별행리분의 구조

스승 경허의 행리를 서술한 '분별행리분'은 「행장」 전체에서 매우 상세하다. 그만큼 분량도 많다. 이런 경우에 전체의 내용을 일목요연하게 파악하기 위해서는 과목(科目)을 나누어 보는 것이 도움이 된다. 마침 연남 거사는 '분별행리분'을 다시 7항으로 나누어 놓고 있는데 먼저 정리해 보기로 하자.

```
┌─ 자유로운 행리와 그 이유 : 夫行狀者~一生行履也.
├─ 행리의 탁월함을 찬탄함 : 然其安處也~孰如是哉.
├─ 틀을 벗어난 교화 : 一坐多年~眞稀世偉人也.
├─ 화상과 같지 못함을 탄식함 : 噫, 出家之人~深祝者也.
├─ 법을 배우되 행을 배우지 말라 : 然, 後之學者~得失是非乎.
├─ 경록의 인용 통한 논리 보강 : 故圓覺經~誤着大事也.
└─ 법을 갖추지 못하고 무애를 갖추는 것을 경계 : 又古德云~之見也哉.
```

〔표 1〕 「분별행리분」에 대한 연남 거사의 과목[13]

연남 거사의 과목은 이와 같이 정리할 수 있는데, 다소 평면적인 감이 없지 않다. 실제로 내용을 하나하나 맞추어서 검토해 볼 때 좀 더 구조적으로 정리하는 것도 가능할 것으로 생각된다. 왜냐하면 둘째와 셋째는 긍정적인 의미에서 행리의 탁월함과 동진행(同塵行)을 평가하는 부분이며, 여섯째와 일곱째는 모두 다섯째 '법을 배우되 행을 배우지 말라'를 부연하는 내용이기 때문이다. 이러한 관점을 투영하여 나는 다음과 같이 새로운 과목을 제시해 본다. 번호를 붙여 둔 것은 장차 논의의 편의를 위해서이다.

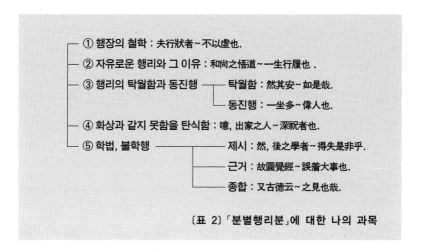

① 행장의 철학 : 夫行狀者~不以虛也.
② 자유로운 행리와 그 이유 : 和尙之悟道~一生行履也.
③ 행리의 탁월함과 동진행 ─── 탁월함 : 然其安~如是哉.
                              동진행 : 一坐多~偉人也.
④ 화상과 같지 못함을 탄식함 : 噫, 出家之人~深祝者也.
⑤ 학법, 불학행 ─── 제시 : 然, 後之學者~得失是非乎.
                   근거 : 故圓覺經~誤着大事也.
                   종합 : 又古德云~之見也哉.

〔표 2〕「분별행리분」에 대한 나의 과목

우선 한 마디로 '행리'(넓은 뜻의 행리)라고 말하지만 경허의 행리 중에는 한암이 분명 찬탄해 마지않은 행리들이 있었다. 긍정적으로 찬탄해야 할 측면(③)에 대해서는 '찬탄'의 입장을 내보이고 있다. 앞서 살펴본 김광식의 언급 속에 등장한 다양한 평가는 ②와 ⑤에서 문제되고 있는 것이다.

주색이나 범계(犯戒)가 문제시되는 이 행리(좁은 뜻의 행리)에 대해서도 한암의 입장은 한 마디로 정의내리기 어렵다. 분명히 승화하는 측면(②)이 있으면서도, 후학들에게는 촉수엄금(觸手嚴禁)을 요구하면서 경허의 행리로부터 후학들을 봉인(封印)하는 부분도 있기 때문(⑤)이다. 그리하여 사실상 경허의 행리가 봉인되는 효과를 내게 된다. 이는 '비판'이라는 효과를 내고 있지만, 사실상 그가 의도한 것은 아닌 것으로 생각된다.

따라서 나로서는 윤창화는 물론, 이상하나 김광식의 관점과도 완전한 의견 일치를 볼 수는 없었다. 이들과 나의 입장이 어떤 점에서 같고 어떤 점에서 달라지는지에 대해서는 뒤의 4절에서 일목요연하게 정리하게 될 것이다.

다만 그 전에 한암이 찬탄해 마지않는 경허의 행리('넓은 뜻의 행리'에 포함되는 긍정적인 부분)에 대해서 살펴 두기로 한다. '나의 과목'에서는 ③에서 논의되는 부분이다.

### (2) 찬탄해 마지않는 행리들

'③ 행리의 탁월함과 동진행' 중에서 우선 '탁월함'의 사례를 살펴보자. 그것들은 다음과 같이 세 가지로 정리될 수 있다.

> 소식하고 침묵 과언(沈默 寡言)하였으며, 사람들을 만나는 것을 좋아하지 않았다는 것. 천장암 시절에 옷을 갈아 입지 않아서 이가 들끓어도 적연 부동(寂然 不動)하였다는 것. 어느 날 뱀이 어깨 위로 올라가도 놀라지 않고 태연 무심(泰然 無心)하였다는 것.[14]

이러한 일화를 들고 나서 한암은 "도가 깊이 응축되지 않았다면 누가 이와 같겠는가?"[15]라며 찬탄한다. 경허가 말한 "내게는 서원이 있는데, 서울 땅을 밟지 않는 것이다."[16]라고 한 말 역시 이러한 맥락에서 나오고 있음을 주의해야 한다. 그리고 그러한 그의 서원은 바로 이어지는 동진행(同塵行)과 맥락을 같이하는 것[17]으로 보인다.

다음, 동진행에 대해서이다. 경허는 산을 나와 교화할 때에는 정해진 틀(窠臼)을 벗어나서 격식에 얽매이지 않았다는 것이다.

> 어떤 때에는 저잣거리를 한가롭게 노니시면서 세속의 먼지와 함께 하셨고, 어떤 때에는 소나무 정자에 한가로이 누워서 교만하게 풍월을 읊으셨으니 그 초월한 아취는 다른 사람들이 헤아리기 어려웠다. 또 어떤 때에는 지극히 부드럽고 매우 세심하게 불가사의한 이치를 설하였으니, 가히 선도 철저하였고 악도 철저하였다.[18]

여기서 주의할 것은 한암이 말하는 '선도저 악도저'가 바로 이러한 문맥에서 나온다는 점이다. 선악은 바로 윤리적인 선과 악을 의미하는 것이 아니라, 교화 방법에 있어서 부드럽고 자세함은 '선'으로 상징하였고, 궤칙을 벗어나는 틀 밖의 교화는 '악'으로 상징했던 것이다. 이 '틀 밖의 교화' 안에는 저잣거리를 노니는 것과 정자에서 풍월을 읊는 것이 들어 있다.

특히 저잣거리를 노니시면서는 주색을 범하지 않았겠느냐고 생각하여, '악'이 곧 주색을 의미한다고 볼 수 있을지도 모르겠다. 그렇게 볼 수 있는 가능성이 완벽하게 없다고 할 수는 없다. 그러나 적어도 이 문맥에서 한암은 그렇게까지 말하고 있는 것 같지는 않다. 이 점이 왜 중요한가 하면, 주색이라는 행리와 동진이라는 행리를 반드시 일치시키는 것은 위험할 수 있기 때문이다. 주색이라는 행리는 부정

적으로 평가해야 할 것이지만, 동진이라는 행리는 긍정적으로 평가
할 수 있기 때문이다.

『삼국유사』의 피은(避隱) 편이나 홍법(興法) 편에 나타나는 동진의
행이나 경허의 삼수갑산의 동진행을 우리가 주색이라는 행리와는 다
른 범주에서 다루어야 하는 것도 그런 까닭에서이다. 그러므로 나는
'저잣거리를 한가롭게 노니는 것' 안에 주색이 포함될 개연성을 인정
하지만, 그렇다고 해서 그것이 곧 주색과 완전히 합일하는 것은 아니
라고 본다. 만약 양자를 같은 것으로 본다면 우리는 경허의 행리 중
에서 잃어버리는 것이 너무나 많게 될 것이다. 그러므로 한암이 말하
는 '선도저 악도저'에서의 '악'이 곧 주색을 상징하거나 의미하는 것
이 아님[19]을 확인하는 것은 매우 중요한 것으로 생각된다.

이렇게 경허의 행리 중에서 긍정적으로 평가할 수 있는 부분을
평가한 뒤에, 다시 한암은 후학들이 용맹정진하여 큰 일을 밝히는
데 있어서 경허와 같은 경지까지 올랐다고 한다면, 등등상속(燈燈相
續)이 가능할 것인데 그렇지 못함을 한탄한다. 만약 그렇게 할 수만
있다면 구산 선문의 융화(隆化)나 보조 이래의 16국사의 계승과 같은
일이 어찌 다만 옛일이라고만 하겠느냐[20]라는 것이다. '③ 화상과 같
지 못함을 탄식함'에서이다. 이렇게 마음 깊이 애도하고 찬탄한다.


### (3) 배워서는 안 될 행리들

한암은 '분별행리분'의 첫째에서 감히 함부로 흉내낼 수 없는 경
허의 행리를 대강 소묘하고 있으며, 그 이유에 대해서도 추측하고

있다. 이때 '행리' 안에는 '주색'의 부분도 언급된다. 과목에서 나타나 있는 '자유로운 행리와 그 이유'(②) 부분과 '학법불학행'(⑤) 부분을 함께 살펴볼 필요가 있다. 왜냐하면 공히 주색의 문제가 언급되기 때문이다.

### 1) '② 자유로운 행리와 그 이유'에 나타난 입장

한암은 우선 '② 자유로운 행리와 그 이유'에서 다음과 같이 말하고 있다.

> 마시고 먹음에 자유로웠으며 성색(聲色)에 구속되지 않아서 자재롭게 유희하셨으니 다른 사람들의 의심이나 비방을 초래하셨다. 이는 광대한 마음으로 불이문을 증득하여 초월한 자재로움이 이통현과 같은 종도자(宗道者)[21]의 무리와 같아서인가? 또는 시절을 만나지 못하여 강개(慷慨)하여 몸을 하열한 곳에 두어서 낮춤으로써 스스로를 기르고 도로써 스스로 즐거워하심인가? 홍곡이 아니면 홍곡의 뜻을 알 수 없으니, 크게 깨달은 이가 아니면 어찌 작은 절개에 구애되지 않을 수 있겠는가? 스님의 시에 "술이 때로는 방광하고 여자도 그러해 / 탐욕과 어리석음의 번뇌로 영원을 보내면서 / 부처든 중생이든 내 알 바 아니니 / 평생토록 술에 취한 미친 중이나 되리라."라는 구절이 있으니, 그 일생의 행리를 표현한 것이다.[22]

경허의 주색에 대해서 한암은 "스님께서는 왜 그랬을까?"라는 문제를 스스로 설정하고서, 두 가지 측면에서 해답을 추출하고 있다. 하나는 이통현과 같은 종도자의 무리에 소속시킬 수 있는 행으로 보았는데, 그 경우라면 광대한 마음으로 불이문을 증득하여서 스스로 자재했기 때문이리라. 다른 하나는 시절을 잘못 만나서 비분강개한 탓에 스스로를 낮추어서 진속(塵俗)과 하나가 됨으로써 스스로를 기르고 도로써 그러한 상황을 즐거워했기 때문이리라. 이는 앞의 이유와는 달리, 그 스스로 한없이 낮춤으로써 동진하기 위해서라는 것이었다. 한암은 이렇게 두 가지 이유[23]를 제시하였는데, 아마도 그 두 가지 이유 다 타당하다고 생각하였을 것이다.

이러한 한암의 평가를 통하여 우리는 경허의 주색에 대해서도 한암과 이능화가 명백히 다른 입장을 보였음을 알 수 있다. 이능화는, 앞서 인용한 바 있지만, 경허의 행위가 "탕탕(蕩蕩)하여 걸림이 없어서 음행과 살생의 계율을 범하는 데 이르러도 개의치 않았다."라고 했기 때문이다. 탕탕하여 걸림이 없었다는 이야기는 이능화도 한암도 다 하고 있지만, 그것을 이능화는 '범계'(犯戒)를 함에 있어서 탕탕하여 걸림이 없다고만 말했던 것이다.

그에 반하면 한암은 이통현(李通玄)과 같이 불이문을 증득하였기 때문에 초월하여 자재로운 것으로 보거나 스스로를 낮추어서 도로써 즐기는 것으로 볼 수 있다는 가능성을 제기하였다. 의문문의 형식이지만, 사실상 그렇게 생각한다는 본인의 속내가 들어가 있는 것으로 보인다. 그러면서 그 이유에 대해서는 '홍곡'에 비유하면서, 경허와 같이 "크게 깨달음을 얻은 사람이 아니라면 어찌 소절(小節)에 걸림이 없겠는가?"[24]라고 하였다. 이능화가 계율이라 한 것을 한암은 소절이라 하였다.

그러므로 이 부분까지만 볼 때에는, 한암은 경허의 주색을 '승화'했다고도 '미화'[25]했다고도 평가할 수 있는 것으로 나는 생각한다. 거기에는 경허가 그의 스승이었기 때문에, 스승의 허물을 드러내지 않으려는 유교적 윤리의 영향[26]이 없었다고 말하기는 어려울 것 같다. 그렇다고 해서 스승에 대해서는 온통 미화와 승화만 해야 할 것으로 한암이 생각하고 있었던 것일까? 사효의 윤리 속에 함몰된 채 '법'의 운명에는 무심했던 것일까? 그렇지 않다는 증거를 다음 항목에서 좀더 구체적으로 천착해 보기로 하자.

### 2) 법화는 배우되 행리를 배우지 말라

#### 가) 표층 의미

'⑤ 학법 불학행' 부분은 정히 '제시〔法〕 - 근거〔因〕 - 종합〔合〕'의 논리[27]에 따라서 쓰여 있다. 여기서 중요한 것은 제시와 종합이다. 근거는 그러한 논리를 강화하기 위하여 제시하는 경록(經錄)의 말씀을 인용한 것이므로 여기서는 생략하기로 하자. 우선 '제시'의 말씀을 들어본다.

그러나 뒷날의 학자가 스님의 법화를 배우는 것은 가하거니와 스님의 행리를 배우는 것은 불가하니, (만약 스님의 행리를 배우고자 한다면, 그) 사람은 (스님을) 믿기만 하고서 (법을) 알지는 못하는 것이 된다. 또한 "법에 의지하라." 한 것은 그 진정한 묘법에 의지하라는 것이고, "사람에 의지하지 말라." 한 것은 그 계율에 합하는 것과 계율에 합하지 않는 것에 의지하지 말라는 것이다. 또한 의지한다는 것은 스승으로 삼아서 본받는다는 것이고, 의지하지 않는다는 것은 그 득실(得失)과 시비를 보지 않는다는 것이다. 도를 배우는 사람은 마침내 법도 능히 버리거늘 하물며 다른 사람의 득실과 시비이겠는가.[28]

한암 스스로 그렇게 법화를 배우는 것은 좋으나 행리를 배우는 것은 좋지 않다고 말하는 까닭은 무엇인가? 어째서 그는 스승 경허의 행리를 앞에서 한 것처럼, 승화 내지 미화하는 것으로 그치지 않고 감히 이러한 말을 하고 있는 것일까? 이러한 의혹들을 우리는 가질 수 있을 것이다. 그러나 한암은 앞에서 진실로 스승의 행리를 승화 내지 미화하였기에 여기서는 더욱 강하게 후학에게 경계를 촉구할 수도 있었던 것으로 나는 생각한다. 그렇지만 한암 역시 그러한 문제 제기를 충분히 예상하면서 그 이유로서 "(만약 스님의 행리를 배우고자 한다면, 그) 사람은 (스님을) 믿기만 하고서 (법을) 알지는 못하는 것이 된다."라고 말한 것으로 생각된다.

다음으로 주목해 보아야 할 것은 이러한 한암에게 기본적인 논리를 제공한 것은 '의법불의인'(依法不依人)이라는 불교 해석학의 한 원칙[29]이라는 점이다. 법을 의지하되 사람을 의지하지 말라는 것이다. 이 때 '법'은 경허의 깨달음이나 가르침을 의미하는 것이고, '사람'은 경허 그 자신의 행리(범계)를 의미하는 것으로 볼 수 있다. 그렇다면 왜 사람에는 의지하지 말아야 하는가? 그것은 그 '사람'을 위해서가 아니라 후학 자신을 위해서이다. 그 '사람'의 시비와 득실을 본다는 것은 어떤 경우에도 보는 사람(후학)에게 이익이 없기 때문이다. 시비와 득실을 보고서 본받는 것만이 잘못이 아니라, 비판을 하게 되면 분별심을 내게 되어서 공부에 장애가 될 것이므로 그 역시 잘못이라는 입장이다. 그러므로 '법'만을 배울 것이며 의지할 것이지, '사람'에 의지하지는 말아야 한다고 강조하였다.

다음으로 '종합'을 보기로 하자. 마찬가지 논리의 연장선상에서 논의하고 있다. 다만 차이가 있다면 선사들의 말을 인용하고 있다는 점이다.

또한 옛 스님이 말하기를, "다만 눈이 바른 것만을 귀하게 여길 뿐이지 행리를 귀하게 여기는 것은 아니다."라고 하였고, 또 말씀하시되 "나의 법문은 선정이니 해탈이니 지범(持犯)이니 수증(修證)이니를 논하지 않으며 오직 부처의 지견을 통달할 뿐이다."라고 하였으니, 이것이 먼저 올바른 눈을 연 뒤에 행리를 논하는 것이 아니겠는가? 그러므로 "스님의 법화를 배우는 것은 가하지만 스님의 행리를 배우는 것은 불가하다."라고 한 것이니, 이는 (후학들이) 다만 진리를 간택하는 눈을 얻지 못하였으면서도 먼저 그〔先師〕 행리의 걸림 없음만을 본받을까 경책하는 것이다. 또한 (후학들이) 유위(有爲)의 겉모습에만 국집하여서 마음의 근원 자리를 능히 꿰뚫지 못할까 경책하는 것이다. 만약 (후학들이) 진리를 간택하는 눈을 갖추어서 마음의 근원 자리를 꿰뚫었다면, (후학들의)

행리는 저절로 진리에 계합될 것이며, 네 가지 위의 내에 언제나 청정함을 나타내리니 어찌 가히 겉모습에 미혹되어서 사랑하고 미워하며, '남이다', '나다'라는 견해를 일으키겠는가?(밑줄 — 인용자)[30]

　우선 이 인용문 중에 밑줄 친 부분의 이해에 혼돈이 있음을 먼저 지적해 두고자 한다. 연남 거사 번역이나 『한암일발록』의 번역, 그리고 『경허 법어』의 번역 모두 특별한 문제는 없다. '불능통철심원자'(不能洞徹心源者)를 연남 거사는 '마음의 근원을 밝게 사무치지 못하는 자'로 옮기고 있다. 올바른 번역이다. 나의 번역에서는 앞 부분에 '(후학들이)'라고 해서 괄호 속에 그 행위의 주체를 분명히 밝혀 줌으로써, '자'(者)의 의미를 행위(~하는 것)로 보았다. 그리하여 '마음의 근원 자리를 능히 꿰뚫지 못할까'로 번역한 것이다. 의미상 큰 차이는 없다.
　이렇게 행위의 주체를 분명히 밝혀 줌으로써, 우리가 알 수 있는 것은 바로 그에 뒤이어서 나오는 "약구택법(若具擇法) …… 견야재(見也哉)"의 문장의 주어가 바로 앞 문장에서 나오는 '불능통철심원자'라는 사실이다. 다시 말하면 그 문장의 주어는 '경허'가 아니라 '후학'이 되는 것이다. 그런 까닭에 윤창화가 위의 인용문의 번역은 올바르게 하였으면서도 그 의미를 부연하면서 하는 다음과 같은 말은 오해라고 아니할 수 없다.

　한암의 요점은 바른 법이 무엇인지 모르는 상태, 맹안(盲眼)의 상태에서 그저 경허 화상의 행위만 답습할 때, 그것이 문제라는 것이다. 그러나 깨달은 법이 있다면, 즉 정안(正眼)이 갖추어져 있다면 행위 정도는 그다지 문제시할 필요는 없다는 것이다. 그러므로 거듭 경허 화상의 정안, 즉 그의 법을 높게 평가할 일이지, 법은 놔두고 그의 행리(行履)를 거론하는 것은 가치 비중과 순서가 맞지 않다는 것이다.[31]

이 문맥에서 한암이 말하고자 하는 바는, 경허와 같이 "깨달은 법이 있다면, 즉 정안이 갖추어져 있다면 행위 정도는 그다지 문제시할 필요는 없다."고 말하려는 것이 아니다. 윤창화가 그렇게 오해한 까닭은, 앞의 인용문 중에서 내가 밑줄을 그은 부분의 행위 주체를 '후학'으로 보지 않고 '경허'로 보았기 때문에 생긴 것으로 판단된다. 내가 괄호 속에 넣은 '후학'이라는 말 대신 '경허'를 넣어서 읽을 수 있다면, 윤창화처럼 말할 수 있을 것이다. 그러나, 그렇지 않다.

앞에서 논의한 바와 같이 그 문장의 주어는 '후학들'이다. 지금 한암은 후학들에게 요청하고 있는 것이다. 후학들이 만약 한암이 말하는 것처럼 경허의 행리를 보지 않고 법만을 충실히 잘 배운다면, 그래서 후학의 마음의 근원 자리를 꿰뚫어 알게 된다면 선학인 경허 화상의 행리(좁은 뜻의 행리, 즉 범계)가 잘못된 것임을 굳이 비판할 것도 없다는 것이다. 왜냐하면 후학들 스스로의 행리(넓은 뜻의 행리, 모든 행위)[32]는 "저절로 진리에 계합될 것이며, 네 가지 위의 내에서 언제나 청정함을 나타낼 수 있기" 때문이라는 것이다. 그러므로 중요한 것은 경허의 법을 배우는 것이지, 그의 행리(좁은 뜻의 행리)를 배운다거나 또 그러한 그의 행리를 비판하는 것이 아님을 말하고자 했던 것이다.

이러한 논리에 대해서도, 승화나 미화의 맥락과 연결될 수 있다. 그러나 그것만이 아니다. 그렇게만 보아서는 안 된다. 그것은 제자 한암, 즉 「행장」의 '저자의 의도'일 수는 있다. 한암의 의도 자체는 스승에 대한 비판에 있었던 것이 아니다. 다만 비록 스승을 비판하고자 한 것은 아니지만 — 여기에는 한암에게 미친 유교적 윤리의 무거움이 인지된다 — 그로부터 후학들이 악영향을 받는 것 역시 한암으로서는 묵과할 수 없었다. 그래서 경허의 행리의 세계는 후학들의 손이 함부로 닿지 못하는 저 높은 곳에다 설정하여 봉인(封印)할 필요가 있었다.

그렇지만 차마 제자가 스승의 행리 자체를 비판하면서 봉인할 수는 없다. 그렇다면 어떤 방법이 있을 수 있을까? 바로 후학들의 행동 반경을 설정해 주는 것, 즉 후학들을 어떤 세계 안으로 봉인해 버리면 된다. 한암이 선택한 방법은 바로 이것이다. 여기까지는 실제로 스승에 대한 '사자(師資)의 도리'에 어긋난 것이라 평가를 받을 만한 것은 아니었다. 나는 그렇게 생각한다.


나) 심층 의미

후학들에 대한 경계의 의도를 갖고서 행해진 한암의 발언 중에는 그 자신(저자)의 의도와는 달리 스승에게 다시 문제를 돌리는 듯이 오해될 수 있는 말이 없지 않았다. 앞에서도 인용했지만, 다음 구절을 다시 읽어 보자.

만약 진리를 간택하는 눈을 갖추어서 마음의 근원 자리를 꿰뚫었다면, 행리는 저절로 진리에 계합될 것이며, 네 가지 위의 내에 언제나 청정함을 나타내리라.

이는 후학들에게 제시한 하나의 기준일 뿐만 아니라, 스승 경허의 행리를 평가할 때도 하나의 시금석으로 사용할 수 있는 관점이다. 물론 스승 경허의 행리를 평가할 기준으로 쓴다는 것은 한암, 즉 「행장」의 '저자의 의도'는 아니다. 하지만 독자에게는 그렇게 읽힐 수 있다. 내 상상력으로는 「행장」이 애당초 필화 사건을 겪게 된 가장 결정적인 이유가 바로 이 구절과 관련하는 것은 아닐까 싶다. 『경허집』의 편집자들 — 아마도 청탁한 만공이 중심적 역할을 했으리라 추측되지만 — 에게는 바로 이 구절이 스승 경허에게 문제를 제기한 것으로 받아들여졌을 가능성이 있다. 한암은 경허의 행리(좁은 뜻의 행리)를 승화 내지 미화했지만, 그것은 표층적인 의미였을 뿐이다. 이 문장의 심층적 의미는 스승의 행리를 근거로 삼아서 다시 스승의 법에 대해서까지 문제를 제기하는 것으로 독자들에게 읽힐 수 있었으리라. 그 가능성을 전연 배제할 수 있을까?

윤창화는 근래(2012년), 필화 사건을 불러온 「경허의 주색과 삼수갑산」이라는 글의 맺음말에서 "모든 것을 초월했다면, 당연히 욕망도 초월해야 하지 않을까?"[33)]라고 하였다. 이 언급은 바로 한암이 말한 바, "만약 진리를 간택하는 눈을 갖추어서 마음의 근원 자리를 꿰뚫었다면, 행리는 저절로 진리에 계합될 것이며, 네 가지 위의 내에 언제나 청정함을 나타내리라."라는 문장이 독자들에게 주는 심층 의

미와 통하는 것이다.

이 말을 들은 후학(독자)들은 한암의 표층 의미/저자의 의도와는 달리 "정말 경허가 그러했다고 한다면 그의 행리는 언제나 청정했어야만 하는 것 아니었을까?"라고 생각할 수 있다는 것이다. 그리고 그 것은 윤창화가 「경허의 지음자, 한암」에서 논술한 입장, 즉 "깨달은 법이 있다면, 즉 정안이 갖추어져 있다면 행위 정도는 그다지 문제시할 필요는 없다."는 것과는 상반되는 것이다. 만약 "정안만을 갖춘다면 행위는 어떻게 되어도 상관이 없다."라고 말한다면, 그것이야말로 경허의 행리(좁은 뜻의 행리)를 승화 내지 미화[34]하는 것일 터이다. 그리고 그러한 승화 내지 미화의 논리는 다시금 윤리적인 반론[35] 앞에 봉착해야 할 것이다.

마지막으로 생각해 보아야 할 것이 하나 더 남아 있다. 앞에서 나는 한암의 말, 즉 "만약 진리를 간택하는 눈을 갖추어서 마음의 근원자리를 꿰뚫었다면, 행리는 저절로 진리에 계합될 것이며, 네 가지 위의 내에 언제나 청정함을 나타내리라."라는 것이 독자들에게는, 후학들에 대한 경계를 위한 말이라는 그 '저자의 의도' 내지 표층적인 의미보다도 경허에 대한 물음의 제기라는 심층 의미로도 받아들여질 수 있다고 했다. 그렇다면 그러한 독자들의 이해 자체는 과연 올바른 것일까 하는 점이다. 이 점을 점검해 보기 위해서는 함께 살펴보아야 할 경허의 언급이 하나 있다. 바로 「법화」(法話)[36]의 다음과 같은 말씀이다.

우두 선사가 말하기를, "마음에는 다른 마음이 없으니 탐심과 음심을 끊지 않는다. 그러므로 선지식이 소를 기르는 데에는 여든 한 가지의 행이 있는데, 부처의 행이나 범행(梵行)으로부터 살생 도둑질 음행 술 등의 행위들은 도안(道眼)이 명백하면 또한 걸림이 없게 되리라.[37)]

여기서 경허가 말한 "도안이 명백하면"이란, 한암이 말한 "진리를 간택하는 눈을 갖추어서 마음의 근원 자리를 능히 꿰뚫는" 것과 같은 뜻이며, 경허가 말하는 "부처의 행이나 범행으로부터 살생 도둑질 음행 술 등의 행위들"은 한암이 말한 "행리"나 "네 가지 위의"와 같은 말이다. 그러므로 경허가 말한 "걸림이 없다"라는 말은 한암이 말한 "진리에 계합된다"라든지 "언제나 청정함을 나타낸다"와 상응하는 것이다. 그러니 경허와 한암은 같은 말을 하고 있는 것이다. 즉 한암은 경허의 「법화」에서 한 이 말과 같은 취지의 말을 「행장」의 분별행리분에서 했던 것이다.

마음의 근원 자리를 꿰뚫어 보게 되면, 그 이후의 일(행리) — 이를 경허는 오후(悟後)의 목우행으로 본다 — 은 어디에도 걸림이 없다는 것이다. 그렇다면 이 "걸림이 없다"는 말은 무슨 뜻일까? 걸림이 없으므로, 살생 도둑질 음행 술 등의 행위를 아무렇게나 해도 된다는 말일까? 법률적 재단(裁斷)이나 윤리적 비판으로부터 면책된다는 것일까? 그렇게 보는 해석자들도 없지는 않다. 대부분 그렇게 해석해 왔는지도 알 수 없는데, 근래 김방룡은 바로 이 문장을 근거로 하여 다음과 같이 말하였다.

위의 내용(앞의 우두 선사 말씀이 포함된 인용문 등 — 인용자)을 보면 경허의 행리는 문제 삼을 것이 없다. 진과 속의 구분이 없는데, 굳이 속의 세계에 다시 들어감이 무슨 의미가 있는 것일까? 또한 출가와 환속이 어디에 있어서 그것의 옳고 그름을 논할 것인가? …… 유위의 상견(相見)에 집착하여 우리가 오히려 시비에 속박되어 있는 것이며, 그것을 타파하도록 끊임없이 우리를 가르쳐 온 것이 경허의 본의였다고 생각된다.[38]

과연 도안만 있다면 그가 비록 살도음주를 행해도 "문제 삼을 것이 없다."라고 할 수 있을까? 이 질문에 대한 나의 대답은 어떤 점에서는 문제가 없지만, 어떤 점에서는 문제일 수 있다는 것이다. 그것은 도인이 되면 그러한 대상 경계에 걸림이 없게 된다는 점을 인정한다는 점에서는 문제가 없다고 볼 수 있지만, 그러한 경우라도 그것은 대자적(對自的)인 한계 안에서의 일일 뿐 대타적(對他的)[39]으로는 문제될 수 있다고 본다. 어쩌면 한암이 그러한 태도를 취한 것은 아닐까? 경허 자신에게는 그러한 경지가 가능할 것이라고 인정(②)하였다. 이를 나는 승화 내지 미화라고 본 것이다.

하지만 그러한 행위를 후학들이 함부로 본받는 것은 안 된다고 후학들에게 경계를 촉구(⑤)하였는데, 여기에는 대타적으로는 나쁜 영향을 미칠 수 있다고 본 것이다. 그렇지만 차마 스승의 행위를 포폄하거나 봉인할 수 없어서, 후학들을 경계하면서 그들의 행위를 봉인한 것으로 생각된다. 이 점에 대해서는 이미 앞서 논술한 그대로이다.

그런데 경허의 이 말에 대한 김방룡의 이해는 잘못된 이해가 아닐까 싶다. 왜냐하면 여기서 말하는 '살도음주'를 여섯 가지 대상 경계〔六塵〕에 대한 하나의 상징으로서 받아들여야 하는 것으로 생각되는데, 그는 그것을 있는 그대로 사실적인 것으로 받아들이고 있기 때문이다.

　물론 앞서 우리는 '주색'과 같은 말도 있는 그대로 받아들여야 하는 경우도 있고 상징으로 받아들여도 되는 경우가 있음을 주의한 바 있다. 예컨대 앞서 살핀 것이지만, 경허의 시에서 '주혹방광색부연'(酒或放光色復然)이라는 말은 상징으로 해석하기보다는 사실로서 받아들이는 것이 옳다고 하였다. 그것은 그 글이 나오는 장르가 시였기 때문이다.

　하지만 이 경우에는 「법화」라는 글의 성격상 사실로서보다는 '상징'[40]으로서 받아들이는 것이 옳은 것으로 생각된다. 자신의 삶을 있는 그대로 진솔하게 토로하는 시와는 달리, 「법화」는 수행과 깨침의 여러 가지 문제에 대한 대강(大綱)을 대타적으로 제시하는 글이기 때문이다. 시를 쓸 때의 경허가 '시인'이었다고 한다면, 이 「법화」를 쓸 때의 경허는 '교육자'의 면모를 보여 주고 있는 것이다.

　다음으로 살펴볼 것은 "걸림이 없다"라는 것인데, 이 말을 경허는 이치의 차원에서 하고 있다. 즉 계라고 하더라도, 경허는 지금 사계(事戒)가 아니라 이계(理戒)를 말하고 있는 것[41]이다. 예를 들면 여자를 보고서 음심이 일어난다. 그녀와 성적 접촉을 갖고 싶어진다. 이러한 욕망이 일어날 때, 그 욕망을 짓누르는 또 다른 마음을 일으켜서 그녀를 범하지 않게 하는 것은 사계이다. 왜냐하면 거기에는 욕망이라는 마음과 욕망을 억누르는 또 다른 마음이 서로 다른 두 가지 마음이기 때문이다. 소승계는 이러한 차원의 계율을 말하는 것이다.

그와 반대로 이계는 두 가지 마음이 아니다. 욕망이 일어나는 것을 억누르는 것이 소승계이고 사계라면, 애당초 욕망이 일어나지 않는 것은 대승계이며 이계라고 한다. 그러니까 도안이 명백해지면 살도 음주 등 어떤 대상 경계에 부딪치더라도 걸림이 없다는 말은, 정안을 얻기만 하면 아무런 행동이나 해도 문제없다는 것이 아니라, 그러한 대상 경계에 부딪치더라도 마음이 일어나지 않음[心不起]을 말한다. 그것이 이계이고, 대승계이다.

마찬가지 이야기지만, 김방룡이 인용하는 경허의 말씀을 하나 더 인용해 보기로 하자. 역시 「법화」에서이다.

　　탐욕이 곧 대도이고, 진에 역시 그러하다. 이러한 세 가지 중에 모든 불법을 다 갖추고서 널리 모든 법을 설하는 것이니, (계를) 지니고 범함에 둘이 아닌 것을 이계라 이름한다. 곧 『제법무행경』이다.[42]

이는 '번뇌 즉 보리'라는 말과 같은 맥락이다. 탐욕이 곧 대도라는 것은, 탐욕을 있는 그대로 다 긍정하는 말이 아니다. '사(事)의 차원'에서 보면 탐욕은 대도와 다르지만, '이(理)의 차원'에서 보면 탐욕과 대도의 근본 자리는 서로 다르지 않다. 탐욕도 대도도 따로이 실체[定法]가 없기 때문이다. 탐욕도 공(空)이고 대도도 공이므로 탐욕이 곧 대도인 것이다.

이러한 이치를 알게 된다면 그 경지에서는 탐욕을 끊으려는 지계 (持戒)나 탐욕에 의해서 계를 범하는 것〔犯戒〕 등이 모두 사라지게 된다. 이것이 이계이다. 그것은 바로 이치의 차원에서 하는 말이고, 마음의 근원 자리가 곧 계라는 입장이다.

이렇게 이계를 이해하게 되면, 이계가 곧 대승 윤리의 근본 출발점이 됨을 알 수 있으리라. 그러한 이해 속에서는 그 어디에서고, 경허의 행리(좁은 뜻의 행리)가 문제되는 것이 아니라는 면죄부를 주는 것이 아니다. 그것은 경허가 지금 「법화」를 통해서 등암(藤庵) 화상에게 법의 진실한 모습을 가르쳐 주는 맥락에서 하는 말임을 주의해야 한다.

결코 경허는 스스로의 행리(범계)를 합리화[43]하거나 이해시키기 위해서 이러한 말을 하는 것은 아니다. 경허는 결코 그런 분은 아니었다. 마치 원효가 자기의 파계 행위를 스스로 속복으로 갈아입고서 소성거사라고 자칭함으로써 인정한 것처럼, 경허 역시 자기의 행리를 합리화할 생각은 없었던 것[44]으로 나는 본다.

만약 그랬더라면 그는 자신의 시를 통하여 그렇게 진솔하게 있는 그대로의 자기를 드러내 놓지 않았을/못했을 것이다. 자기의 행리에 법을 꿰어 맞추는 것이 아니라, 설사 법과 행리가 모순된다는 비판을 들을지언정 두려움이 없이 법은 법대로 올바르게 천명하고 있는 것이다. 그 점이야말로 경허의 크기이자, 그가 사람들을 불러 모으는 매력일 것이다.

## (4) 한암의 입장에 대한 현대 학자들의 평가

### 1) 한암의 입장에 대한 재정리

이상으로 「행장」의 분별행리분에 나타난 한암의 입장을 철저히 추적해 보았다. 먼저 분별행리분 전체를 과목으로 나눈 뒤에, 찬탄해 마지않는 행리에 대해서는 한암이 '찬탄'의 입장을 내보였다는 것을 확인하였다. 이 부분이 존재한다는 것은 한암이 비록 한마디로 '행리'라고 하였지만, 그것은 실로 찬탄해야 할 행리까지를 포함하는 '넓은 뜻의 행리'와 후학들에게 함부로 모방하지 말라고 경계를 하게 된 행위(범계, 주색)를 의미하는 '좁은 뜻의 행리'로 구분해 보아야 함을 알 수 있었다.

'넓은 뜻의 행리'가 상위 개념이라면, '좁은 뜻의 행리'는 그 하위 개념일 터이다. 따라서 상위 개념과 하위 개념에서 모두 '행리'라는 동일한 술어가 쓰이고 있다는 점에서 혼돈의 여지를 한암 스스로 만들어 두었다 아니 할 수 없다.

왜 한암은 그러한 혼돈을 회피하지 않았던 것일까? '좁은 뜻의 행리'는 다른 말을 쓸 수 있을 터인데 말이다. 물론 행리라는 말이 선종사에서 널리 쓰이는 말이어서 쓴 것이라고 생각할 수 있다.

그러나 그것만은 아닐 것으로 생각되는데, 왜냐하면 '주색'이나 '범계'라는 말보다 완곡하게 표현하기 위하여, 그러한 말 대신에 '좁은 뜻의 행리'를 나타낼 때도 행리라는 말을 썼을 것으로 생각되기 때문이다. 완곡어법(euphemism)이다.

여기서도 우리는 스승 경허의 행리를 다루는 한암의 기본적 입장이 어떠했는지 확인할 수 있게 된다. 제자로서는 삼갈 수 있는 한도껏 삼가는 자세이다. 이러한 한암의 자세에는, 두말할 나위 없이 스승에 대한 사효를 강조하는 유교적 윤리의 영향이 있었을 것이다.

그러나 그것만은 아닌 것이, '⑤ 학법 불학행'에서는 좀더 복잡한 이야기가 전개되기 때문이다. 이에 대해서 종래 선학들이 여러 가지 의견을 내놓았다. 그러한 것을 생각하면서, 나는 한암의 입장을 판단하기 위하여 분별행리분의 말씀을 세밀하게 천착해 보았다. 그 결과를 '과목 나누기'에 따라서 보기로 한다.

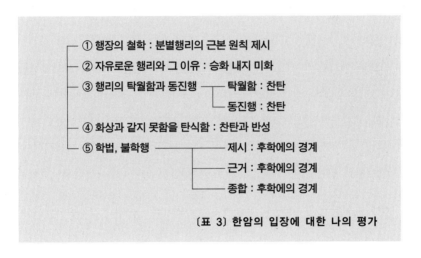

① 행장의 철학 : 분별행리의 근본 원칙 제시
② 자유로운 행리와 그 이유 : 승화 내지 미화
③ 행리의 탁월함과 동진행 ── 탁월함 : 찬탄
　　　　　　　　　　　　　 └ 동진행 : 찬탄
④ 화상과 같지 못함을 탄식함 : 찬탄과 반성
⑤ 학법, 불학행 ── 제시 : 후학에의 경계
　　　　　　　　 ├ 근거 : 후학에의 경계
　　　　　　　　 └ 종합 : 후학에의 경계

〔표 3〕 한암의 입장에 대한 나의 평가

2) 한암의 입장에 대한 평가의 비교

나는 앞에서 제시한 〔표 3〕의 ⑤를 살펴보면서, 한암이 의도한 것은 아니지만 후학에의 경계라고 하는 것이 스승을 비판한 것으로 수

용될 수 있다/있었다는 점을 언급하였다. 물론 이는 적극적으로 스승의 행리(좁은 뜻의 행리)를 비판한 것은 아니지만, 비판한 것으로 받아들여졌다는 점에서 '후학에의 경계'를 '미필적(未必的) 비판'[45]이 행해진 것으로 볼 수도 있다고 본다.

이러한 나의 평가를 선학들의 평가와 대조해 보기로 하자. 범위는 일단 그분들 역시 모두 후학들이 '배워서는 안 될 행리들'에 대한 한암의 언급을 그 대상으로 하였으므로, 나의 평가 역시 그러한 범위 안의 것(②와 ⑤)으로만 제시한다. 이를 간략히 이해할 수 있도록 표로서 제시하면, 다음과 같다.

| | 승화/미화 | 후학에의 경계 | 비판 | 중도적 비판 | 미필적 비판 |
|---|---|---|---|---|---|
| 윤창화 | ○ | ○ | ○ | | |
| 이상하 | | ○ | ○ | | |
| 김광식 | | ○ | | ○ | |
| 김호성 | ○ | ○ | | | ○ |

〔표 4〕 한암의 입장에 대한 평가 비교

여기서 좀 복잡한 것은 윤창화의 입장이다. 동일한 경허의 행리에 대해서 한암이 '승화'도 하고, '후학에의 경계'도 하였으며, 동시에 '비판'도 한 것으로 평가하였기 때문이다. 이는 「경허의 지음자 한암」이라는 논문과 그 논문 발표 이후에 행해진 「종합 토론」에서의 입장을 내가 함께 고려하였기 때문이다.

논문에서는 '승화'를 했다고 하였으나, 「종합 토론」에서는 "일정 부분 행위는 비판하고 그의 법의 세계는 살리고자 했던 것입니다. 잘못은 인정하고 대신 법의 경지는 높이 평가하자는 것이 한암 스님의 생각이었던 것"[46]으로 보았다. 그런데 '승화'의 대상이나 '비판'의 대상 모두 경허의 행리로서 같다는 점에서, 과연 어떤 행위를 '승화'하고 어떤 행위를 '비판'한다고 보아야 할 것인지 분명하지 않다.

김광식의 '중도적 비판'의 입장은, 윤창화와 같이 '승화'와 '비판'을 동시에 행했다고 보는 것과는 다르다. 그렇다고 해서 이상하가 말하는 '비판'과도 다르다. 그의 말을 들어보자.

> 한암 스님은 유교적인 가풍과 기반이 있기 때문에 수립하자는 것이었다고 볼 수 있어요. 사실을 사실대로 쓰면서도 절묘하게 표현한 겁니다. 그래서 저는 이제 제 입장을 밝히자면, 이건 중도적인 비판입니다. …… 여기서 적극적인 자기 의지와 중도적인 비판으로 쓸 것은 쓰면서 비판을 하는 것이 깔려 있다고 하겠습니다. …… 한암 스님이 불교지에 경허 스님의 행장을 기고한 것 이것은 적극적인 의지가 있다고 봅니다. 자기의 의사, 역사관, 경허관을 그걸 밝힌 거라고 이렇게 보고 싶습니다.[47]

한암의 입장에 대한 김광식의 평가와 나의 평가는 다소 다르다. 한암이 『불교』지 제95호(1932년)에 「행장」을 기고한 것은, 「행장」에서 서술한 자기의 입장에 대한 소신의 표명인 것은 사실일 터이다. '절묘하게 표현한 것' 역시 올바른 평가일 터이다. 하지만 결정적으로 나와 다른 것은, 나는 한암이 스승 경허를 비판하려는 적극적 의지가 있어서 비판한 것은 아니라고 보는 점에서이다.

「행장」이 청탁한 측으로부터 거부당한 필화 사건을 겪은 것도 한암이 적극적으로 스승 경허를 비판한 것에서 촉발된 것이 아니다. 스승에 대해서는 최대한 제자로서의 도리를 다하여 승화하였으나 법에 대한 우려는 금할 수 없었기에 후학을 경계하는 과정에서 비판으로 받아들여질 수 있는 소지를 남기고 말았다는 점에서이다. 이는 비록 저자인 한암의 의도(표층 의미)는 아니지만, 독자들에게는 그렇게밖에 받아들일 수 없는 심층 의미가 있었다는 점이다.

그래서 한암에게는, 차라리 드러내놓고 적극적인 의지를 갖고서 '비판'하는 것보다 더 무거운 고뇌가 있었던 것으로 보인다. 적극적으로 비판한다는 것은 '승화'나 '미화'와는 결별하는 것이고, '후학에의 경계'라는 일종의 우회(迂廻) 역시 안 해도 되기 때문이다. 그것은 이능화의 방식이었다.

그러나 제자 한암은 그럴 수 없는 처지였다. 그는 바로 유교적인 '사효의 윤리'가 갖는 무거움과 법의 존엄함 — 그것은 이미 스승 경허의 '행장의 철학'에서도 나타나 있고, 「법화」에서도 드러나 있는 바이다 — 을 지키려는 출가 정신의 무거움 사이에 놓여 있었기 때문이다.


## 4. 한암의 분별에 대한 당시의 상반된 평가

앞 절의 논의를 통하여 우리는 한암의 입장에 대한 해석이 얼마나 다양할 수 있는지 느낄 수 있었다. 동시에 그만큼 한암의 입장을 올바로 파악하는 것이 쉬운 일이 아니었음을 의미하는 것은 아닐까 싶기도 하다. 어떻게 보면 한암의 입장은 늘 '오해'되었다고 말해도 좋은 것은 아닐까?

여기서는 바로 그러한 '오해'가 한암 생존 당시부터, 아니 「행장」의 집필 당시부터 있었음을 살펴보고자 한다. 그것은 「행장」을 청탁한 주체로부터 「행장」의 수용(受容) ─ 『경허집』에의 수록 ─ 이 거부되는 필화 사건[48]을 겪었기 때문이다. 뿐만 아니라, 정반대의 입장에서 간접적으로 비판되기도 했는데, 바로 석전에 의해서였다. 이제 이 두 입장, 서로 상반되기조차 하는 두 입장으로부터 제기된 평가 앞에서 한암이 느꼈을 고독감(孤獨感)을 헤아려 보기로 하자.

### (1) 입장 1, '사자(師資)의 도리'에 어긋난다

한암은 「행장」 말미에서 어떠한 연유로 하여 스승 경허의 행장을 짓게 되었는지를 다음과 같이 밝히고 있다.

> 경오년(1930) 겨울에 만공 사형이 금강산 유점사 선원의 조당(祖堂)에 계셨는데, 오대산으로 글을 보내서서 내가 선사(先師)의 행장을 서술하도록 부탁하셨다. 내 본래 글쓰기〔文辭〕를 잘 하는 것은 아니지만, 선사의 행장에 대한 일이므로 감히 어쩔 수 없었다.[49]

스승의 일이므로 사양할 수 없었다는 것이다. 법으로 사형이 되는 만공으로부터 스승 경허의 「행장」을 지어 달라는 부탁을 받았지만,

한암은 「행장」만 지은 것이 아니라 경허의 글들을 모아서 나름으로 『경허집』[50]을 편찬하였다. 「행장」의 마지막에 그러한 사실을 다음과 같이 말하고 있다.

> 또한 선사(禪師)의 시(詩詠)나 기문(記文) 몇 편을 동행(同行)의 여러 선화자(禪和子, 수행자)들에게 부치고자, 초록(抄錄)하고 인쇄하여 이 세상에 유통케 하노라.[51]

이는 한암 편집본 『경허집』의 편찬 과정 자체가 「행장」의 저술과 이어지는 것으로서, 「행장」의 저술을 하면서 마치 그 부록으로 경허의 어록을 모은 것처럼 이야기하고 있다. 그래서 그런지 현재 전하는 한암 편집본 『경허집』을 보면, 그 제일 앞머리에 자신이 지은 「행장」을 위치 짓고 있다. 이는 흔히 다른 어록들과 구별되는 특징이다.

경허의 어록을 앞세우고, 자신의 글을 뒤에 편집할 수도 있는데 한암은 그렇게 하지 않았다. 이러한 저술과 편집의 순서를 생각해 볼 때, 어쩌면 한암은 자신이 쓴 「행장」을 경허 이해의 지남(指南)으로 삼고자 했던 것은 아닐까 싶다.

그런데 한암이 "인쇄하여 세상에 유통케 하노라."라고 하였지만, 그가 편집한 『경허집』은 그 모습 그대로 인쇄[52]되지 못하였다. 이후 12년이 지나서 1943년 선학원에서 『경허집』이 간행되었는데, 만해 한용운이 편집을 하고 서문을 썼다. 이 선학원본 『경허집』에는 한암이 온 정성을 다해서 찬술한 「행장」이 수록되지 못하였으며, 그 대신 만해가 간략히 정리한 「약보」(略譜)만이 기록되어 있을 뿐이다. 누가 보든지 이 「행장」과 「약보」 사이의 간극은 명확하다. 무엇보다 스승 경허에 대한 뜨거운 단심(丹心)이 「행장」에서는 느껴진다. 간곡하고 도 자세하게, 한암은 스승의 위상을 평가하고 자리 매김한다.

1943년 선학원본 『경허집』에서는 왜 한암이 찬술한 「행장」을 누락 했던 것일까? 이에 대해서는 만공의 입장이 어떠했는지를 말해 주는 직접적인 자료는 없는 것 같다. 다만 이런 저런 추측만이 행해지고 있다. 그러한 추측 중에, 먼저 덕숭 문중과 한암 문중의 양 입장을 함 께 존중해 온 김지견은 다음과 같이 말하고 있다.

> 과거에 『경허집』이 위에서 말한 시영(詩咏) 및 기문(記文) 일부 를 수록하면서 행장 부분은 제외하고 그 대신 이 행장에서 발췌한 약보만을 등재(謄載)케 했던 까닭에 그동안 행장은 세상에 알려지 지 않고 있었습니다. 위와 같이 행장을 등재하지 않은 이유는 아마 도 본 행장 중에 「분별행리분」에 나오는 선사(先師)의 행장을 논한 부분이 당시 편집자들의 의견에는 사자(師資)의 도리에 어긋난다 고 생각되었기 때문일 것입니다.[53]

> 그만큼 한암의 선사 행장은 이러한 종류의 전기물로서는 드물 게 보는 정직한 기록인 것입니다. 그의 이와 같은 태도에 혹시 당 시 덕숭 문중이 이견을 가지게 되었고, 이것이 1942년 활판의 『경 허집』에서 한암의 선사 행장이 제거된 원인은 아니었던가 확실치 는 않지만 어떻든 그것은 크나큰 실수였다고 아쉬워하지 않을 수 없습니다.[54]

김지견의 추측은 그야말로 추측일 수밖에 없지만, 청탁을 받아서 지어진 「행장」이 배제된 원인에 대하여 '분별행리분' 이외의 논술에 어떤 문제가 있었다고 볼 수는 없으므로, 그 추측의 타당성을 인정하지 않을 수 없다. '당시 편집자' 또는 '당시 덕숭 문중'의 입장이 반영된 것으로 생각해도 틀림이 없을 것 같다.

그런데 근래 이상하는 보다 진일보한 추측을 다음과 같이 제시하였다.

> 한암이 쓴 경허 행장을 본 만공이 일부 내용을 수정해 달라고 요구했는데 강직한 성품의 한암이 단호히 거절하지 않았을까? 그래서 한암이 수집한 일부 경허의 유문(遺文)은 경허 행장과 함께 만공의 손에 넘어가지도 않고 그대로 상원사에 남아 있었던 것은 아닐까? 그렇지 않다면 경허가 강계에서 지은 시들이 여러 수 한암 필사본에는 실려 있고 선학원본에는 실려 있지 않은 현상은 이해될 수 없다.[55]

만공 스스로 청탁한 「행장」인데, 마땅하지 않은 부분이 있다고 해서 단박에 그것을 배제하는 것보다는 수정을 요구하는 것이 필자인 한암에 대한 예의라고 생각했을 수도 있을 것이다. 그래서 수정을 요구하였으나, 한암은 그 나름으로 '분별행리분'에서 충분히 스승에 대한 예의를 다 갖추었다고 판단하였기에 수정 요구를 거절했을 수 있다. 자신의 소신을 지킨 것이다. 앞서 살펴본 것처럼, 비록 '후학에의 경계'를 요구하는 '⑤ 학법, 불학행' 부분에서 본의 아니게 '미필적 비판'으로 받아들여지는 부분이 있다고 하더라도 그 부분을 고칠 수는 없었던 것이다.

만약 그 부분을 고치면 사효의 윤리는 완성된다. 더 이상 '사자의 도리에 어긋난다'는 오해를 받을 이유는 없어진다. 하지만 그렇게 되면 또 다른 한 축, 즉 한암이 사효의 윤리를 감안하여 스승 경허〔人〕에 대해서 삼가는 것만큼, 아니 어쩌면 그 이상으로 지켜야 할 것은 부처님의 법(法)이 아니었던가? 만약 수정 요구가 있었고, 그 요구에 응해서 수정했다고 한다면 한암은 '법을 인정에 팔았다'는 비판을 들어야 했을 것이다.

수정 요구가 사실이든 아니든, 한암은 '⑤ 학법, 불학행'을 그대로 지킨다. 1년 6개월 뒤 『불교』지를 통해서 「행장」을 발표한 것이다. 바로 이 점을 김광식은 높이 평가[56]하고 있거니와, 한암이 자신의 입장에 대한 비판 내지 오해에 대해서 적극적으로 자신의 소신을 지키고자 하였음은 사실인 것 같다.

물론 이상하의 이 같은 추측은 개연성 이외의 다른 근거를 갖고 있는 것은 아니지만, 김지견이 말하는 이유, 즉 '편집자들' 혹은 '덕숭 문중'에서 「행장」의 '분별행리분'에 대해서 마땅하게 생각하지 않았다는 이유의 추정은 개연성 이상의 가능성을 갖는 것으로 판단된다. 그 반대 이유가 제시되지 않는 한, 우리는 그렇게 이해하고 논의를 진행해 나가도 문제가 없을 것이다.

바로 그렇다면 한암은 정히 '사자(師資)의 도리'로 말해지는 사효라는 유교적인 윤리[57]와의 딜레마적인 상황 속에 놓여 있었음을 알 수 있게 된다. 그리고 그러한 딜레마 속에서, 한암은 우리가 앞서 살핀 것과 같이 '승화/미화'라고 평가할 수 있는 맥락(②)과 '후학에의 경계'(⑤)라는 것을 동시에 다 갖추고 있었지만, '승화/미화' 일변도로만 나아가지 않고서 '후학에의 경계'를 행했다는 것만으로도 스승에 대한 제자의 도리가 아니라는 판단 앞에 봉착하지 않을 수 없었던 것이다.

결국 한암은 사효의 윤리와 '살부살조'라고 하는 선적(禪的)인 출가 정신 사이에서 딜레마를 겪었고, 그렇지만 그 딜레마에서 최선을 다해서 결단(決斷) ― 위대함으로 승화/미화할 부분을 인정(②)하면서도 동시에 법에 의지하고 사람에 의지하지 말아야 한다는 후학에의 경계(⑤) 역시 잊지 않는 것 ― 하였다. 그것이 한암의 실존이었다는 것을 우리는 잊어서는 안 될 것이다.


### (2) 입장 2, 스승의 행리를 미화했다

『경허집』의 '당시 편집자' 내지 '당시 덕숭 문중'에서는 「행장」의 분별행리분에 나타난 한암의 입장을 오해한 부분이 있기는 했다. 경허가 「법화」에서 말한 관점과 한암이 '⑤ 학법, 불학행'에서 말한 관점이 다르지 않음을 정확하게 인식하지 못했던 것이다. 다만 독자의 입장에서 볼 때, 저자 한암은 의도하지 않았으나 '미필적 비판'으로 받아들여질 수 있는 부분에 대하여는 이견(異見)을 가졌던 것으로 생각해 볼 수 있다.

더욱이 한암으로서는 억울할 수 있는 것이, 그렇게 '⑤ 학법, 불학행'에서 말해지는 '후학에의 경계'로 인해서 '② 자유로운 행리와 그 이유'나 '③ 행리의 탁월함과 동진행'에서 행한 스승 경허에 대한 찬탄 논리가 충분히 주목받지 못했다는 점일지도 모른다. 그러한 한암이 처한 딜레마적 상황을 '당시 편집자' 또는 '당시 덕숭 문중'은 충분히 이해하지 못했을 뿐이다. 바로 그렇기에 그러한 딜레마적 상황에서 내린 한암의 결단 — 그것은 실존적이면서 동시에 선적인 것이며, 그로서는 최선이었다 — 을 받아들일 수 없었을 것이다.

그런데 문제는 '당시 편집자' 내지 '당시 덕숭 문중'의 입장(입장 1)과는 정반대로 한암이 '⑤ 학법, 불학행'에서 행한 "법에 의지하지 사람에 의지하지 말라"는 관점이 갖는, 즉 스승 경허의 행리에 대한 후학들의 모방 행위를 경계하는 것에 내포된 '미필적 비판'의 입장에 대해서는 주의를 하지 않는 사례가 있다. 바로 석전의 경우가 그러하다.


## 1) '경허 불교'에 대한 석전의 비판

석전은 우리 근대 불교학의 역사에서 특출한 봉우리라고 평가되어야 할 학승이다. 중앙불전 교장을 역임하였고 많은 제자들을 양성하였다. 그의 문집 『석림수필』(石林隨筆)에 「한 마디의 와전(訛傳)된 말은 홍수(洪水)의 피해보다 심하다」[一言訛傳害濫洪水]라는 글이 있다. 다음과 같이 시작한다.

옛날 위산이 앙산에게 말하기를, "다만 그대의 눈이 밝은 것을 귀하게 여길 뿐이지 그대의 행리는 말하지 않는다."라고 하였다. 근래 광선(狂禪)의 무리들이 '설하지 않는다'는 말을 '귀하게 여기지 않는다'로 고치고, 또한 선배가 말한 '다만 도안(道眼)이 밝은 것만 귀하게 여긴다'는 말을 끌어다가 행리가 음행이나 살생, 도둑질 거짓말을 자행하는 것도 무애(無碍)의 당연(當然)함이라고 한다. 가히 "삿된 사람이 정법(正法)을 설하면 정법이 모두 사법(邪法)으로 돌아간다."라고 한 것인가? 이렇게 와전이 되어서 선문에 유통(流通)하기를 "다만 그대의 눈이 청정한 것을 귀하게 여길 뿐, 그대의 행리를 귀하게 여기지 않는다."라고 하니, 그것을 듣는 자는 깊이 살펴보지 않고서 다만 그림자가 따르는 것처럼 하여 좋을 대로 그 행리를 방자하게 하니 선단(禪團)이 와해되어서 해(害)가 홍수가 범람하는 것보다 더 심하다.[58]

석전이 이 글을 언제 썼는지는 정확히 알 수 없다. 다만 『석림수필』의 서문을 쓴 연대는 계미(1943)[59]년 6월 5일이다. 그러니까 책에 실린 것으로만 보면 한암의 「행장」 이후의 일이므로, 한암의 「행장」을 보고서 행한 비판으로 볼 수도 있을 것 같다.

하지만 석전에 대한 연구를 축적해 오고 있는 김상일은 "1910년대에 선에 대한 비판적인 작업을 한다."라고 하면서, 그 당시에 집필되었던 것을 갖고 있다가 『석림수필』에 집어넣었을 가능성을 말하고 있다.[60] 그렇다고 한다면 한암이 「행장」을 쓰기 전에 이미 이러한 내용이 선문에 유통되고 있었던 것으로 보아도 좋을 것이다. 그래서 그러한 흐름에 대해서 석전이 강하게 비판한 것으로 볼 수도 있을 것 같다. 그러면 그 당시 그러한 관점을 내보인 것은 누구일까? 석전이 말한 "광선의 무리들"은 누구를 지칭하는 것일까? 바로 경허이다. 이미 인용한 바 있는데, 지금 여기서 문제되는 "귀하게 여기지 않는다."는 구절까지 번역하면 다음과 같다.

> 우두 선사가 말하기를, "마음에는 다른 마음이 없으니 탐심과 음심을 끊지 않는다. 그러므로 선지식이 소를 기르는 데에는 여든한 가지의 행이 있는데, 부처의 행이나 범행(梵行)으로부터 살생 도둑질 음행 술 등의 행위들은 역시 도안(道眼)이 명백하면 걸림이 없는 것이다."라고 하였다. 그러므로 위산 선사가 말하기를, "다만 올바른 눈만을 귀하게 여길 뿐이지 행리처를 귀하게 여기지는 않는다."라고 한 것이다.[61]

석전이 한암의 「행장」을 본 이후에 저술했는지 아닌지 무관하게, 석전으로부터 비판을 받는 대상은 경허와 한암 사제(師弟) 모두[62]라는 사실을 우리는 확인할 수 있다.

석전의 이 글은 이 당시 '경허의 불교'와는 다른 불교 역시 존재했음을 알려주는 귀중한 자료가 됨은 물론이다. 따라서 설사 석전의 글이 한암의 「행장」을 읽기 전에, 경허의 「법화」만을 보고서 집필된 것이라 해도, 거기에서 한암의 「행장」과는 다른 입장이 나타나 있음은 분명하다. 그래서 나는 이를 '입장 2'라 하여서, 앞의 '입장 1'의 대척점에 놓고 있는 것이다.

석전의 뜻은 도안이 바른 것만이 중요한 것이 아니라 행리 역시 중요하다는 것이다. 그 예로서 노(盧) 행자가 삭발하여 사문이 되었던 것도 다 행리를 중시하였기 때문이었음을 든다. 그러므로 위산이 앙산에게 "그대의 행리는 말하지 않는다."라고 한 것과 "행리를 귀하게 여기지 않는다."라고 한 것은 다르다는 입장이다. 그렇게 행리를 귀하게 여기지 않고서 살도음망(殺盜婬妄)의 계를 함부로 깨뜨림으로써 오늘날의 선가에 많은 해악을 끼치게 되었다고 하는 입장에서 제기된 비판이다.

## 2) 석전의 비판에 대한 나의 입장

나는 이러한 석전의 기본 입장 자체에 대해서는 이의가 없다. "눈이 밝은 것을 귀하게 여길 뿐"이라고 할 때의 맥락(context)이 있을 터인데, 그 맥락을 배제한 채 언제나 어느 곳에서나 "눈이 밝은 것을 귀하게 여길 뿐 행리를 귀하게 여기지 않는다."라고 하는 입장[63]이 되면, 많은 문제가 발생할 수 있기 때문이다.

특히 사회 윤리적 맥락에서 볼 때는 지탄받을 수 있다. 그러한 사회 윤리적 맥락과는 무관한 자리에 선(禪)이 놓여 있다고 한다면, 그러한 언급은 대자적인 입장만 고려할 뿐 대타적 입장을 고려한 것은 아닌 것이 되고 만다. 그런 선은 점점 사회로부터 소외되고 말 뿐, 널리 받아들여질 수는 없는 것 아닐까. 선은 결코 소수파(cult)의 전유물이어서는 안 될 것이다. 그런 맥락에서 석전의 비판은 나름으로 소중한 의미가 있다.

그러나 그러한 비판을 경허나 한암의 언급에 대입시켜 볼 때, 과연 경허나 한암이 말한 그 맥락 역시 석전으로부터 비판받아야 했던 것일까? 나는 그렇지 않다고 본다. 앞에서도 논의한 바와 같이, 경허는

「법화」에서 이계(理戒)를 말하는 맥락이었다. 계율을 지킴에 '이의 차원'과 '사의 차원'이 있음을 말하면서, 이의 차원이 보다 근본적이라 말하는 맥락이었다. 그러면서 '이의 차원'에서 도를 분명히 알기만 한다면 '사의 차원'에서 걸림이 없으리라는 이야기를 한 것이다.

그리고 경허의 이 말이 한암이 말한 바, "만약 진리를 간택하는 눈을 갖추어서 마음의 근원 자리를 꿰뚫었다면, 행리는 저절로 진리에 계합될 것이며, 네 가지 위의 내에 언제나 청정함을 나타내리라."라는 맥락과 같은 것임도 앞에서 논술하였다. 물론 '경허는 석전이 이해하는 것처럼 말했는데, 한암이 그렇지 않은 것으로 해석한 것 아닐까'라는 문제 제기 역시 가능할지도 모르지만, 나는 그렇게 생각하지 않는다. 왜냐하면 경허 역시, 그의 실제상의 행리가 어떻든 계율을 분명히 의식하고 있으며 지계(持戒)를 고취하고 있기 때문이다. 이런 부분이 충분히 알려지지 못한 것은 경허를 위해서나, 후학들을 위해서나 다 불행한 일이다.

그런 까닭에 나로서는 경허의 「법화」의 이 구절에 의지하여, 석전이 "또한 선배가 말한 '다만 도안(道眼)이 밝은 것만 귀하게 여긴다'는 말을 끌어다가 행리가 음행이나 살생, 도둑질 거짓말을 자행하는 것도 무애(無碍)의 당연(當然)함이라고 한다."라고 해석하는 것은, 이미 석전 역시 '살도음주에 걸림이 없다'는 말을 상징적인 것으로 보지 않았음을 나타낸 것으로 판단한다.

동시에 '걸림이 없다'는 말의 의미 역시 '심불기'(心不起), 즉 '심무이심'(心無異心)으로 보지 않고서 사실적으로 해석해 버리고 만 것이 아닌가 한다. 만약 앞서 살핀 바 있는 김방룡처럼 해석하게 되면, 석전의 비판에 정히 해당[64]되고 말 것이다. 하지만 내가 이해하는 것이 맞다고 한다면, 적어도 표층적인 의미에서 경허와 한암 사제는 석전의 비판에서는 벗어나 있다고 말해야 할 것이다. 그런 점에서 한암의 입장이 '오해'를 받았다고 볼 수도 있을 것이다.

그러나 앞에서 우리는 '저자의 의도'와 같은 표층 의미 외에, 독자의 수용(受容)에 따라서 의도하지 않은 의미, 즉 '미필적 의미'가 발생한다는 점 역시 확인할 수 있었다. 그와 마찬가지 상황이 여기서도 벌어진다. 경허나 한암이 그러한 의도로 하지는 않았다 하더라도, 후학들이 그릇 오해할 수도 있는 것이다. 그러한 가능성은 언제나 존재한다.

그렇게 될 때, 허물은 누구에게 있는 것일까? 경허나 한암에게 있는가, 아니면 후학들에게 있는가? 한암처럼 지금 후학들을 앞에 놓고 말한다면, 올바른 법을 간택하지 못하고 정안을 갖추지도 못한 후학들에게 있을 것이다.[65] 그런 관점에서 한암은 후학에의 경계를 통해서 후학을 봉인했던 것이다. 그렇지만 동시에 그렇게 후학들을 안전하게 봉인하기 위해서라도, 혹시라도 오해받을 소지가 있는 말에 대해서는 석전과 같이 비판하는 것 역시 필요하다.

나는 석전의 이해가 오해라고 하였지만, 여전히 석전의 비판은 의미를 갖는 것으로 생각한다. 석전의 비판은 살아 있어야 하는 것이다. 후학들이 경허나 한암의 말의 취지를 잘못 받아들여서 그릇되게 행동하지 않도록 하려면 할수록, 또 그것을 전적으로 후학들의 잘못으로 돌릴 수 있으려면 더욱 더 경허나 한암의 말을 잘못 곡해하지 않도록 그 말 ─ 그 말이 낳을 수 있는 오해 가능성 ─ 에 대한 비판이 필요한 것인지도 모른다. 그리고 실제 석전이 이러한 비판을 제기한 것은 그 당시에 경허의 말을 오해하여 스스로의 방자한 행리에 변명으로 삼는 풍조 역시 없지 않았다는 배경(context)이 있었기 때문인지도 모르겠다.

후학들이 방자하게 살도음망을 행하면서 경허를 빙자하여 합리화해서는 안 된다는 점에서 한암은 석전과 전적으로 같은 입장[66]이 아니었던가. 결국 석전과 한암은 같은 말을 하고 있었던 것이다. 다만 한암으로서는 '입장 1'에서 본 바와 같이, 스승 경허를 비판할 수 없었다. 그의 딜레마가 여기에 있는 것이었다. 그런 한계가 있었지만, 그렇다고 한암은 '후학에의 경계'를 거부하지 않았다. '입장 1'('당시 『경허집』의 편집자', 혹은 '당시 덕숭 문중')과 달랐던 측면이다. 그리고 그것만으로도, '입장 1'로부터는 사효의 윤리에 어긋났다고 하는 비판을 듣지 않았던가? 그것이 스승 경허는 말할 것도 없고, 만공과도 다르며, 석전과도 다른 한암의 자리였다. 그는 그렇게 무거운 짐을 지고 있었던 것이다. 그러나 그러한 한계 속에서이지만 그는 최선을 다했다. 스승도 살리고 법도 살리기 위해서.


# 5. 한암, 스승도 살리고 법도 살리다

한암은 1931년 법사(法師)인 경허의 평생을 정리하고 평가하는 글인 「선사 경허 화상 행장」을 짓는다. 이는 법으로 사형(師兄)이 되는 만공의 청탁에 의한 것이었다. 그런데 이 「행장」은, 여느 행장류들에서는 쉽게 볼 수 없는 부분을 내포하고 있다. 그것은 때로 주색도 가까이 했다 하는 경허의 행리에 대해서 그 의미를 평가하는 부분이다. 이 부분은 후대 한 번역자(연남 거사)로부터 '분별행리분'(分別行履分)이라는 이름을 얻게 되었다.

종래 이 분별행리분에서 스승 경허를 평가한 한암의 입장에 대해서 몇 가지 의견이 제기되어 왔다. 승화 내지 미화를 했다는 의견, 비판을 했다는 의견, 그리고 중도적 비판을 했다는 의견 등이었다. 과연 한암은 경허의 행리를 평가함에 있어서 어떤 입장이었던 것일까? 우선 이 글에서 당면 과제로 내세운 것은 이러한 문제에 대해서 내 나름의 입장을 정리하는 데 있었다. 본론 중에서도 가장 중핵적인 위치에 놓여 있는 3절 「경허의 행리에 대한 한암의 분별」에서 그러한 시도를 했다.

우선 종래 선학들의 의견이 일치되지 못한 이유로, 분별행리분 전체에 대한 종합적인 조감이 행해지지 못했기 때문이라 생각되었으므로, 나는 분별행리분 전체의 과목을 나누어 보고자 하였다. 과목은 전체와 부분을 동시에 한 눈에 볼 수 있는 도표를 통해서 제시되는 것이었다. 이를 통해서 알 수 있었던 것은 두 가지다.

첫째는 한암이 말하는 경허의 '행리'라는 말에는 두 가지 층위가 있다는 것이다. 하나는 넓은 뜻의 행리라 할 수 있는 것으로서, 그 안에는 주색과 같이 계율의 문제가 제기될 수 있는 좁은 뜻의 행리는 물론이고 동진행(同塵行)과 같은 찬탄할 만한 행위들까지 다 포함되어 있다. 상위 개념과 하위 개념 공히 '행리'라는 말을 씀으로써, 한암은 혼돈을 초래하였다. 하지만 그것은 '주색'이니 '범계'(犯戒)니 하는 말을 애써 피하여 완곡하게 표현하려는 그의 고심(苦心)의 산물이었다. 한암은 스승에 대한 제자로서의 도리를 지키고 싶었기 때문이다.

둘째는 문제가 되는 '좁은 뜻의 행리'를 평가할 때 한암은 분명히 승화 내지 미화라고 할 수 있는 언급을 하고 있다. 이능화가 '범계'라며 비판했던 그러한 행리, 즉 좁은 뜻의 행리에 대해서 "크게 깨친 이가 아니라면 어찌 소절(小節)에 얽매이지 않을 수 있겠느냐"라고 한 부분에서는 분명 미화의 입장을 읽을 수 있기 때문이다. 그렇지만 동시에 후학에 대해서는 경허의 "법을 배우는 것은 좋지만 그 행리를 배우는 것은 아니 된다."라고 말한다. 이는 "법에 의지하지 사람에 의지하지 말라."는 경전의 가르침에 따르는 것이었다.

'후학에의 경계'라고 할 수 있는, 한암의 이러한 언급에서 스승을 비판하려는 의도를 찾을 수는 없다. 즉 '저자의 의도'는 비판에 있지 않았다. 스승에 대해서는 뭐라 할 수 없다. 다만 그러한 스승의 행리는 스승과 같은 경지에 이른 사람이 아니라면 함부로 행할 수 없으므로, 후학들은 함부로 흉내내지 말라는 것이다. 그렇게 함으로써 한암은 후학들의 행동반경을 설정해 주었던 것이다. 말하자면 후학들을 경허로부터 떼어 놓은 채 봉인(封印)한 것이다.

하지만 이는 동시에 후학들로부터 경허를 떼어 놓고 봉인하는 효과 역시 가져오게 되었다. 한암이 의도하지는 않았지만, 후학들/독자들은 한암이 마치 경허를 비판한 것과 같은 느낌을 가질 수 있게 되었던 것이다. 나는 이를 '미필적 비판'이라 이름하였다.

경허의 행리에 대한 한암의 평가는 '승화/미화, 후학에의 경계, 그리고 미필적 비판' 등의 다양한 층위를 갖고 있는 것이었다. 그런데 이러한 다양한 층위를 종합적으로 볼 필요가 있다고 생각되는데, 그렇지 못했기에 한암이 받지 않을 수 없었던 비판은 그의 생존 당시부터 제기되었다. 만공으로부터 청탁받아서 작성한 이 「행장」은 『경허집』에의 수록이 거절되었는데, 거기에는 아마도 '당시 덕숭 문중' 내지 '당시 편집자'에게는 한암이 스승에게 '제자로서의 도리'를 다한 것이 아니라고 평가되었기 때문일 것이다. 즉 내가 말하는 '미필적 비판'을 느꼈던 것이다. 이러한 입장과는 달리 석전은 경허의 「법화」에 대한 비판을 통해서 그와 동일한 이야기를 하는 한암 역시 비판하는 효과를 거두었다. 이는 간접적 비판이라 할 만하다. 이는 4절 「한암의 분별에 대한 당시의 상반된 평가」에서 살펴본 바이다.

3절과 4절에서 살펴본 이러한 내용을 통해서 우리가 알 수 있는 것은 제자 한암은 두 축(軸) 사이에서 딜레마에 빠져 있었다는 점이다. 하나의 축은 제자로서 스승을 비판할 수 없다는 유교적 윤리의 영향이다. 스승에 대한 효, 즉 사효(師孝)를 다해야 한다는 의무감이었다. 한편 그 반대의 축은 바로 '법'을 옹호해야 한다는 것이었다. 이 '법'은 경우에 따라서는 '사람'과는 상반되는 가치일 수 있다. 그렇기에 "법에 의지하지 사람에 의지하지 말라."고 하는 경전의 말씀이 있지 않던가. 더욱이 선 불교의 전통에서는 "부처를 만나면 부처를 죽이고 조사를 만나면 조사를 죽여라."라고 말하면서, 그 어디에도 걸림이 없어야 함을 강조하고 있는 것이다.

이러한 맥락에서 볼 때, 사효의 윤리보다도 법을 옹호하는 것이 중요한 것이라 판단할 수 있는 것이다. 그뿐이던가? 바로 이 「행장」 안에서 한암으로부터 평가를 받고 있는 경허 역시 그러한 '법'의 옹호를 말하고 있었다. 「서룡 화상 행장」에서 경허는 "계정혜 삼학을 닦지 않으면 행장을 할 것이 없다"라고 명언(明言)하고 있기 때문이다. 이러한 경허의 '행장의 철학'은, 2절 「경허의 '행장의 철학」에서 살펴보았거니와 한암에게도 그대로 이어졌다. 한암이 '후학에의 경계'를 행하지 않을 수 없었던 것은 스승 경허의 '행장의 철학'을 준수했기 때문이기도 한 것이다.

그런데 이 글의 궁극적 목적은 한암이 어떤 입장에서 경허의 행리를 바라보고 평가했던가 하는 점을 규명하는 데 있지 않다. 스승 경허의 행리에 대한 제자 한암의 평가에는 '사효의 윤리'라고 하는 유교적 윤리로부터의 압박과 계정혜 삼학의 실천이라는 불법의 근본을 옹호해야 한다는 출가 정신 ─ 인도의 브라만교/힌두교의 윤리와 중국의 유교 윤리를 넘어서는 것으로 평가되는 ─ 사이에서 딜레마를 겪은 한암의 고뇌가 투영되어 있다.

한암은 사효의 윤리를 감히 저버릴 수 없었기에 드러내놓고 비판할 수 없었을 뿐만 아니라 승화 내지 미화를 한 측면마저 없지 않지만, 그렇다고 해서 후학들을 향하여 스승 경허의 "법을 배우는 것은 좋지만 그 행리를 배워서는 아니 된다"는 이야기를 하지 않은 것도 아니다. 그러한 언급만 하더라도 행하는 것이 쉽지 않은 일이었고, 한암은 그러한 언급으로 인하여 그 「행장」이 『경허집』 속에 수록되지도 못하는 필화 사건을 겪었던 것이다.

나는 사효의 윤리와 출가 정신 사이의 딜레마에서 출가 정신을 선택하는 사례를 일본 불교에서 찾아본 일이 있지만, 한암의 경우에는 그렇게까지 하지는 못하였다. 그것은 일본의 경우보다 우리/한암의 경우가 유교적인 윤리의 압박을 더욱 더 심하게 받을 수밖에 없었기 때문으로 생각된다. 물론 불교로서도 '가족 윤리로서의 효'를 부정하는 것은 아니므로 '사효의 윤리'를 전적으로 부정할 수는 없다. 하지만 오늘날 거북 등껍질처럼 문중으로 갈라져 있는 한국 불교의 현실을 생각할 때, 사효의 윤리 속에서 압박감을 느끼면서도 스승 경허의 "법을 배우는 것은 좋지만 행리를 배우는 것은 아니 된다."라고 일선(一線)을 그은 한암의 결단은 더욱 무겁게 다가온다. 거기에는 적어도 딜레마 속에서의 고뇌가 있었고, 출가 정신에의 의식(意識)이 있었고, 선적/실존적 결단이 있었기 때문이다. 그리고 한암은 「행장」을 『불교』 제95호(1932년)에 발표함으로써, 자기의 소신을 밀고 나가는 용기 역시 보여 주었기 때문이다.

# 제2부
# 결사와 그 이념

제1장

# 「정혜계사문」에 나타난 수행 이념

경허는 1899년 해인사에서 '결 동수정혜 동생도솔 동성불과 계사'라는 긴 이름의 결사를 행한다. 이는 경허 스스로 '정혜계사'로 약칭하던 결사였다. 그 이름에서 우리는 그의 결사가 보조 지눌의 정혜결사와 유사함을 알 수 있다. 바로 정혜를 닦는다는 측면에서는 공통된다. 하지만 경허의 경우에는 정혜를 닦는 것은 행(行)으로 받아들이고, 그에 더하여 도솔천에 상생(上生)하는 것을 원(願)하라 말한다. 그런 점에서 경허의 결사가 갖는 특성을 확인할 수 있게 된다.

이러한 경허의 수행 이념에 대해서는 나 자신도 이미 지적한 바 있다. 그렇지만 종래와 같이 보조 지눌과의 관계 속에서만이 아니라, 경허 자신의 삶과 사상 속에서도 재조명할 필요가 있다. 그러기 위해서는 「계사문」과 「규례」를 함께 살펴보아야 한다. 하지만 분량상의 문제도 문제이거니와, 그 성격상 두 문헌은 서로 의존하면서도 독립적인 성격 역시 갖고 있는 것으로 판단되므로 각기 나누어서 고찰해 보고자 한다.

먼저 「계사문」에 나타난 수행 이념을 살펴보고자 하는데, 그 수행 이념으로 들 수 있는 것은 두 가지이다. 하나는 바른 수행론의 제시이며, 다른 하나는 도솔 상생을 원하는 까닭에 대한 해명이다. 전자는 정혜를 닦는 것은 가섭 존자 같은 상근기에게 해당하는 일이며 스스로는 감당할 수 없다는 관점을 비판한다. 그런 뒤에 조사의 활구를 참상(參商)하라고 한다. 경허는 근기를 고려하면서도, 결코 정혜를 닦는 것을 상근기의 일이라고만 하지는 않는다. 늦고 빠름은 있을지언정 누구나 다 닦을 수 있는 것이 선(禪)임을 말하고 있는 것이다.

　다음으로 선사인 그가 왜 미륵의 도솔 상생 신앙을 원하라 권하는가 하는 점을 살펴본다. 그 스스로의 대답은 도솔 상생이 정토 왕생보다는 쉬운 이행도이기 때문이라는 것이다. 고익진은 정토 왕생은 사바 세계에 돌아오고자 하는 의지가 약하므로, 경허는 하생 신앙의 입장에 서서 미륵 신앙을 받아들였다고 보았다. 그러나 경허는 하생 신앙이 아니라 상생 신앙을 했다. 또한 최병헌은 경허의 미륵 신앙은 조선 후기 미륵 신앙의 영향을 받았을 것이라 추정했지만, 이 역시 그러한 증거가 없다. 만약 그러한 미륵 신앙의 관점을 공유하고 있었다면 경허의 삼수갑산의 삶 역시 달라졌을 수도 있으리라.

　그리고 마지막으로 경허가 갖는 정토관의 문제점을 제기하였다. 하나는 성도문의 입장에서 정토문을 비판한 것으로서, 정토 신앙 자체가 이행도로 제시된 것임을 간과한 것이다. 이 점에서 고영섭 역시 그 비판 대상이 되었다. 다음으로 경허는 이행도인 도솔 상생을 받아들임으로써 동시에 점수(漸修)의 입장에 서게 되었고, 염불이 난행도라고 하여서 받아들이지 않게 되자 그 속에 함축된 돈문(頓門)의 성격 역시 수용할 수 없었던 것이다. 이런 점에서 그는 염불선의 입장을 취한 다른 선사들과는 달랐다. 이러한 맥락은 앞으로 그의 선 사상 전체를 재고하는 데 하나의 문제 제기가 될 수 있을 것으로 본다.

　이 글은 애당초 수덕사의 '경허 열반 100주년 기념 사업회'의 청탁으로 준비된 원고의 일부를 별도의 논문으로 재구성한 것이다. 경허를 비로소 제대로 공부할 수 있게 기회를 제공해 준 동 사업회측에 진심으로 감사를 드리고 싶다.

이 논문은 원래「경허의 정혜계사에 나타난 수행 이념 재고 — '계사문'을 중심으로」,『불교학연구』제33호(불교학연구회, 2012), pp. 347~395를 통하여 발표되었다. 다소 수정과 보완을 했으며, 이 책의 체제에 맞추어서 제목 역시 고쳤다.

## 1. 경허 안에서 보는 '경허의 결사'

한 개인의 인생사가 우여곡절과 부침(浮沈)을 겪어가는 것처럼, 종교 교단 역시 우여곡절과 흥망성쇠를 반복한다. 불교라고 해서 예외일 수는 없다. 그 탄생지 인도에서 한번 몰락과 쇠멸의 운수를 겪었고, 중국에서도 정치 권력에 의한 폐불(廢佛)을 네 번이나 경험했던 것이다. 그러나 한 개인의 삶에서나 종교의 역사에서나 고난이 있을 때마다 그 스스로를 성찰하고 새롭게 진로를 모색하려는 움직임 역시 일어나기 마련이다. 그것이 역사이다.

중국 불교사에서는 여산 혜원(廬山慧遠, 335~417년)의 백련결사(白蓮結社)로부터 비롯하여 여러 결사들이 연이어 일어나서 불교의 새 역사를 열었다. 그 결사의 의의에 대하여, 찬녕(贊寧, 918~999년)은『대송승사략』(大宋僧史略)에서 다음과 같이 평가하고 있다.

역대 이래로 승가를 이루기 위해서는 법을 위하여 모임을 맺어 왔다. 모임이라는 것은 여러 가지 가벼움으로써 하나의 무거움을 이루는 것을 모범으로 삼는 것이니, 중생을 제도하는 공덕을 성취하는 데는 결사보다도 더 효과적인 것은 없다. 오늘날의 결사가 함께 복의 원인을 짓는 데 그 약속하는 조항들이 매우 엄격하고 분명한 것은 세속의 법보다도 더 하다. 수행자들이 서로 격려하여 닦고 깨달음에 부지런히 하는 것은 곧 결사에는 선(善)을 낳는 공덕이 크기 때문이다.[1]

이러한 결사는 중국에서만이 아니라 우리나라 불교사에서도 많이 등장한다. 신라 시대부터 그 흔적을 찾을 수 있지만, 특히 의미 깊은 것은 고려 시대 보조 지눌의 정혜결사였다. 오늘날의 우리 불교가 대한불교조계종이 주류가 되어서 형성해 가고 있음을 감안할 때, 그러한 흐름의 한 연원(淵源)에 정혜결사가 있었던 것이다. 이 정혜결사는 선 수행의 결사였음과 동시에 도덕 공동체 운동이라는 성격[2] 역시 갖고 있었던 것이다.

이처럼 선가(禪家)의 결사는 정토가(淨土家)에 의한 만일염불결사의 전통과 함께, 우리의 결사사(結社史)를 구성하는 양대 축이다. 만일염불결사에 대해서는 한보광의 연구[3]가 있기도 하거니와, 나 자신의 관심사는 아니었다. 보조의 정혜결사 이래 선가의 결사가 어떻게 전개되어 왔는가에 나는 관심을 기울여 왔다.

그런 연장선상에서 이제 근현대 결사사(結社史)의 제일 앞머리에 놓여 있는 경허 성우 선사[4]의 결사를 살펴보고자 한다. 물론 그 사이에 경허의 결사에 대해서도 적지 않은 선행 연구들이 발표되어 있다. 나 역시 한 번 다룬 적이 있는데,[5] 그것은 경허와 한암의 결사가 모두 보조의 정혜결사를 계승한 것이라는 관점에서였다.

그러나 경허의 결사를 경허 그 자신의 삶과 사상 안에서 평가해 보는 대자적(對自的) 조명일 수 없었다는 아쉬움이 있다. 당시의 논지 중에서 크게 오류라고 지적할 만한 것은 없는 것으로 생각되지만, 그렇다고 해서 충분한 깊이와 넓이를 갖춘 것으로 보기도 어렵다. 그도 그럴 것이 경허의 삶과 사상을 전체적으로 온전하게 이해한 바탕 위에서 그의 결사를 평가한 것이 아니었기 때문이다. 이제 경허의 결사를 심도있게 재조명하려는 것도 그러한 아쉬움이 남아 있어서이다.

다만 이 글에서는 경허의 결사를 전체적으로 다 다룰 수는 없다. 그것은 너무나 방대한 작업이다. 수행 이념, 실제적 전개 과정, 그리고 말년의 삼수갑산행을 결사 — 구체적으로는 내가 말하는 '홀로결사' — 로 볼 수 있는가 하는 점이 고려되어야 하기 때문이다. 그중에서도 가장 먼저 살펴보아야 할 것은 수행 이념인데, 이 역시 「결 동수정혜 동생도솔 동성불과 계사문」(結 同修定慧 同生兜率 同成佛果 稧社文)(이하, 「계사문」으로 약칭함)과 「정혜계사 규례」(定慧稧社 規例)(이하, 「규례」로 약칭함) 모두를 다 살펴보아야 한다.

「계사문」에는 수행 이념이, 「규례」에는 윤리적 실천 강령이 나타나 있다고 말할 수는 없다. 그 두 문헌 모두에서 수행 이념과 청규는 공히 설해져 있기 때문이다. 그런 까닭에 수행 이념을 설하는 이 글의 목적상 「계사문」과 「규례」를 함께 살펴보는 것이 더 마땅하겠으나, 그렇게 하지 못한다. 여기서는 「계사문」에 나타난 수행 이념만을 살펴보고, 「규례」에 나타난 수행 이념은 별도로 논의해야 한다.

「계사문」은 한암 편집본 『경허집』(1931),[6] 선학원본 『경허집』(1942),[7] 환기옹(幻寄翁) 필사본(1922),[8] 그리고 선학원본 『경허집』

을 모본으로 하면서도 번역을 포함하고 있는 수덕사본『경허 법어』
(1981) 등에 수록되어 있다. "지금까지 간행 또는 영인된『경허집』을
모두 대조, 교감하여 연구자가 신뢰할 수 있는 정본『경허집』을 만드
는 작업을 서둘러야 할 것이다."[9]라고 말한 이상하의 주장은 아직 실
현되지 못하였다. 정본『경허집』이 없는 이상, 가장 오래 전에 이루어
진 한암 편집본『경허집』을 저본으로 삼고 후대의 것들을 참고본으
로 삼아서 필요할 때마다 대조[10]해 보고자 한다.


## 2.「계사문」의 과목 나누기

경전을 이해하는 데 그 전체와 부분을 동시적으로 파악하는 방법
이 바로 과목 나누기[11]인데, 크게 서분(序分), 정종분(正宗分), 그리고
유통분(流通分)으로 나누는 것이 통례이다.「계사문」의 수행 이념을
살펴보는 데도 이러한 해석학적 도구의 활용이 요청된다. 이를 통해
서「계사문」과「규례」에 토해 놓았던 경허의 꿈, 경허의 비전(vision)
이 무엇인지 그 대강이나마 파악해 볼 수 있을 것이다.

나는 다음 표 5와 같이 과목을 나눔으로써,「계사문」이 무슨 말을
하고자 하는지 우선 제시하고자 한다.

어떤 하나의 텍스트가 하고자 하는 말은 정종분에 오롯이 담겨
있다. 우리가 서분, 정종분, 유통분으로 그 텍스트를 나누어 보는 것
도 정종분을 확정하기 위해서이다.

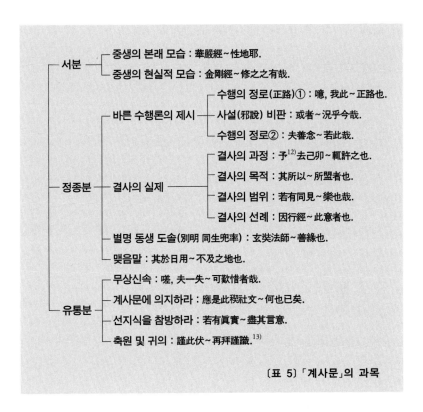

〔표 5〕「계사문」의 과목

경허의 「계사문」에서 정종분은 다시 넷으로 나누어 볼 수 있다. 그 중에 마지막 네번째는 이 정종분을 마침에 일용의 소소한 규범은 생략한다는 것과 수행의 요체를 한 번 더 일러주고 끝맺음하는 것이다. 일종의 '정종분 내의 유통분'의 성격을 갖는 것이라고 볼 수 있다. 이 넷째를 제외하고 보면 세 가지 이야기를 하는 것으로 파악할 수 있다. 첫째는 바른 수행론을 제시하는 것이고, 둘째는 결사의 실제에 대해서 언급한 것이고, 셋째는 특별히 도솔천에 함께 상생(上生)하자는 그의 제안을 더욱 더 상세히 밝히는 것이다.

그러니까 경허의 결사가 어떤 이념을 갖고서 행해진 것인가를 알기 위해서 우리가 살펴야 할 것은 첫째와 셋째임을 알 수 있다. 이념적인 것으로 평가될 수 있는 부분임에도 '바른 수행론의 제시'와 '별명 동생 도솔'의 두 부분으로 나누어져 있고, 서로 '결사의 실제'를 사이에 두고 동떨어져 있다. 그 역시 하나의 특색이라 할 수 있다.

그것은 앞부분의 '바른 수행론의 제시'를 통해서 경허가 언급하는 것이 당시의 많은 수행자들이 갖고 있었던 것으로 생각되는 사설(邪說), 즉 잘못된 견해를 물리치는 일과 '별명 동생 도솔'에서 하는 이야기가 다른 내용이기 때문이다. 사설 비판을 통해서 경허가 의도하는 것은 선 수행에 대한 올바른 신념의 확립인데, 이는 다시 '바른 수행론의 제시' 중에서 수행의 정로②에서 최종적으로 언급되는 자오자수(自悟自修)에 대한 강조로 이어진다.

다시 '동생 도솔'에 대해서 따로 해명하고 있음은, 그것이 「계사문」의 큰 특징임과 동시에 경허의 결사가 갖는 큰 특징임을 나타내기에 충분하다. 그만큼 당시에도 동생 도솔의 문제는 따로 해명하고 논변해야 할 만큼 특별한/특수한 문제였음을 알 수 있게 한다. 바로 '수행론의 제시'가 선의 문제임을 생각할 때, '동생 도솔'의 문제는 그것과는 다른 미륵 신앙의 문제였던 것이다. 나는, 미륵 신앙의 문제는 선의 문제보다 뒤에서, 선의 문제와는 달리 다루어지는 2차적인 문제로 인식되었던 것으로 평가할 수 있으리라 본다. 이는 경허의 결사가 갖는 성격의 평가와 관련하여 매우 중요한 점이다.

이제 정종분 중의 첫째 '바른 수행론의 제시'와 셋째 '별명 동생 도솔' 부분만을 상세히 살펴보면서, 경허 결사의 수행 이념을 드러내 보기로 하자.

# 3. 바른 수행론의 제시

## (1) 사설(邪說) 비판

정종분 중에서 '바른 수행론의 제시'는 일방적인 자기 주장의 전개로만 이루어져 있는 것이 아니다. 잘못된 견해를 갖고 있는 사람들의 주장을 먼저 제시한 다음, 그에 대하여 비판하는 형식을 취하고 있다. 이를 다시 상세하게 살펴보기 위해서는, '사설 비판'을 좀더 세분해서 살펴볼 수 있도록 과목을 나눌 필요가 있다. 그것은 다음 〔표 6〕과 같다.

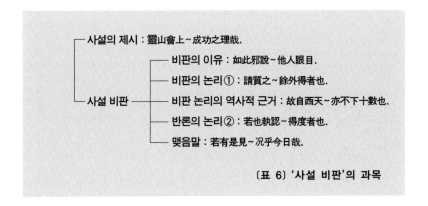

〔표 6〕'사설 비판'의 과목

이를 통해서 우리는 '본분 종사 경허'가 아니라 '논사 경허'를 만날 수 있게 된다. 그는 인도 철학의 저술에서 흔히 볼 수 있는 방식을 취하고 있다. 먼저 상대편의 주장(前主張, pūrvapakṣa)을 분명하게 제시한 뒤에, 그에 대한 비판을 통하여 정설(正說, siddhānta)을 제시한다. 그것이 '사설 비판'을 통해서 행해지고 있는데, 표 5에서 볼 수 있는 것처럼, '바른 수행의 제시' 중에서 셋째 수행의 정로②까지 함께 생각하면, 먼저 파사(破邪)한 뒤에 현정(顯正)을 하고 있는 것이다.

그렇다면 경허가 무엇보다 우선적으로 파사하지 않으면 안 될 것으로, 강하게 자각하고 있었던 사설은 어떤 것이었을까? 경허는 그것을 다음과 같이 적시(摘示)하고 있다.

> 어떤 사람이 말하였다. 영산회상에서 부처님이 꽃을 들었을 때 백만 대중이 다 (그 뜻을) 알지 못했다. 오직 가섭 존자 한 사람만이 알아차리고는 미소를 지었을 뿐인데, 말세의 중생이 능히 그 근기가 작음을 헤아리지 못하고서 모두들 "조사의 문정(門庭)을 찾으라."고 하니, 이 어찌 성공할 이치가 있겠는가?[14]

이런 견해는 '일인 미소설'(一人 微笑說)이라 할 만하다. 당시에도 오직 가섭만이 알아차렸는데, 지금은 이미 말법 시대이고 스스로의 근기는 작으니 조사의 문정을 찾아가 봐야 공을 이룰 수 없다는 논리[15]이다.

과연 경허는 어떠한 논리로 이러한 주장을 비판하고 있는 것일까? 만약 이러한 주장을 그대로 두고 본다면 그 본인 스스로의 앞길을 막을 뿐만 아니라 타인의 눈까지 멀게 할 수 있다. 그렇기에 본격적으로 그러한 견해가 잘못임을 비판하지 않을 수 없다고 하면서, 이른바 '일인 미소설'에 대해서 반론을 제기한다.

첫째, 영산회상 당시에 가섭은 물론 아난을 비롯한 모든 제자들이 다 사실은 응화신(應化身)이었다는 것이다. 그러므로 몰라서 가만히 있었던 것은 아니라는 이야기이다. 가섭 혼자서 미소를 짓는 와중에도 다른 제자들이 가만 있었던 까닭은 불멸 후 교단의 지도자로서는 한 사람만을 세워야 하기 때문이라는 것이다.

이는 참으로 기발하고도 재미있는 발상이다. 경허는 이 염화미소의 전법을 '교단의 지도자 선출'이라는 의미로 파악하고 있는 것이다. 그것은 마치 하늘에 두 태양이 없고, 나라에 두 임금이 없음과 마찬가지 이치이다. 그러므로 가섭만이 미소를 지었다고 해서 "그 나머지 사람들은 도를 얻을 수 없다고 말하는 것은 아니다."[16]라고 선을 긋는다.

둘째, 역사적으로도 수많은 선지식이 깨쳤다는 사실을 들고 있다. 그의 논의는 영산회상의 시대, 즉 정법 시대와 말법 시대라는 사관(史觀)의 문제로 이동해 간다. 기실 우리는 이미 앞서 살펴본 사설의 내용에서 "말세의 중생이 능히 그 근기의 작음을 헤아리지 못하고"라고 말하고 있었을 때, 이어지는 경허의 비판 논리 역시 말법 사관에 대한 비판으로 모아질 것임을 예상할 수 있었다.

아니나 다를까, 경허는 '비판의 논리②'에서 본격적으로 영산회상의 시대(정법 시대)와 말법 시대라 말해지는 지금 시대에 대해서 말하고 있다.

만일 그렇지 않다면(인도와 중국의 깨달은 자들에 대한 기록이 그릇되게 전한 것이 아니라면 — 인용자), 말세에 도를 얻는 자는 많고 영산 회상에서 전한 것은 사람과 사람(붓다와 가섭 — 인용자) 사이에서 하나일 뿐인 것이 되니, 어찌 말법 시대의 근기가 영산회상의

대중들보다 뛰어나겠는가? 이러한 이치는 결코 없는 것이다.[17]

또한 말법 시대의 사람들이 깨달은 바가 영산회상에서 전한 바에 미치지 못한다면서 그것을 비방한다면, 이는 더욱 불가한 일이다. 세상에 어찌 천생의 미륵과 자연의 석가가 따로 있겠는가?[18]

경허에게는 말법 사관이 존재하지 않는다. 깨달음이나 도(道)가 시간과 함께 점점 쇠약해진다고 보지도 않으며, 점점 진보해 간다고 보지도 않는다. 미륵의 시대나 석가의 시대나 다를 바 없다.[19] 이는 마치 보조가 그의 「정혜결사문」을 말법 사관의 비판으로부터 시작하고 있음을 떠올리게 한다.

『화엄론』에서 말하기를, "이러한 일승(一乘)의 가르침에는 ……부처가 있는 세상이니 부처가 없는 세상이니를 말하지 않고, 상법(像法)이니 말법이니를 말하지 않는다. 이러한 시간론에서는 부처님은 언제나 계시고 언제나 정법 시대라고 하는 것이 요의경(了義經)이다. 그저 이 땅은 더러운 예토(穢土)이고 다른 세계에 깨끗한 정토가 있으며, 부처가 있는 세상과 부처가 없는 세상, 또 상법과 말법이 있다고 말하는 것은 모두 불요의경(不了義經)이다.[20]

정법과 말법이 따로이 존재하지 않는다는 화엄과 선의 시간관은 결국 정혜등지(定慧等持)의 강조로 이어진다. 이 점에서 경허는 보조의 정혜결사 이념을 잘 잇고 있는 것으로 평가해도 좋을 것이다. 앞에서 인용한 것처럼, "말세에 하생하여 중생을 제도한다는 미륵불이나 사바 세계에서 인간의 아들로 태어난 석가가 어찌 다름이 있겠느냐?"라는, 바로 그 말씀에 이어서 경허는 다음과 같이 말하고 있기 때문이다.

다만 모든 부처님과 선지식들이 사람들에게 마음을 밝혀서 성품을 보라고 가르쳤을 뿐이지, 말법 시대의 사람들이 선정과 지혜를 익히고 배우지 못하도록 금지하는 것은 본 일이 없다.[21]

지금이 비록 말법 시대라고 말하는 사람들이 있지만, 설사 그렇다 하더라도 선정과 지혜를 못 닦을 것은 아니라는 입장이다.

### (2) 정로(正路)의 제시

#### 1) 근기론 비판과 근기의 고려

이제 경허의 파사론(破邪論)을 살펴보았으므로, 현정론(顯正論)을 살펴볼 차례이다. 이를 위해서 '바른 수행의 제시' 중에서 셋째 수행의 정로②에 대한 과목 나누기를 해보기로 한다. 그것은 다음 〔표 7〕과 같이 된다.

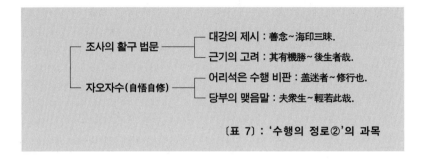

〔표 7〕: '수행의 정로②'의 과목

선사로서 경허가 그의 결사에 동참한 모든 대중들에게 그 실천을 요구한 것은 조사의 활구 법문을 참상(參商)하는 일이었는데, 그 대강령은 다음과 같다.

대저 착한 생각은 인천(人天)을 이루고 악한 마음은 아귀나 지옥을 이룬다. 그리하여 이 조사들의 활구 법문은 옛 부처가 나기 전의 소식을 알아챌 수 있어서 대적광(大寂光) 도량에서 안신입명케 하나니, 그로부터 온 누리의 모든 것들이 청정한 불국토가 아님이 없으며 모두 해인 삼매이다.[22]

이러한 대강의 제시 뒤에 경허는 그의 또 다른 얼굴 하나를 더 보여 준다. 놀랍도록 세심한 '교육자 경허'의 얼굴이다. 근기가 빼어난 자〔機勝者〕와 근기가 낮은 자〔機下者〕를 구분하고 있는 것이다. 나는 특별히 이 점을 주목하고 싶은데, 그는 결코 앞서 살펴 본 '사설 비판'에서 근기론의 입장에 떨어지지 않았으면서도 여기에 이르러서는 '근기의 고려'를 행하고 있기 때문이다.

말법 사관은 흔히 "지금이 말법이므로 우리 같은 하근기 중생들에게는 조사들의 활구 법문을 참상하는 것은 불가능하다."라고 말하기 쉽다. 경허는 그런 입장을 사설이라 생각하여 강하게 비판했던 것 아닌가?

다시 말하자면 경허가 근기론의 입장에 떨어지지 않았다는 것은 하근기이므로 어느 특정한 수행법은 불가능하고 어느 특정한 수행법만이 가능하다고 생각하지는 않았던 것이다. 그는 '선은 상근기, 염불은 하근기' 또는 '선은 상근기, 도솔 상생은 하근기'라는 등식을 취하지 않는다. 또한 시대가 흐른다고 해서 나중에 온 사람들의 근기가 반드시 떨어진다고 생각하지도 않았으며, 뒷시대에 태어났기 때문에 정혜(定慧)를 닦을 수 없다고 말하지도 않는다. 오히려 당당하게 "말법 시대의 사람이라고 해서 선정과 지혜를 익히지 말라고 말한 조사를 본 일이 없다."고 말한다.

그러니까 근기론을 좋지 않은 것으로 비판하면서도 근기에 대한 고려는 교사가 가져야 할 마땅한 태도라고 보는[23] 나로서는 높이 평가하지 않을 수 없는 것이다. 근기를 고려하면서도 근기론에 빠지지 않는다는 것은 지금 시대에도 어려운 일인데, 경허는 그 시대에 이미 그러한 태도를 취하고 있었던 것이다.

그러니까 그가 활구 법문을 제시한 뒤에, 다시 수행자를 근기가 빼어난 자와 근기가 낮은 자로 나누고 있는 것은 결코 근기론의 차원이 아님을 주의해야 한다. 그들 사이에 어떤 차별적인 가르침이나 수행법을 제시하려는 것이 아니다. 동일한 활구 법문을 제시한다. 다만 근기에 따라서 그 득입(得入)에 이르기까지, 시간적으로 빠르고 늦음〔遲速〕은 없을 수 없다고 본 것뿐이다.

근기가 빼어난 자는 단번에 뛰어 들어가서 요긴한 나룻터를 붙잡는 것이니, 나라를 안정시키는 일이 어찌 다른 것이겠는가. 그러나 만약 근기가 낮다고 한다면 단박에 이룰 수는 없다. 그러므로 옛 사람이 …… 라고 하셨으니, 곧 근기가 낮은 자라 하더라도 오래도록 익힌다면 마침내 들어갈 수 있는 것이다.[24]

교육자 경허, 또는 스승 경허가 수행자를 앞에 두고서 근기를 고려하는 것은 근기론자[25]들의 입장과는 다른 것임을 주의해야 한다. 근기의 다름을 문제 삼아서 그들을 차별하려는 것이 아니다. 앞의 '사설 비판'에서도 볼 수 있었던 것처럼, 활구 법문을 참상하는 일은 오직 가섭 존자 같은 분에게나 가능한 일이지 우리의 분수는 아니라고 퇴굴심(退屈心)을 내는 사람들에게도 "그렇지 않다. 할 수 있다."라고 하는 격려의 메시지를 간곡하게 토해 놓고 있는 것이다. 실로 자비 깊은 스승이 아닌가?

### 2) 어리석은 수행 비판

경허는 자비가 깊었기에, 당시의 어리석은 수행 풍토에 대한 비판 역시 매서웠다. 그 당시 그의 눈에는 어리석은 자들의 어리석은 수행이 너무나 자주 목도되었기 때문이다. 앞에서 파사하였음에도 불구하고 그는 아직도 충분한 파사가 이루어졌다고 느끼지 못했던 것이다. 현정론 속에 다시 파사가 등장하는 까닭이다. '스스로 깨닫고 스스로 닦음〔自悟自修〕'을 강조하는 맥락에서 경허는, 다시 한번 더 어리석은 자들의 어리석은 수행 행태를 들어서 비판하고 있다.

> 대개 어리석은 자들은 이러한 이치(비록 근기가 낮다 하더라도 오
> 래 익히면 반드시 깨달을 수 있다는 이치 ― 인용자)를 통달하지 못하
> 고서, 조사들의 가르침을 보고 들으면 곧 그것은 성인들이나 이를
> 수 있는 경지라고 높이 미루고서, 그저 함이 있는 일에나 힘쓸 뿐
> 이다. 입으로 경전을 읽는다든지, 손으로 염주를 돌린다든지, 혹은
> 절을 짓고 불상을 조성하여 공덕을 바라고 깨달음을 희망하니, 잘
> 못된 일이고 도(道)와는 먼 일이다.[26]

올바른 수행법을 앞에 두고 거기에서 절벽을 느끼는 것은 하나의
현애상(懸崖想)이다. 그렇게 현애상을 짓게 되면 뒤로 물러서는 마음
〔退屈心〕이 생기게 된다.[27] 이는 보조의 「계초심학인문」(誡初心學人文)
에 나오는 그대로이다. 그들이 바른 길 대신에 즐겨 찾게 되는 길은
경을 읽고 염불하는 일과 절을 짓고 불상을 조성하는 일이라 한다.
조사 활구를 참상하는 선의 관점에서 볼 때, 이들 두 가지 일은 공통
적인 문제점을 안고 있는 것으로 경허는 판단하고 있다. 이(理)가 아
니라 사(事)이고, 성(性)이 아니라 상(相)이며, 무위(無爲)가 아니라
유위(有爲)이다. 겉으로 보이는 것에서 깨달음이나 닦음은 불가능한
것이며 속으로 안 보이는 것에서 얻어야 하는 것인데, 이러한 사상유
위의 일들은 그렇지 못하다는 것이다.

그런데 여기서도 경허의 바른 수행론이 정히 보조가 『정혜결사문』에
서 밝힌 관점과 일치함을 확인하게 된다. 보조는 이렇게 말하고 있다.

염불하고 경을 읽으며, 만 가지 실천을 베푸는 것들은 모두 사문이 갖추어야 할 항상된 법이니 어찌 방해가 되겠는가. 그러나 근본을 궁구하지 못하고, 겉으로 상에 집착하여 밖으로 구하는 것은 지혜로운 사람의 비웃음을 살까 두려운 일이다.[28)]

경허보다 보조가 좀더 온건하게 말하고 있다. 염불과 독경이 수행에 방해되는 것은 아니겠지만, 그에 집착하여 안으로 자기 마음을 구하지 않는 것은 문제라는 입장이다. 그 대신 경허는 뒤이어서 양 무제의 불사에 대한 달마의 '무공덕'(無功德) 등을 들어서, 그러한 조사들의 말씀은 모두 정혜의 근본에 통달하지 못하고서 헛되이 수행하는 것을 책하는 말씀이라 밝히고 있다.

경허는 이렇게 수행의 정로를 전후 2회에 걸쳐서 곡진하게 제시하고 있는 것이다. 사실 그의 「계사문」은 장편일 뿐만 아니라, 내용적으로 반복이 심하고 지루하여 읽어 내기가 쉽지 않다. 하지만 그러한 독서의 어려움이 '스승 경허'의 자비심에서 연유한 것이라는 점에서, 그의 깊은 자비를 새삼 느끼게 된다.


## 4. 따로이 동생 도솔을 밝힘

### (1) 경허가 말하는 도솔 선택의 이유

「계사문」의 정종분 중 그 셋째는 '별명 동생 도솔'이라 이름할 수 있는 부분이다. 경허의 뜻이 어디에 있었는지를 알기 위해서, 다소 길지만 바로 그 부분[29]을 먼저 온전히 번역하여 읽어볼 필요가 있을 것 같다.

　　현장 법사는 "서역의 사람들은 모두 도솔천에 올라가서 태어나려는 업을 짓는다."[30]라고 하셨으니, 대개 한 가지로 욕계의 기운[聲氣]과 서로 합하여서 그 행을 이루기 쉽기 때문이다.

　　그러므로 대소승의 스승들이 모두 이 법을 허락하였다. 미타 정토는 범부로서는 수행하여도 이루기 어렵기 때문에, 신구역의 경론들에서는 모두 "십지 이상의 보살이 분수에 따라서 보불(報佛)의 정토를 볼 수 있다."고 하였으니, 어찌 하품(下品) 범부가 곧 왕생할 수 있음을 용납하고 있음이겠는가? 그러므로 대승에서는 허락하고, 소승에서는 허락하지 않는다. 그러므로 법사는 일생에 걸쳐서 언제나 도솔천에 태어나려는 업을 지었으니, 목숨이 다하려 할 때에는 상생(上生)하여 미륵불을 뵙고자 발원하였고, 대중들에게 동시에 "미륵여래·응공·정등각에게 귀의하오니 / 원컨대 중생[含識]들과 함께 어서 빨리 자비로운 얼굴을 뵙고자 하오며 / 미륵 여래에게 귀의하오니 내원궁의 대중들과 함께 머물고자 하옵니다 / 이 목숨을 버리고 나서는 반드시 그 가운데 태어나기를 원하옵니다."[31]라는 게송을 외워 주기를 청하였다. 대개 현장 법사는 법을 아는 고명한 분(上士)이니 반드시 스스로를 속이지도 다른 사람을 속이지도 않을 것이다. 하물며 고금의 전기에 나오는 도솔천에 상생한 자들을 어찌 다 적을 수 있겠는가. 무착(無着)과 천친(天親) 보살 같은 분도 역시 도솔천에 상생하기를 같이 원하였으니 이제는 법을 취할 뿐이다.

비록 이렇게 정토와 도솔천은 수행자가 잠시 갖고 있는 뜻에 따라서 다름이 있기는 하지만, 어찌 도솔천에 상생하는 자가 미타 여래를 친견하기를 원하지 않으며 정토에 왕생하는 자가 어찌 미륵 존불을 모시기를 원하지 않겠는가? 비유하면 백옥과 황금이 각기 참된 보배이며, 봄의 난초와 가을 국화가 모두 맑은 향기를 전하는 것이니, 우열과 난이(難易)로써 '옳다 그르다 너다 나다'라고 하는 견해를 일으키지 말아야 한다.

이제 계사 안에 먼저 들어오는 자는 이렇게 상생해 가려는 원[32]이 있을 것이니, 추후에 계사에 참여한 자도 역시 그 마음을 같이 할지어다. 입으로 말할 때는 설사 도가 있는 듯해도 힘이 이루어지지 못한 자는 이러한 원력을 의지해서 도솔천 내원궁에 상생하여 미륵 존불에게 참배하고, 무상의 그윽한 이치를 듣고서 속히 대각을 이루고 다시 중생을 제도한다면, 어찌 상쾌하며 상쾌한 일이 아니겠는가? 원컨대 부탁하노니, 여러 수행자들은 옛것은 무겁다 하고 지금 것은 가볍다 하지 말고서 발원하고 동참하여서 좋은 인연을 깊이 맺을지어다.


먼저 무엇보다도 놀라운 것은 경허의 독서 폭이다. 오도(悟道) 후에 책을 들고서 다시 폭넓은 독서를 했으리라 생각되지는 않으므로, 아무래도 그의 독서는 동학사에서의 강사 시절까지 이루어졌던 것으로 보인다.

주지하다시피, 조선조 초기에 성립된 강원의 이력(履歷) 과정은 돈오를 뒷받침하는 화엄과 선이 중심을 이루고 있다. 돈오가 아니라 점수를 뒷받침하는 유식법상종의 텍스트는 배제되어 있는 것이다. 그런데 경허는 인도의 무착과 천친으로부터 시작하여 중국의 현장에 이르러 완성된 유식법상종의 텍스트들을 읽고 있으며, 인명(因明) 역시 인용[33]하고 있다. 조선 불교의 정통/전통 커리큘럼의 한계를 넘어서고 있었던 것이다.

이런 점까지 감안해서 본다면, 선의 맥락 안에서는 도통 연원(道統淵源)을 찾고 계승하는 것을 중시하였으나, 교학의 맥락에서는 당시의 전통적 종학을 넘어서는[34] 활달함을 보여 주고 있었던 것이다. 이 놀라운 독서력이야말로, 어쩌면 그가 자유롭게 정토 왕생 대신에 도솔 상생을 선택할 수 있는 밑거름이 되었던 것은 아닌가 싶다.

이제 앞의 긴 인용문으로 돌아가서 세밀하게 분석해 보기로 하자. 우리가 지금까지 의지했던 과목 나누기를 여기서도 시도해 볼 필요가 있다. 나는 그 전체를 다음과 같이 나누어서 이해한다.

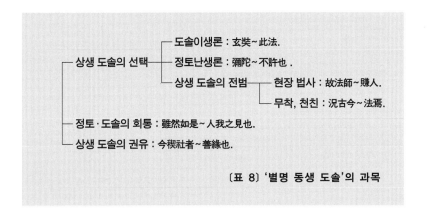

〔표 8〕 '별명 동생 도솔'의 과목

"왜 경허는 정토 왕생을 선택하지 않고 도솔 상생을 선택하는가?" 라는 물음/의혹에 대한 해답의 제시로부터 시작하였다. 그것은 도솔 상생은 쉽고 정토 왕생은 어렵기 때문이라는 것이었다. 너무나 간명한 이유이다. 마치 일본 정토종의 개조 호넨(法然, 1133~1212년)이 '나무아미타불' 염불이 이행(易行)이므로 염불을 선택한다고 했던 바로 그 논리를 경허는 정토 왕생이 아니라 도솔 상생에 적용했던 것이다. 물론 경허는 호넨을 인용한 것이 아니지만 같은 논리에 의지하고 있음은 분명하다.

한편, 이렇게 도솔 상생과 정토 왕생의 난이[35]를 다투는 것은 원효의 저작으로 전해오는 『유심안락도』(遊心安樂道)에서이다. 거기에 나오는 '도솔이생, 정토난생'의 논리와 궤를 같이한다. 거기에서도 "지족천궁(知足天宮)은 한 가지로 이 안에 있으니, 역시 대승과 소승이 공히 허락하는 바이다."[36]라고 했다. 그런 맥락에서 정토에 왕생하는 것이 더 어렵다고 말하는 것이다.

### (2) 종래 학설에 대한 비판

〔표 5〕에 제시된 것처럼, 정종분 중에서 '바른 수행론의 제시'를 통해서 우리가 알 수 있는 것은 경허의 정혜계사와 보조의 정혜결사가 수행 이념의 측면에서 같다[37]는 점이다. 이는 경허가 보조의 정혜결사를 계승한 부분이라 할 수 있다.

그러나 한편으로 경허의 결사에는 보조의 정혜결사와 다른 부분역시 없지 않다. 이 점은 바로 미륵의 주처(住處)인 도솔천에 함께 상생하자는 동생 도솔 부분이다. 이는 경허의 결사가 보조의 정혜결사와는 달라지는 측면, 즉 변용이 인정되는 부분이다. 이 점에 대해서는 나 역시 이미 지적한 바[38]이다.

그런데 왜 경허는 동생 도솔을 말하고 있는 것일까? 일찍이 선과 정토를 함께 닦자는 결사[39]가 있기는 했지만, 경허처럼 선과 함께 미륵 신앙을 문제 삼는 결사가 있다는 이야기는 듣지 못하였다. 이 점은 실로 경허의 결사를 이해하는 데 매우 중요한 하나의 관건이 된다.

이 문제를 언급한 선학들 중 고익진과 최병헌의 관점을 살펴보면서, 내 나름의 해답을 제시해 보기로 한다.


### 1) 고익진의 관점

누구보다 먼저 이 문제에 관심을 기울인 것은 고익진(高翊晉, 1934~1988년)이다. 그는 동국대학교 불교문화연구원이 편집한 『한국 미륵 사상 연구』의 말미에, 앞서 언급한 환기옹본(幻寄翁本)「계사문」과「규례」[40]를 영인하고 있다. 그러면서 이 자료를 소개하는 논문을 쓰고 있는데, 그는 바로 이 문제를 제기하면서 해답을 모색하고 있다.

그러나 만일 그런 정토 신앙으로서 미타 정토를 수용한다면 어떻게 될까? 당시의 말세적인 신앙 풍토를 결코 벗어날 수는 없을 것이다. 성우(惺牛)가 지금 뜻하고 있는 바는 당시의 절망적인 불

교계의 의식을 일깨워 자력(自力) 성불의 혁신적(革新的)인 사상운
동을 전개하려는 것이다. 그런 입장이라면 미타 정토보다는 미륵
도솔을 택하지 않을 수 없다. 왜 그러냐면, 서방 정토는 일단 그곳
에 왕생하면 지상(地上)에 다시 환래(還來)하여 중생을 제도한다는
의식이 강하지 못하다. 반면에 미륵 도솔은 중생의 욕계(欲界)에
속해 있을 뿐만 아니라, 미륵 보살과 함께 용화 회상에 하생(下生)
하여 성불 도생한다는 뜻이 크게 부각된 신앙이기 때문이다.

경허당 성우가 정혜결사에 미타 신앙보다는 미륵 신앙을 택한
것은 바로 이상과 같은 판단에 의한 것이라고 필자는 보고 싶다.
그러기에 그는 결사의 이름에도 '동수 정혜' 다음에 '동생 도솔'을
넣고, 그 다음에 다시 '동성 불과'라는 말을 붙이게 되었을 것으로
보이는 것이다.[41]


과연 이러한 이해가 올바른 것일까? 그렇지 않다. 특히 문제가 되
는 것은 두 가지 점이다. 하나는 미륵 도솔과 서방 정토의 차이를 사
바 세계에 다시 환생하여 중생을 제도한다는 의식 여하에서 찾는 것
이고, 다른 하나는 경허가 미륵 하생 신앙을 갖고 있었다고 보는 점
이다.

첫째, 과연 "서방 정토는 일단 그곳에 왕생하면 사바 세계에 다시
환래(還來)하여 중생을 제도한다는 의식이 강하지 못하다."고 보아야
할 것인가? 그렇지 않다. 경허가 말한 것처럼, 정토 사상은 소승은 불
허요 오직 대승만이 허락하고 있을 뿐이다.

정토 신앙에는 소승적인 측면이 없다는 이야기이다. 어떤 대승이

자기 일신의 안락만을 추구하던가? 서방에 왕생하여 자기의 안락이 이루어진 그 순간 열반에 들고 말뿐, 환도(還度) 중생하러 다시 사바 세계에 올 생각을 하지 않는 대승이 있다는 말인가?

가우타마 붓다가 깨달음을 얻은 뒤 열반에 들지 않고서, 범천(梵天)의 권청(勸請)을 받아들여서 법륜을 굴린 이후에 그런 대승은 없다. 아미타불이든 미륵이든 모든 불보살의 전범은 가우타마 붓다이기 때문이다.

또한 용수(龍樹, Nāgarjuna, 2~3세기경)와 함께 정토 교학을 개척한 천친(天親, Vasubandhu, 4~5세기경)의 『무량수경우파제사』(無量壽經優波提舍)에서는, 이 문제에 대한 대답을 다음과 같이 간명하게 제시하고 있다.

> 큰 자비로써 모든 고뇌하는 중생을 관찰하여서 응신과 화신으로 생사의 정원과 번뇌의 마을 속으로 다시 들어가서 윤회하면서 신통을 행하여 교화함에 이르기까지 본원으로써 회향하기에, 이를 다섯 번째 문으로 이름한다.[42]

천친은 정토 3부경의 하나인 『무량수경』에 대한 주석서(upadeśa)에서 회향문(廻向門)을 이렇게 설명하고 있다. 정토에 가는 것을 왕상(往相) 회향이라 하고, 정토에서 다시 돌아오는 것을 환상(還相) 회향이라 하는 것도 다 정토가의 말이다.

그러니까 이러한 논리에 의지하여, 경허가 미타 정토에의 왕생 대신에 도솔 상생을 선택한 이유를 설명해 보려는 시도는 애당초 잘못된 것이다. 왜냐하면 이미 앞서 살펴본 것처럼, 도솔 상생을 발원하는 이유는 사바 세계에 환생할 수 있어서가 아니라 이행도이기 때문임을 경허 스스로 밝히고 있기 때문이다.

둘째, 경허의 미륵 신앙을 하생 신앙으로 이해해도 좋은 것일까? 그렇지 않다. 경허는 미륵 상생 신앙을 하고 있다. 그것도 미륵 경전에 의한 미륵 상생 신앙이 아니라, 유식법상가들이 행하고 있었던 도솔 상생 신앙을 받아들였던 것이다.

인도에서는 무착(無着, Asaṅga, 불멸후 천 년경)이 미륵을 만나고 와서 유식계 경론을 설했다고 하는 이야기로부터 발원하였고, 중국에서는 서역을 갔던 현장의 이야기[43]로부터 비롯된 것이다. 경허는 바로 이 현장의 이야기를 『대자은사삼장법사전』(大慈恩寺三藏法師傳)을 통해서 알게 된 것으로 생각된다.

이러한 유식법상계의 미륵 신앙은 도솔 상생 신앙이다. 물론 유식법상계의 미륵 신앙이라고 해서, 미륵 경전과 완전히 동떨어진 것이라 말할 수는 없다. 연관이 있을 것이다. 하지만 그렇다고 하더라도 경허의 그것이 미륵 신앙 중에서 상생 신앙인가, 하생 신앙인가 하는 점은 잘 따져 보아야 할 문제이다.

이에 대하여 고익진은 미륵 신앙이 "미륵 보살과 함께 용화 회상에 하생(下生)하여 성불 도생한다는 뜻이 크게 부각된 신앙이기" 때문에, 경허가 미타 정토 신앙이 아니라 미륵 신앙을 선택했다고 보았다. 그러나 나는 그렇게 보지 않는다. 이를 판정하기 위하여, 우리는 경허가 미륵 신앙을 말하는 경우를 살펴볼 필요가 있다.

입으로 말할 때는 설사 도가 있는 듯해도 힘이 이루어지지 못한 자는 이러한 원력을 의지해서 도솔천 내원궁에 상생하여 미륵존불에게 참배하고, 무상의 그윽한 이치를 듣고서 속히 대각을 이루고 다시 중생을 제도한다면, 어찌 상쾌하며 상쾌한 일이 아니겠는가?[44]

그 동맹을 하자고 약속하는 까닭은 무엇인가? 함께 정혜를 닦음으로써 함께 도솔천에 태어나며, 세세생생에 함께 도반이 되어서 마침내는 함께 정각을 이루자.[45]

위의 두 인용문 중에서 우선 후자는 결사의 목적을 말하는 부분[46]인데, 도솔 상생이 바로 동생 도솔의 의미임을 분명히 하고 있다. 그리고 다 함께 성불하자고 했을 뿐, '미륵 보살과 함께 용화 회상에 하생하여 성불 도생'하자고 말하는 것은 아니다.

물론 앞서 말한 것처럼, 미륵 상생 신앙이라 하더라도 하생하여 다시 중생을 제도한다는 관념은 그것이 대승 불교인 한 없을 수 없다. 실제로 현장 역시 그렇게 서원을 세우고 있다.[47] 그러나 그렇다고 해서 그것을 하생 신앙이라 할 수 있을까? 그것은 다만 상생 신앙이고, 상생 신앙에 부수되어서 나오는 것일 뿐인 것으로 나는 생각한다. 왜냐하면 하생 신앙의 본질은 그런 것이 아니기 때문이다. 그러면 하생 신앙의 본질은 무엇일까?

여기서 우선 주의해야 할 것은 하생 신앙을 말할 때면, 불교 안의 미륵 하생과 민중들이 말하는 미륵 하생 신앙이 다르다[48]는 점이다.

경허의 경우는 전자와 관련해서 말해야 하는데, 불교 안에서 말하는 미륵 하생 신앙의 본질은 '기다림'이다. 미륵이 출현할 세계를 만들어 가면서, 미륵이 출현할 때를 기다리는 것이다.[49] 그것이 하생 신앙이다.

따라서 미륵의 도솔천으로 상생하여, 거기서 부처를 이루고서, 다시 미륵과 함께 내려와서 교화 중생하겠다는 원을 세우는 것은 상생 신앙이지 하생 신앙은 아닌 것이다. 그런 까닭에 "미륵 보살과 함께 용화 회상에 하생하여 성불 도생한다는 뜻이 크게 부각된 신앙이기 때문에", 경허는 미타 정토 신앙보다는 미륵 하생 신앙을 선택했다고 보는 것은 과다 해석(過多 解釋, over-interpretation)으로 보인다. 경허는 미륵 하생 신앙이 아니라 미륵 상생 신앙, 더 정확히 말하면 상생 도솔의 원(願)을 갖고 있었음에 지나지 않기 때문이다.[50]


## 2) 최병헌의 관점

경허가 정혜만이 아니라 미륵 신앙 역시 수용한 것에 대하여 최병헌은 기본적으로 고익진의 관점을 수용한다. 다만 다음과 같은 한 가지 사항을 더 말하고 있을 뿐이다.

> 경허는 미타 정토에의 왕생보다 도솔천에의 상생이 더 쉬운 것으로 주장하였는데, 당시 조선 말기의 불교계에서 미륵 신앙이 유행하였던 사실을 반영한 것으로 보인다.[51]

과연 그러할까? 조선 말기의 불교계 상황에 대해서, 나는 특별한 지식이 없다. 그러나 과연 미륵 신앙이 얼마나 성행했기에, 미타 신앙을 제쳐두고 도솔 상생을 선택하는 데 영향을 미친 것일까? 조선 후기 내지 말기의 불교계에서 어떤 신앙이 유행하고 성행했는가를 살펴볼 수 있는 하나의 자료로서 사찰계(寺刹契)를 주목해 보는 것도 좋은 방법이라 생각한다.

마침 한상길은 조선 후기에서 말기, 즉 1564년에서 1910년까지 조직되었던 사찰계 232개의 사례를 전수 조사[52]하였다. 어떤 신앙의 계가 가장 많이 조직되었던 것일까? 단연 미타 신앙이다. 염불계, 만일회, 미타계 등의 이름은 모두 미타 신앙과 관련된다. 그 다음으로 보이는 것이 지장계와 칠성계이다. 관음계도 1건의 사례를 보고하고 있다.

그러나 미륵 신앙을 위해서 조직된 사찰계의 보고 사례는 발견할 수 없었다. 계의 조직 유무로서, 그 신앙의 존재나 성행 여부를 판단하는 것은 성급한 것일 수 있다. 그러나 최병헌이 말하는 것처럼, 정말로 "조선 말기의 불교계에서 미륵 신앙이 유행하였다."고 한다면, 적어도 몇 개의 사찰계라도 조직되었어야 하지 않았을까? 사찰계는 억불의 사회 속에서 사찰이나 승려가 경제적 존립과 신앙을 함께 유지해 나가고자 했을 때 가장 적절한 방편(方便)으로 선택된 것이기 때문이다.

조선 후기 내지 말기의 불교는 그 양자를 다 함께 해낼 수 있는 사찰계의 조직이 보편적인 대안이 되고 있었던 것 아닌가? 그런 시대에 그 신앙은 성행했으나 하나의 미륵계(彌勒契)도 조직되지 못했다고 한다면, 우리는 이를 어떻게 이해할 수 있을까?

혹시라도 최병헌이 말하는 바, '미륵 신앙의 유행'이 조선 말기의 불교계가 아니라 불교계 밖의 일을 말하는 것인지도 알 수 없다. 그러나 그렇다고 하더라도, 앞에서 언급한 것처럼, 그 역시 경허의 경우와는 인연이 닿지 않는다. 그 당시 민간의 미륵 신앙에 대한 자료를 나는 갖고 있지 못하지만, 적어도 경허는 불교 밖의 미륵 신앙을 했던 민중들과 공유할 의식을 갖고 있지 않았던 것으로 판단된다.

이는 그가 삼수갑산으로 피은(避隱)해서 남긴 시나 교유 관계에 있었던 인사들의 신분 등을 함께 고려해 보면 짐작할 수 있는 것 아닐까? 만약 경허가 조선 말기 상황에서 미륵 하생 신앙과 연계가 있었거나 영향을 받았다고 한다면, 그의 삼수갑산에서의 행적 역시 달라졌을 수도 있을 것이다. 정히 동진(同塵)이 되었을지도 모른다.

나는 최병헌의 이 같은 오해 역시 고익진의 경우와 마찬가지로 경허의 미륵 신앙이 도솔 상생 신앙이라는 점에 충분한 주의를 기울이지 못해서 생긴 잘못된 추정이었던 것으로 생각한다.


### (3) 경허의 정토관에 보이는 문제점


정토 왕생과 도솔 상생 가운데 어느 쪽을 선택하는가는 선택자의 자유이다. 방대한 불교 경전 중에는 정토 왕생을 설하는 경전도 있을 것이며, 도솔 상생을 권하는 경전도 있을 것이기 때문이다. 따라서 어떤 경전의 가르침에 더욱 믿음을 내는가 하는 것은 법(法)에 달린 것이 아니라 인(人)에 달린 일이다. 받아들이는 사람의 근기에 더 큰 영향을 받는 것이라는 말이다. 그렇기에 경허의 선택에 대해서도 그 적부(適否)를 논할 수는 없다.

다만 여기서 내가 문제 삼고자 하는 것은, 경허가 정토 왕생을 비판하고 도솔 상생을 선택할 때 하나의 판단 근거가 되었던 정토관의 문제이다. 과연 정토에 대한 그의 이해가 정토가들에게도 인정받을 수 있는 것일까 하는 점이다. 과문한 탓인지는 몰라도 종래 이 점에 대해서 언급한 선행 연구를 본 일은 없기에, 여기서 그 점을 검토해 보려고 하는 것이다.


1) 성도문(聖道門)의 입장

경허는 십지 이상의 지위에서라야 비로소 보불(報佛)의 정토를 볼 수 있다고 말한다. 원문에 "신구역경론(新舊譯經論), 개운(皆云) ……." 이라고 한 것이다. 이때 '개운' 이하의 내용은 어느 특정한 경론으로 부터 인용일 수도 있지만 어쩌면 직접 화법으로 인용한 것이 아닐 수도 있다. 경론의 의미를 경허가 요약했을 가능성도 배제할 수는 없다고 본다. 그런 전제 아래에서, 그것과 가장 가까운 것으로 생각되는 것을 『섭대승론』(攝大乘論) 증상혜학분(增上慧學分)의 한 게송에서 찾아볼 수 있었다.

모든 보살이 출리(出離)하여 상응함을 얻을 수 있기에는 무분별 지의 작용이 있어야 하나니, 십지에서 이루어지는 줄 알라.
모든 보살은 마침내 청정한 세 가지 몸을 얻으려면 무분별지의

작용이 있어야 하나니, 가장 위없이 높은 자재를 얻느니라.[53]

경허가 말하는 바 '십지'는 제10지가 아니라, 초지에서 제10지까지를 포괄하는 십지의 단계를 말하는 것으로 보인다.[54] 그러니까 경허가 말한 "십지 이상의 보살이라야 분수에 따라서 보불의 정토를 볼 수 있다."고 한 것은, 이러한 유식법상종의 텍스트에 의거한 것으로 보인다. 이는 그 자체로는 틀린 내용이라 할 수 없다. 청정한 불신(佛身)은 십지의 단계를 지나야 할 것이기 때문이다.

다만 경허의 정토에 대한 평가에 근거를 제공한 것은 유식계 경론이라는 점은 주목할 만하다. 이는 정토가의 입장에서 내려진 교판(敎判)에 따르면, 경허는 정토문이 아니라 성도문(聖道門)의 입장에 의지하고 있었음을 알 수 있다. 즉 경허는 성도문의 입장에서 정토문을 평가한 것이다.

그러고서 그에 입각하여 보신불인 아미타불의 국토(극락 정토)에 왕생하는 것은 십지 이상의 지위에서라야 가능하다고 말한다. 저 높이 성인의 경지라고 밀쳐두었던 것(高推聖境)이다. '고추성경'은 깨달음의 경지를 자신이 닿을 수 없는 높은 곳으로 밀쳐두고 만다는 것으로서, 정토가에 대한 선가의 비판 논리이다. 그런데 그와 반대로 선사인 경허가 정토문의 경지를 그렇게 높은 곳으로 올리고 있다는 점에서 아이러니를 느끼지 않을 수 없다.

정토가들이 정토문이 이행도(易行道)임을 역설함에 반하여, 경허에게 정토문은 난행도(難行道)가 되어 버리고 만 것이다. 그 대신 도솔 상생이 이행도가 되었다. 여기서 도솔 상생 역시 이행도일 수 있음을 부정하자는 것이 아니다. 다만 정토 왕생 역시 이행도임을 말하고자 할 뿐이다. 십지 이상의 지위에 있는 자만이 비로소 서방 정토에 왕생할 수 있는 것은 아니다. 『관무량수경』의 제16관에서는, 다음과 같이 말하고 있지 않던가?

부처님께서 아난 및 위제희에게 다음과 같이 말씀하셨다. 하품하생(下品下生)이라는 것은, 어떤 중생이 선하지 못한 업이나 오역죄 십악업을 지어서 모든 불선(不善)을 갖추었다고 하자. 이러한 어리석은 사람은 악업으로 인하여 마땅히 악도(惡道)에 떨어져서 오랜 겁토록 괴로움을 받는 것이 다함이 없을 것이지만, 이러한 어리석은 사람이 목숨이 다하려 할 때 선지식이 갖가지로 위로하면서 묘한 법을 설해 주는 것을 만나게 되었는데, 부처님을 염하도록 가르쳐 주셨으나 이 사람이 고통에 핍박을 받아서는 경황 중에 염불을 하지 못하였다. 그러자 선우(善友)께서 고하여 말씀하시기를, "그대가 만약 저 부처님을 염할 수 없다면 마땅히 '귀명(歸命) 무량수불'이라고만 칭하여라. 이와 같이 지극한 마음으로 소리가 끊어지지 않게 하여 십념(十念)을 갖추어서 '나무아미타불'이라 칭하면, 부처님 이름을 일컬었기 때문에 생각 생각마다 팔십억 겁 동안 생사를 거듭해야 할 중죄도 다 제거될 것이며, 목숨을 마칠 때 금련화(金蓮花)를 보고서는 마치 태양이 그 사람 앞에 나타나는 듯할 것이다. 또한 일념에 곧 극락 세계에 왕생할 수 있을 것이다.[55]

죄악 범부라 할지라도, 어떤 하근기라고 할지라도 극락 왕생이 가능하다는 것이다. 이것이 이행도가 아니고 또 무엇이겠는가? 경허는 정토문에서 설하는 정토 왕생의 길에 대해서 진지하게 귀를 기울이기보다는 성도문의 입장에서 정토문을 난행도라 평가해 버리고 말았던 것이다.

이에 대해 고영섭 역시, 경허의 '정토는 난행도'라는 논리/교판(敎判)을 받아들인 뒤에 그가 도솔 상생을 권유한 것은 "누구나가 다 성불할 수 있다는 대승 불교의 기치 위에서 성불의 폭을 넓히려는 시도라고 할 수 있다."[56]고 평가하였다. 경허와 마찬가지 문제를 드러내고 있는 것으로 판단된다. 정토의 법문이 마련된 것 자체가 바로 '성불의 폭을 넓히려는 시도'였기 때문이다.


2) 점문(漸門)의 입장

다시 경허가 말한 신구역경론으로 돌아가 보자. 십지 이상의 지위에서 보불의 정토를 볼 수 있다고 한 신구역의 유식계 경론은 점수(漸修)의 입장을 표현한 것이라 볼 수 있다. 그러니까 적어도 경허가 정토관을 말할 때에는, 점문(漸門)의 입장에 서 있었음을 알 수 있다.

그러나 『관무량수경』에서처럼, 죄악 범부가 염불을 해서 서방 정토에 가는 것은 점문의 일이 아니라 돈문(頓門)의 일이 된다. 왜냐하면 『아미타경』에서는, "극락 국토의 중생들은 모두 아비발치(avivartika)이며, 그중에는 일생 보처 보살이 많이 있다."[57]라고 말하고 있기 때문이다. 이때 아비발치는 제8 부동지(불퇴전지)를 가리키는 것이다. 극락에 왕생하는 것은 바로 제8지로 초월하는 일[58]이 된다. 그러한 소식은 『유심안락도』에서도 다음과 같이 말하고 있는 것이다.

> 저 두 경전은 모두 왕생하는 자는 다 불퇴전을 얻는다고 하였지,
> 다만 불퇴전의 사람이라야 왕생할 수 있다고 말한 것이 아니다.[59)]

극락에 가면 바로 8지에 오른다. 이는 염불 자체에 돈문의 성격이 있음을 나타내기에 충분하다. 바로 이 점에서 선과 정토가 하나 되는 염불선(念佛禪)의 경지가 열릴 수 있었던 것이다. 우리나라 선사들에게서는 물론, 일본 불교의 신란이나 잇펜(一遍, 1239~1289년, 일본 불교 시종(時宗)의 개조)에게서도 다 염불선의 입장[60)]을 볼 수 있다. 하지만 경허는 성도문의 입장에서 정토문을 평가하고 말았기에, '나무아미타불' 속에 숨어 있는 돈문[61)]의 성격을 볼 수 없었던 것이다.

그렇다고 해서 경허가 전면적으로 염불의 선적 차원을 외면했다고 말해서는 안 된다. 「법화」에서 염불의 핵심을 일심불란으로 보고서, 그것이 성적등지와 다르지 않음을 말하고 있기 때문이다.

> 간화문(看話門)에서 설하는 성적등지(惺寂等持)는 반드시 능히 견성을 할 수 있을 것이며, 염불문에서 설하는 일심불란(一心不亂)은 반드시 능히 왕생할 수 있을 것이다. 일심불란이 어찌 성적등지가 아닐 것이며, 만약 일심불란을 타력이라 한다면 성적등지가 어찌 타력이 아니겠는가? 만약 성적등지가 자력이라면 일심불란이 어찌 자력이 아니겠는가?[62)]

그럼에도 불구하고 경허는 선과 염불을 함께 닦으라 말하지는 않는다. 왜 그럴까? 경허의 입장은 무엇인가? 우리는 이렇게 회통(會通)해 볼 수는 있겠다.

경허가 비판한 것은 산란심(散亂心)으로 염불하는 것이었다. 당시 염불하는 사람들이 산란심으로 염불했던 것을 경허가 비판한 것이라고 말이다. 원리적 차원에서 경허는 염불과 정혜의 불이(不二)를 인정했음을 우리는 인정할 수 있다. 하지만 실천[事]적 차원에서는 염불을 하라고 허용하지 않는다. 이는 도솔 상생에 대해서도 마찬가지이다.

다만 그는 그것을 '행의 차원'이 아니라 '원의 차원'에 대해서만 받아들일 뿐이다. 원하는 것은 좋지만, 행의 차원에서는 오직 정혜가 급선무로 보일 뿐이었다. 그런 점에서 그는 염불선을 말하는 다른 선사들과는 달랐으며, 겸수론자(兼修論者)로 볼 수 없게 한다. 전수참선(專修參禪)의 입장을 취했다고 말해도 좋을 것이다.


## 5. 오직 선을 닦되 도솔 상생을 원하라

나는 경허를 '근대 한국 선 불교의 개조'[63]로 평가해도 좋다고 생각한다. 그는 깨달음 이후 충청도, 전라도, 경상도 등지를 유행(遊行)하면서 가는 곳곳마다 선방을 다시 복원하거나 개설하였다. 그러한 과정에서 1899년 해인사에서 결사를 행하게 된다.

이러한 경허의 결사는 우리나라 불교, 특히 선 불교의 결사에서 매우 중요한 위상을 차지하고 있다. 이미 그의 결사에 대해서는 많은 선학들이 연구 성과를 축적해 왔다. 나 역시 그의 결사를, 보조의 정혜결사의 계승이라는 측면에서 조명한 일이 있었다. 하지만 경허의 결사를 경허 자신의 삶과 사상 안에서 살펴본 것은 아니었다. 그런 맥락에서, 이 글은 경허의 결사를 그의 삶과 사상의 맥락 안에서 다시금 조명해 보고자 하였다.

우선 수행 이념을 살펴보고자 하였는데, 이는 결사문이라 할 수 있는 「결 동수정혜 동생도솔 동성불과 계사문」과 청규(清規)라 할 수 있는 「정혜계사 규례」의 문헌 모두에서 다루어지고 있었다. 따라서 이들 두 문헌을 함께 살펴보아야 하는데, 지면의 제한이 있으므로 여기서는 부득이 「계사문」에 나타난 수행 이념만을 고찰할 수밖에 없었다. 「규례」에 나타난 수행 이념에 대해서는 또 다른 논문으로 발표하고자 한다.

경허가 수행 이념으로서 다루고 있는 것은 두 가지 문제이다. 하나는 선의 수행에 대해서는 사설(邪說)을 비판하고 올바른 길〔正路〕을 제시하는 것이며, 다른 하나는 왜 선을 수행하면서 미륵의 도솔천으로 상생하자는 원(願)을 세우자고 말하는가 하는 문제이다.

우선 사설의 비판과 정로의 제시를 요약해 보자. 먼저 사설의 정체는 선의 깨달음은 중생들로서는 얻기 어렵다는 관점이다. 영산회상에서 석가가 꽃을 들었을 때 오직 가섭 한 사람만이 웃었다는 것은 그에게만 깨달을 수 있는 가능성이 있었기 때문은 아닌가?

이에 대해서 경허는 두 가지 점에서 반론한다. 하나는 영산회상에 모인 모든 제자들이 다 응화신(應化身)이었다고 본다. 충분히 미소를 지을 수 있었는데도 불구하고 가섭을 교단의 지도자로 간택하는 의식이었으므로, 가섭 혼자만 미소 지었다는 것이다.

또 다른 하나는 역사적으로 수많은 선지식들이 깨침을 얻었다는 관점이다. 그러므로 만약 영산회상에 참여한 다른 제자들은 다 못 깨쳤는데 후대의 선지식들이 깨쳤다고 한다면 모순이 된다. 그러니까 가섭 혼자만 깨쳤다는 관점은 잘못이라는 논리이다.

이는 말법 시대의 하근기 중생들 역시 조사의 활구를 참상하는 것이 가능하다는 논리로 이어진다. 그것이 정로이다. 깨달음에 이를 때까지 시간적인 빠름과 늦음이 있지만 하근기의 사람들도 마침내는 깨달음에 이를 수 있다는 것이다.

다음으로 '왜 선의 결사에서 도솔천에 태어나기를 원하는가'라는 문제이다. 경허는 정토 신앙보다 미륵 신앙을 선호한다. 정토는 왕생하기가 어렵고, 도솔천은 상생하기 쉽다고 보아서이다. 그러나 학자들은 경허가 드는 이유에 만족하지 않고서, 좀더 다른 이유를 찾고자 하였다.

먼저 고익진은 정토 사상과 미륵 신앙의 차이에서 이유를 찾고자 한다. 정토 사상은 서방 정토에 일단 왕생하게 되면 다시 사바 세계로 돌아와서 중생을 제도하려는 의식이 강하지 못한 반면에, 미륵 신앙에서는 하생한다는 신앙이 강하다고 말하였다. 이는 경허의 미륵 신앙이 하생 신앙이 아니라 상생 신앙이었음을 간과한 것이다. 경허에게 도솔 상생은 원(願)이었을 뿐이다. 결코 행(行)이 아니다. 경허에게 행의 위치에 있는 것은 선의 수행뿐이었다.

다음으로 최병헌은 조선 말기의 불교계에서 미륵 신앙이 유행하였다는 사실이 경허에게 반영된 것으로 추정하였다. 그러나 조선 말기 민간에 유행하던 미륵 신앙은 미륵의 하생을 기다리는 하생 신앙이었는데, 경허에게는 그러한 하생 신앙을 공유했다는 어떤 증거도 없다. 만약 그랬더라면 삼수갑산 이후의 행적 역시 달라졌을지도 모른다.

마지막으로 나는 경허의 정토관에 나타나는 문제점을 지적하였다. 그는 유식법상종과 관련된 문헌에 기반하여 정토를 이해하고 있다는 점에서, 두 가지 문제점을 노출하였던 것이다. 하나는 성도문의 입장에서 정토문을 비판한 것으로서, 정토문의 입장을 올바르게 이해한 것으로 보이지 않는다는 점이다.

또 하나는 유식법상종의 교학이 점수의 입장에 놓여 있었다는 점에서, 선사이지만 경허는 염불 안에 존재하고 있었던 돈문의 성격을 받아들이지 않는다. 그 이전의 다른 선사들과는 달리 그는 결코 "선과 함께 염불을 하라."고 말하지 않았다.

그런 점에서 경허의 결사에서 수행 이념은 결코 겸수는 아니었다. 도솔 상생 역시 원일 뿐, 행이 아니었기 때문이다. 그저 깨달음에 대한 확고한 믿음을 갖고서 조사의 활구를 참상하라는 것이었다. 전적으로 활구를 참상하라는 것이었다. 전수참선(專修參禪)의 입장이다. 다만 마음속으로는 도솔 상생을 원하면서 말이다. 이것이 「계사문」을 통해서 본 결사의 수행 이념이었던 것으로, 나는 판단한다.

제2장
# 「정혜계사 규례」에 나타난 수행 이념

경허의 결사 운동을 증거하는 자료는 「정혜계사문」과 「정혜계사규례」의 두 종류가 있다. 이들 관계를 종래에는, 주문(主文)은 「계사문」이며 「규례」는 다만 그 부록 정도의 의미밖에 없는 것으로 보아 왔다. 그러나 나는 그렇게 보지 않는다. 「규례」를 독립적으로 이해하려는 것이다. 물론 「규례」는 「계사문」을 염두에 두면서 쓰인 것이다. 하지만 가령 「계사문」이 없다고 하더라도, 「규례」만으로도 정혜계사의 면모를 어느 정도는 파악할 수 있다. 또한 다른 청규들과는 달리 「규례」에는 결사 참가자들이 지켜야 할 규범만이 아니라 결사의 이념까지 폭넓게 다루어지고 있기 때문이다.

이를 전제로 해서, 「규례」에 나타난 수행 이념을 살펴보고자 한다. 역시 문제로 삼는 주제는 둘이다. 하나는 정혜를 닦음과 도솔 상생의 문제이며, 다른 하나는 정토 왕생과 도솔 상생의 문제이다.

먼저 정혜를 닦음과 도솔 상생의 관계에 대해서 경허는 간략히 언급하는 데, 정혜를 급선무로 해야 하며 도솔 상생은 원(願)일 뿐이라는 것이다. 정혜라는 행을 대체할 또 다른 행이 아니라, 도솔 상생을 원하면서 정혜를 닦아야 한다는 것으로 원과 행의 관계로서 파악한다.

다음 정토 왕생과 도솔 상생에 대해서, 경허는 정토 왕생은 행하기 어려운 난행도이고 도솔 상생은 행하기 쉬운 이행도라고 함으로써 도솔 상생을 선호하고 있다. 그러나 「계사문」에서는 이 양자의 차이를 더욱 부각시키는 입장을 취하였으나, 「규례」에서는 원리적인 차이는 없고 권하는 사람의 선호도에 따라서 치우쳐 찬탄함에 불과

하다고 보았다. 즉「계사문」보다는「규례」가 좀더 회통적이다.

그러나 그렇다고 해서 양자의 행을 함께 닦아야 한다는 겸수의 입장을 취하지는 않는다. 경허는 도솔 상생 하나만을 선택하는데, 이는 어쩌면 그가 수행자의 근기를 세밀하게 살피는 스승/교육자의 면모를 가졌기 때문인지도 모른다.

애당초 이 글은 수덕사의 '경허 열반 100주년 기념 사업회'의 청탁에 의해서 준비된 것이다. 진지하게 경허를 공부하지 않았던 나로 하여금 경허를 읽고 공부할 수 있게 기회를 준 점에 대해서 진심으로 감사드린다.

이 글은 애당초「경허의 '정혜계사 규례'에 나타난 수행 이념 재고」,『종교연구』제69집(서울 : 한국종교학회, 2012), pp. 175~203을 통해서 발표된 것인데, 다소 수정과 보완을 하였다. 또한 이 책의 체제에 맞추어서 제목 역시 고쳤다.


# 1. 청규로 보는 '경허의 결사'

결사(結社)는 특별한 일이다. 평상(平常)의 일이 아니다. 수행을 통해서 부처를 이루고, 중생을 제도하는 일은 모든 불자들의 희망이자 사명이다. 더욱이 결사 운동은 불교 교단이 어려운 상황에 처해 있을 때 등장하게 된다. 대표적으로 보조 지눌의 정혜결사 운동이 그러하였다. 정치화되고 권력화되면서 타락하는 승단의 분위기와 진정한 깨달음의 길로 나아가지 못하고 있는 현실의 이중적 질곡 속에서, 명리를 떠난 참된 수행의 길을 제시한 것이 정혜결사였다.

이후에 선의 결사는 백파 긍선(白坡 亘璇, 1767~1852년)의 수선결사를 거쳐서 경허 성우의 결사에 이른다. 이 중에 경허의 결사에 대해서는 이미 많은 선학들이 연구 성과를 축적해 왔다. 나 역시 살펴본 적[1]이 있다. 그의 제자 한암 중원과 함께, 보조의 정혜결사를 계승한 것으로 파악했던 것이다. 물론 경허의 결사에서는 보조의 정혜결사와 달라지는 변용(變容)의 측면 역시 없지 않다. 바로 미륵의 도솔천으로 상생(上生)하려는 원(願)을 지녀야 한다는 것이었다.

그렇다면 과연 경허의 결사를 재고찰해 보려는 이유는 어디에 있는 것일까? '보조 → 경허 → 한암'이라는 계보 또는 사상사적인 맥락에서 경허의 결사를 살펴보는 것 역시 하나의 방법론이기는 하다. 그렇지만 그러한 방법론을 취한 이전의 논문에서는 경허 그 자체의 맥락 속에서 그의 결사를 살펴보는 것이 좀 부족하지 않았나 싶어서이다. 경허의 결사를 철저하게 그 자신의 논리 안에서 이해해 볼 필요도 있다. 그런 점에서 '재고'(再考)를 시도하는 것이다.

그런 의도를 갖고서 살펴볼 때 뜻밖에 다루어야 할 내용이 너무 넓다는 것을 새삼 느끼게 되었다. 경허는 어떤 수행 이념을 갖고서 결사를 하려 했던가? 실제적인 결사의 전개 과정은 어떠했으며, 그것이 갖는 역사적 의미는 또 무엇이었나?

이러한 문제 의식은 연구자들이 공유할 수 있는 부분일 터이지만, 그 외에도 '홀로결사'[2]라는 것을 상정하고 있는 나로서는 경허의 삼수갑산의 행적을 홀로결사로 평가할 수 있는지 하는 문제가 더 추가된다. 이러한 주제를 하나하나 논의해야 할 터인데, 우선 차례대로 수행 이념부터 살펴보고자 한다.

하지만 수행 이념만으로 그 범위를 한정하더라도 그리 간단한 것은 아니다. 결사는 그 스스로 결사의 논리를 담고 있는 결사문과 윤리적 실천강령을 담고 있는 청규를 갖추어야 한다. 경우에 따라서는 결사문은 생략하고 청규만 갖춘 경우도 없지는 않다. 예컨대 퇴옹 성철(退翁性徹, 1912~1993년)이 주도한 봉암사결사는 「공주 규약」(共住規約)이라는 청규 속에서 결사의 취지 등을 다 포함[3]하였던 것이다.

그러나 경허의 결사에서는 결사문인 「결 동수정혜 동생도솔 동성불과 계사문」과 청규인 「정혜계사 규례」가 다 갖추어져 있었다. 경허가 그의 결사를 얼마나 깊이 '결사로서 의식'[4]하고 있었는가 하는 점을 반영하는 것이리라.

이들 두 문헌을 중심으로 하여 먼저 수행 이념을 드러내 보고자 한다. 「계사문」에도 수행 이념이 언급되어 있고, 「규례」에도 수행 이념이 다루어져 있다. 따라서 이 두 문헌에 나타난 수행 이념을 하나의 글 속에서 다 살피는 것이 바람직할지도 모른다. 그러나 「계사문」에 나타난 수행 이념[5]과 「규례」에 나타난 수행 이념을 따로이 분리하여 살펴보고자 하는데, 그 정당성은 어디에서 찾을 수 있을까?

「규례」는 「계사문」을 의존하고 보충하고 있지만 동시에 독립적이고 반복적인 측면도 갖고 있다는 점에서이다. 여기서 '반복'과 '독립'이라는 말이 모순으로 들릴 수도 있다. '반복적'이라는 평가는 「계사문」에서 다루는 주제들을 「규례」에서도 반복하고 있다는 말이며, 독립이라는 것은 「계사문」이 없다고 가정할 때 「규례」만으로도 어느 정도는 경허의 결사를 이해할 수 있다는 점에서 '독립적' 성격을 갖고 있다고 판단한 것이다.

이 글이 「규례」만을 대상[6]으로 하여 수행 이념을 고찰하려는 까닭이다. 그러기 위해서라도 먼저 「규례」가 어떤 점에서 「계사문」과는 다른 독립적 성격을 가질 수 있는지를 상세히 살펴보아야 한다. 그에 대해서는 다음 절에서 다루고자 한다.

「규례」는 한암 편집본 『경허집』(1931년), 선학원본 『경허집』(1942년),[7] 환기옹(幻寄翁) 필사본(1922년),[8] 그리고 선학원본 『경허집』을 모본으로 하면서도 번역을 포함하고 있는 수덕사본 『경허 법어』(1981년) 등에 모두 수록되어 있다. 이 중에서도 가장 선본(善本)으로 판단되는 한암 편집본 『경허집』을 저본(底本)으로 하고, 다른 판본들은 대교본(對校本)으로 삼아서 논의를 진행하고자 한다.


## 2. 「규례」의 독립적 성격

종래 「계사문」과 「규례」는 따로이 나누어 보지 않는 것이 보통이었다. 선학원본 『경허집』에서는 이 「계사문」과 「규례」를 하나로 보고 있다. 「규례」를 그저 「계사문」의 부록인 것처럼 보아서인지, 경허가 「정혜계사 규례」라고 하는 제목을 분명히 따로 설정하였음에도 불구하고, 선학원본 『경허집』은 목차를 따로 설정하지 않았다.[9]

물론 이 두 문헌은 동일한 하나의 결사를 위해서 존재하는 불가분(不可分)의 텍스트이긴 하다. 또한 「계사문」에서만, '대한광무삼년십일월일일(大韓光武三年十一月一日) 결사맹주비구성우(結社盟主比丘惺

牛) 분향재배근지(焚香再拜謹識)'라는 일자와 서명을 붙이고 있다. 그런 점에서 「규례」를 「계사문」의 부록으로 보는 관점이 반드시 틀렸다 할 수는 없다. 형식적으로 본다면 '부록'으로 보아도 문제는 없다.

그럼에도 불구하고 나는 작업 가설적으로 「규례」를 독립시켜서 이해해 보고자 한다. 왜냐하면 내용적으로 볼 때 「계사문」이 주(主)이고 「규례」가 종(從)이라고 보아야 할 계급성이 확인되지 않기 때문이다.

우선 양적으로 보더라도 그렇다. 한암 편집본 『경허집』에서는 「계사문」이 79쪽 6행~93쪽 2행이며, 「규례」는 93쪽 3행~103쪽 4행까지이다. 각기 약 14쪽과 10쪽 정도이다. '부록'이라 하기에는 「규례」의 양이 너무 많다.

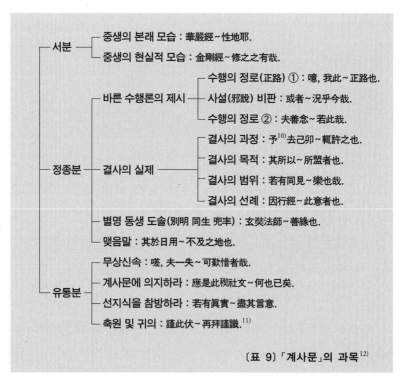

〔표 9〕「계사문」의 과목[12]

그뿐만 아니다. 다루고 있는 내용에서는 「계사문」에서 미처 다루지 않은 내용을 덧보태기도 하지만, 「계사문」에서 다룬 내용/주제를 다시 한 번 더 반복하고 있기도 하다. 보다 구체적으로 양자 사이의 반복성을 확인하기 위하여 「계사문」과 「규례」에 대하여 과목을 나누어 보기로 하자. 먼저 「계사문」에 대해서이다. 앞 페이지의 〔표 9〕와 같다.

정종분을 통해서 볼 때 이 「계사문」에는 수행 이념의 제시와 함께 결사의 실제에 대한 서술이 행해지고 있다.

다음으로 「규례」를 살펴보기로 하자. 역시 과목 나누기를 통해서인데, 다음 〔표 10〕과 같이 된다.

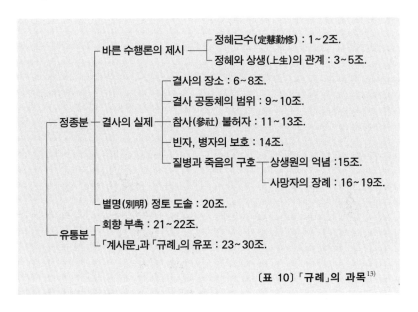

바른 수행론의 제시 ── 정혜근수(定慧勤修) : 1~2조.
└ 정혜와 상생(上生)의 관계 : 3~5조.

결사의 실제 ── 결사의 장소 : 6~8조.
├ 결사 공동체의 범위 : 9~10조.
├ 참사(參社) 불허자 : 11~13조.
├ 빈자, 병자의 보호 : 14조.
└ 질병과 죽음의 구호 ── 상생원의 억념 : 15조.
└ 사망자의 장례 : 16~19조.

정종분 ──┤
│ └ 별명(別明) 정토 도솔 : 20조.

유통분 ── 회향 부촉 : 21~22조.
└ 「계사문」과 「규례」의 유포 : 23~30조.

〔표 10〕 「규례」의 과목[13]

어쩌면 경허의 의식 속에서는 마치 「결사문」이 존재하지 않는 것처럼, 「규례」를 쓰지 않았나 할 정도이다. 만약 「계사문」과 「규례」 중 어느 하나가 전하지 않는다고 하더라도, 우리는 경허의 정혜결사를 이해하는 데 크게 어려움은 없을 것 같다.

물론 미세한 점에서 차이는 있을 것이다. 하지만 내가 이렇게 「규례」를 「계사문」의 반복으로 평가하려는 것은 양자가 서로 다른 텍스트로서 독립적임을 강조하기 위해서이다. 만약 「계사문」이 없다고 할 때 「규례」만으로는 그의 결사를 이해하기 어렵다고 한다면, 「규례」는 「계사문」에 종속적인 부록에 지나지 않을 것이다.

그렇게 「규례」와 「계사문」이 독립적이면서도 그 주제를 반복하고 있는 관계라고 한다면, 「규례」를 윤리적 실천 강령인 청규로만 보는 것은 무리가 아닌가라는 반론이 있을 수 있다. 물론 그렇게 생각할 수 있다. 하지만 바로 그 점에서 경허 결사의 한 특성을 볼 수도 있을 것이다. 그러한 특성을 부각하기 위해서라도, 우선은 '「계사문」 = 결사문, 「규례」 = 청규'라고 평가해 둘 필요가 있다. 경허 스스로도 규칙이라는 의미에서 '규례'(規例)라는 말을 썼기 때문이다.

다음으로 주의해야 할 것은 「계사문」과 달리 「규례」에는 서분(序分)이 존재하지 않는다는 점이다. 이는 「계사문」에 이미 서분이 존재하였으며 「계사문」의 존재를 전제로 해서 성립한 부록 성격의 글이라서가 아니다. 앞의 [표 9]에서 보듯이, 「계사문」은 그 자체에 이미 유통분(流通分)을 설정하면서, 그 글을 하나의 독립된 글로서 맺어 버리고 말았다. 스스로 「규례」와의 연결 고리를 고려하지 않은 모습이다. 그러므로 서분이 없는 이유를 다른 맥락에서 생각해 보아야 할 것 같다. 나로서는 「규례」라는 장르의 특성에 이미 그럴 수밖에 없는 이유가 숨겨져 있다고 본다. 산문이 아니라, 조항을 표시하는 부호 '一'을 붙이면서 조목의 내용만을 제시하는 「규례」의 형식상, '서분'으로 평가할 만한 내용의 서술이 어울리지 않기 때문이 아닐까 한다.

정종분을 중심으로 해서 「계사문」과 「규례」를 살펴볼 때, 수행의 바른 길을 제시하면서도 결사의 실제를 함께 말하고 있다는 점과 선과 도솔 상생의 관계를 함께 다루고 있다는 점 등에서 공통되는 면이 있다.

결국 이 두 문헌을 내용적인 측면에서 볼 때 「규례」를 「계사문」에 부록된 것으로 보기보다는 그와 동일한 위상을 갖는 또 다른 문헌으로 파악하는 것이 옳을 듯 싶다. 양자는 주종 관계가 아니라 동일한 주제를 반복하면서도 서로 보완하는 관계이다. 그만큼 경허는 동일한 논리적 흐름으로 동일한 주제를 반복적으로 변주하였던 것이다. 그것은 그만큼 결사에 대한 그의 의지와 원망(願望)이 강렬했기 때문이리라.


## 3. 「규례」에 나타난 수행 이념

### (1) 바른 수행론의 제시

「규례」의 정종분 중 첫째, 바른 수행론의 제시는 다시 둘로 나눌 수 있다. 정혜를 닦는 것이야말로 경허의 결사에서 궁극적 목적이자 수행 이념임을 밝히는 부분과 그러한 정혜와 도솔 상생의 관계를 정립하는 부분이다. 전자는 1~2조에서, 후자는 3~5조에서 행해진다.

이 '바른 수행론의 제시'는 「계사문」의 정종분에서도 나타나는데,

거기에서는 '일인 미소설'(一人微笑說)이나 말법 사관과 같은 사설(邪說)이나 사상유위(事相有爲)의 수행을 비판하는 데 집중하였다. 그런데 여기서는 바로 정혜와 도솔의 관계를 간략히 정리해 주고 있다.

물론 「계사문」에서 도솔 상생의 문제를 깊이 있게 다룬 것은 앞서표 5에서 제시한 「계사문」에 대한 나 자신의 과목을 통해서도 확인할수 있다. 하지만 아직 「계사문」에서는 정혜와 도솔 사이의 관계를 분명히 정리하지는 못하였다. 도솔 상생을 논하는 것도 정토 왕생과의관련 속에서일 뿐이었다. 경허는 바로 그러한 점을 의식하고 있었던것 같다. 나는 경허가 이 「규례」를 통하여 바로 그러한 점을 보완하고자 했던 것으로 생각한다.

정혜와 도솔의 관계를 간명하게 정리한 것은 「규례」의 1~5조에서이다. 이 역시 다시 둘로 나눌 수 있다. 먼저 1~2조로서, '정혜를 부지런히 닦아라'라고 강조하는 부분이다.

1. 무상이 신속하고 생사의 일이 큼을 마땅히 염하고서, 부지런히 정혜를 닦으라. 만약 부지런히 정혜를 닦지 않고서 부처의 과보를 구하고자 한다면, 마치 뒷걸음을 치면서 앞으로 나아가기를 구하고 월(越)나라로 가려고 하면서 북쪽으로 수레를 모는 것과 같으니, 유위의 허망한 법(幻法)에 집착하여 평생을 망치지 말기를 간절히 바라노라.

2. 만약 부지런히 정혜를 닦으며 능히 행업을 결택한 뒤에는 쓸데없이 공력을 낭비하지 말고 마땅히 선지식을 찾아서 참예하라.[14]

정혜를 부지런히 닦는 것이야말로 이 결사의 가장 큰 목적이 아닌가. 또 「계사문」에서 사상유위의 수행을 해서는 안 된다고 했는데, 여기서도 '유위의 허망한 법'에 집착하지 말라고 경계한다. 같은 내용의 반복이다.

그런 다음에 경허는 정혜와 상생(上生)의 관계를 정립하는 관점을 제시하고 있다. 그것이 「규례」의 3~5조 사이에서 행해지는데, 이는 실제로 당시의 대중들이나 지금의 독자들이 의심하고 의혹할 수 있는 문제들에 대한 대답이라는 성격을 갖는다. 먼저 그 내용을 읽어 보자.

  3. 예부터 부처를 이루고 보살을 짓는 데는 반드시 행과 원[15]을 갖춘 연후에라야 가능한 일이다. 그러므로 정혜를 행하고 도솔천 내원궁에 상생함을 원하여 함께 불과를 이룰지어다.
  4. 이미 계사에 참여한 자는 정혜로써 급한 일을 삼아야 할 것이지, 다만 도솔천에의 상생만을 원해서는 아니 된다. 원만 있고 행이 없다면, 그 원은 허사가 되고 만다.
  5. 능히 진실로 정혜를 닦을 수 있다면 도솔천에 상생을 원하지 않는 자도 계사에 참여함을 허락하며, 능히 진실로 정혜를 닦으면서도 극락에 왕생하기를 원하는 자도 역시 계사에 참여함을 허락한다.[16]

이들 규례에서 명확하게 규정된 정혜와 도솔, 그리고 정토와의 관련성은 두 가지이다. 하나는 삼자 중에서 가장 우선적이고 근본적인 것은 정혜라는 점이다. 다른 하나는 정혜라는 행을 보완하는 것으로 상생 도솔이 추천된다. 하지만 그 보완책으로 도솔 대신 극락 왕생을 희망하는 자 역시 결사에 참여하는 것이 가능하다. 이제 이 삼자 관계를 알기 쉽게 도표로 나타내면 다음 〔표 11〕과 같이 된다.

| 정혜 | 상생 도솔 | 정토 왕생 | 판정 | 근거 조항 |
|------|-----------|-----------|------|-----------|
| ○ | ○ | | 可 | 3조 |
| ○ | × | | 可 | 4조, 5조 |
| × | ○ | | 不可 | 4조 |
| ○ | | ○ | 可 | 5조 |

〔표 11〕「규례」 3~5조에 나타난 삼자 관계

## (2) 따로이 정토와 도솔을 밝힘

「계사문」에서 동생 도솔의 뜻을 따로이 밝혔으며, 여기 「규례」에서도 다시 정혜와 도솔의 관계를 분명히 하였다. 그렇지만 당시의 대중들이나 지금의 독자들이 의혹을 완전히 해소했다고 보기는 어려울지도 모른다. 그만큼 경허의 주장이 새로웠기 때문이다.

그의 주장은, "한국 유가 미륵 사상을 총정리하려는 모처럼의 기회에 성우(惺牛)의 특이한 결사 형태가 누락되어서는 안 되겠다."[17]고 하는 평가를 받을 만큼 특이한 것이었다. 그만큼 선과 미륵 신앙의 만남은 유례가 드물었던 것이다. 그것도 이른바 '한국 선의 중흥조'라는 평가를 받는 선사 경허가 했던 것 아니던가?

그런 만큼 이해하기 쉬운 것은 아니다. 그래서 그는 다시 「규례」에서, 먼저 바른 수행론의 제시를 통해서 이 문제를 간략히 정리해 주었다. 그러나 여전히 의혹이 남았으므로 '결사의 실제'에 대한 규정을 다 마친 뒤에 다시 한번 이 문제를 다루고자 하였던 것으로 생각된다.

「규례」의 제20조가 바로 그것이다. 그래서 앞의 〔표 10〕에서 나는 그 부분을 '별명 정토 도솔'이라 했던 것이다. 특히 정토 왕생과 상생 도솔의 문제가 다시금 재론[18)]되고 있기 때문이다.

「규례」의 20조는 의혹의 해소에 초점을 맞추고 있기 때문에 문답의 형식을 통해서 바른 견해와 잘못된 견해를 추려 내고 있다. 여섯 번의 문답이 이루어지고 있는데, 하나하나 살펴보기로 한다.

첫째, 정혜를 닦는 것과 상생 도솔을 함께 말하는 까닭에 대해서이다.

> 문 : 이제 정혜의 계사를 맺으면서 겸하여 도솔천에 상생하자고 하는 것은 무엇 때문인가?
> 답 : 정혜에서 힘을 얻지 못한 자를 위해서 베푼 것이다. 능히 힘을 얻은 자라면 뜻대로 자재할 수 있을 것이니, 어찌 그 원력을 빌어서 뒤에 (도솔천에) 가겠는가? 그러나 대력 보살도 역시 서원을 세웠으니, 힘을 얻은 자라고 해서 서원이 있는 것이 어찌 방해되겠는가? 그런 까닭에 도솔천 내원궁에 상생하고자 원하는 것이다.[19)]

이는 「규례」 1~4조에 대한 부연 해설이다. 앞서 언급한 것처럼 경허가 상생 도솔을 원하라고 말한 것은 정혜를 닦는 행법을 대체하라는 것이 아니다. 뿐만 아니라 근기가 뛰어난 자는 정혜를 닦고 근기가 하열한 자는 상생 도솔을 원하라는 것도 아니다. 만약 그랬다면 그는 근기론[20]자가 되었을 것이다. 그러나 우리는 경허가 그렇지 않았음을 「계사문」을 통해서 확인[21]할 수 있었다.

다만 정혜에서 힘을 얻지 못했음에도 입으로만 도를 말하는 자를 위해서 상생 도솔의 원이라도 세우라고 말했던 것이다. 그러니까〔표 11〕에서 정리한 것처럼 힘을 얻은 자는 정혜만 닦고 상생을 원하지 않아도 된다. 4~5조에서 말하는 바이다. 그러니까 정혜를 닦으면서 상생을 원하더라도 잘못되거나 방해되지 않으리라는 점(3조)은 두말할 나위 없을 것이다.

둘째, 상생 도솔을 원하라고 말한다면 왜 정토 왕생을 원하는 자의 결사 참여를 허락하는가 하는 문제이다. 이는 이질적인 요소를 결사 안에 함께 용납하는 것이므로, 그렇게 원이 다르다면 동사(同社)하기에는 적절하지 않은 것 아닌가라는 문제 제기이다. 나름으로 의미 깊은 문제가 아닐 수 없는데, 이에 대한 경허의 해답은 다음과 같다.

문 : 이미 그렇게 상생 도솔로써 함께 결사하는 것이라 한다면 또 무엇 때문에 정토에 왕생하려는 자의 참여를 허락하는 것인가?
답 : 정혜에서 결사를 하는 것은 정혜를 닦음으로써이다. 그러므로 극락을 원하는 자도 역시 가히 결사를 함께 할 수 있기 때문에 그 참여를 허락한다. 능히 진실로 정혜를 닦는 자라면 어찌 도솔과 정토가 돌아가는 것이 같지 않다고 하면서 이견(異見)을 이루겠는가.[22]

이는 매우 중요한 관점이다. 여기서 우리는 결코 경허의 결사가 정혜와 상생 도솔을 함께 닦자는 겸수의 결사가 아님을 확인할 수 있게 된다. 결사의 이름에서 '동수 정혜'와 '동생 도솔'을 함께 병기(倂記)한다고 해서, 그 양자를 겸해서 닦자(兼修)는 것으로 오해해서는 안 된다. '정혜에서 결사를 한다'는 말은, '정혜를 캐치프레이즈로 내걸고서 결사를 하는 것'이라는 의미이다.

그가 「규례」의 정식 명칭으로 '정혜계사 규례'라고 한 것은, 다만 '결 동수정혜 동생도솔 동성불과 계사'라는 긴 명칭의 약칭이기만 한 것은 아니다. 그 이상의 의미가 있다. 그 결사는 결국 동수 정혜를 위한 것이고, 그것이 제일의(第一義)의 목적임을, 경허는 '정혜계사'라는 약칭을 통해서 드러내고자 한 것으로 보이기 때문이다.

셋째, 그렇다면 「계사문」에서도 상생 도솔만이 아니라 왕생 정토를 함께 말했어야 하는 것 아닌가라는 문제이다.

> 문 : 그렇다면 「계사문」 중에서 다만 상생 도솔만을 원하고 왕생 정토를 말하지 않은 것은 무엇 때문인가?
>
> 답 : 정토에 왕생하는 것은 어렵고, 도솔을 업으로 삼는 것은 쉽다. 그것이 한 가지로 욕계 안이기 때문이며, 그 소리와 기운이 서로 합하기 때문이다.[23]

「계사문」에서 '왕생 정토를 말하지 않았다.'는 의미는, 왕생 정토를 원하는 사람에게도 문호를 개방한다는 이야기, 즉 「규례」 5조의 내용이 언급되지 않았다는 문제 제기이다. 사실 「계사문」의 정종분 중 '별명 동생 도솔'에서 도솔과 정토 왕생 사이의 문제를 논의한다. 다만 거기에서는 논점이 정혜의 행에 짝할 카운터파트로서 도솔 상생이 정토 왕생보다 더 적절하다는 이야기를 하는 맥락이었다.

그러므로 정토 신앙을 '살리는' 것보다 '죽이는' 데 강조점이 두어질 수밖에 없었다. 그러나 그것이 경허의 본의는 아니었다. 아직 아무런 원을 갖지 않았다면, 경허는 상생 도솔을 원하라고 말할 것이다. 그것이 「계사문」의 입장이었다.

그러나 기왕에 이미 정토 왕생을 원해서 온 사람들에게까지 '정토 왕생은 이제 그만두고 상생 도솔을 원하라.'는 것은 아니다. 만약 경허가 그랬다면 그는 회통론자가 못 되었을 것이고 배타주의자가 되고 말았을 것이다. 마찬가지로 그의 결사 역시 '개방적 공동체'[24]가 될 수는 없었을 것이다.

넷째, 도솔 상생이 쉬운가, 정토 왕생이 쉬운가 하는 문제이다. 이른바 '도솔 정토 난이론'의 재론이다.

> 문 : 다른 「권수문」(勸修文)에서는 도솔에 상생하는 것은 어렵고 정토를 업으로 삼는 것은 쉽다고 하였는데, 이제 여기서는 어찌하여 말이 상반되는가? 어느 것이 옳은가?
> 답 : 여기에는 깊은 뜻이 있다. 경론과 고인의 어록을 두루 살펴보면 특별히 정토와 도솔이 어렵고 쉽다는 것이 아니다. 치우쳐 찬탄하는 것이니, 혹은 "도를 이루는 데는 주문을 지니는 것만 한 것이 없다"라고 하며 …… 만 가지 행을 어지러이 들고 있지만, 그 법을 치우쳐 말하는 것이다. 이는 저 하나의 법만이 가(可)하고 다

른 법은 불가(不可)하다고 말하는 것이 아니다. 다만 당시에 교화를 주관하는 사람이 선방편(善方便)을 써서 중생을 이익케 할 뿐이다.[25]

여기서 우리는 경허가 이치적으로는 매우 온당한 회통론자임을 알게 된다. 어떤 하나의 수행법에 집착하여, 그것만이 제일이고 다른 법은 그에 못 미친다고 말하는 교판론자[26]가 아님을 알 수 있는 것이다.

그럴 수 있었던 것이 경론과 어록에서 다 교화의 담당자들이 치우쳐 찬탄하고[偏讚] 있다는 사실을 깨닫고 있었기 때문이리라. 주문을 설하는 맥락이라면 주문을, 송경(誦經)을 설하는 맥락에서는 송경을, 심지어 조불(造佛), 조탑(造塔), 보시(布施), 공양(供養)을 설하는 맥락이라면 조불, 조탑, 보시, 공양을 치우쳐 찬탄하고 있음을 잘 알고 있는 것이다.

이는 그가 경론과 어록을 널리 읽었기[27] 때문에 얻을 수 있는 지견(知見)일 것이다. 만약 어느 하나의 경전만을 보고 말았더라면, 마침 그 경전이 제일이라 편찬하는 그 행법만을 제일이라 말하면서 다른 법들은 그에 미치지 못하는 것이라 비방하는 구업을 짓게 되었을지도 모른다. 여기서 그는 회통론자의 모습을 보여 준다. 이론적으로는 다 훌륭한 법인데, 다만 교화의 인연에 따라서 편찬하는 것이다. 그러니 편찬해야 할 또 하나의 법을 선택할 필요성이 있다고 말한다.

다섯째, 결국 정토 왕생과 도솔 상생 중에서 무엇을 선택해야 하는가 하는 문제이다.

문 : 마땅히 정토 왕생을 원해야 하겠는가? 도솔 상생을 원해야
하겠는가?

답 : 마땅히 도솔 상생을 원해라.[28]

경허 스스로는 도솔 상생을 원하라고 선택한다. 그의 경우에는 도
솔 상생을 치우쳐 찬탄하면서 교화할 뿐이라는 것이다.

여섯째, 그렇다면 왜 정토 왕생을 허락하는가 하는 문제이다. 경허
의 입장이 편찬 도솔에 있다고 한다면, 정토 왕생을 발원하는 자는
애당초 참여를 불허해야 하는 것 아닌가라는 의문을 가질 수 있을 것
이다. 그래서 어떻게 보면 이 여섯째의 질문은 둘째의 문답에서 변론
한 바를 충분히 이해하지 못한 채 다시 애당초의 문제로 돌아가는 듯
한 문제의 제기이다.

문 : 이「규례」중에서 정토 왕생을 발원하는 자도 함께 결사하
자고 한 것은 거짓말인가?

답 : 오래도록 정토 왕생을 원해 오던 자가 굳건하여서 옮기지
않는다면 그에 따라서 허락한 것이다. 어찌 지금 상생 도솔하여 그
도력을 이룬 뒤에 자유롭게 정토에 왕생하여 미타 여래를 친견하
는 것이 만 가지 중에서 하나도 잃어버리는 것이 아닌 것과 같겠
는가? 다만 두려워하는 것은, 정토를 원하는 자가 가로질러서 왕
생하지 못하는 것이다. 만약 능히 가로질러서 왕생한다면 희유한
일이니, 어찌 불가하겠는가? 나 또한 그대를 쫓아서 용감히 왕생
할 것이다. 비록 그러하나, 바라건대 모름지기 십분 자세히 살펴서

최후의 한 순간 눈빛이 땅에 떨어질 때 스스로 후회하지 않도록 하라.[29]

기왕의 정토 왕생을 원하는 자를 배려하여 참여를 허락하였다는 것이다. 이러한 것은 경허의 결사가 이념적으로도 개방적인 공동체였음을 나타내는 것으로서 의미 깊다고 하겠다.

그런데 여기서도 경허는 앞서 「계사문」의 '별명 동생 도솔'에서 밝힌 것처럼, 미타정토에 왕생하는 것을 도솔 상생보다 어려운 일로 보기 때문에, 바로 정토에 왕생하는 것을 '가로질러 간다'〔徑往〕라고 표현한 것이다. 만약 이렇게 경왕하는 것이 가능하다면 경허 역시 용감하게〔接武〕 경왕하겠다는 것이다.

그렇지만 정혜에 힘을 얻지 못한 자들은 먼저 상생 도솔해서, 거기서 힘을 얻은 뒤, 다시 정토에 왕생하여 미타 여래를 친견하는 우왕(迂往)이 좋다는 의견을 낸다. 이 견해는, 과문한 탓인지 몰라도 처음 들어보는, 경허 독창의 견해가 아닌가 싶다.

## 4. 「계사문」과의 비교

앞의 2절 「규례의 독립적 성격」에서 우리는 「계사문」과 「규례」의 과목을 대조해서 살펴보았다. 이를 통하여 둘 다 정종분에서 크게 두 가지 사항을 논하고 있다는 것을 알 수 있었다. 하나는 바른 수행론의 제시이고, 다른 하나는 도솔 상생의 원을 발해야 하는 까닭을 밝헌 부분이다. 경허는 똑같은 주제를 반복적으로 논하고 있다. 그러므로 이제 「계사문」과 「규례」에 나타난 수행 이념[30]을 함께 공관(共觀)해 보고자 한다.

우선 바른 수행론의 제시를 살펴보자. 「계사문」과 「규례」 모두 정혜를 함께 닦음을 바른 수행론으로 제시한다는 점에서는 차이가 없다. 하지만 두 문헌에서 제시하는 수행론이 완벽히 같은 것만도 아니다. 「계사문」에서는 우선 사설(邪說)에 대한 비판을 먼저 행한 뒤, 바른 정론을 제시하는 파사현정(破邪顯正)의 논리를 밟고 있다. 이때 비판된 사설로서는, 영산회상에서 가섭 한 사람만이 미소를 지을 수 있었다는 것은 말세의 중생인 우리들에게는 깨달음을 얻을 분(分)이 없는 것 아닌가라는 관점이었다.

이에 대해서 경허는 먼저 자세히 논파한다. 우선 그 당시에 다른 대중 역시 다 깨달을 수 있는 분들이었고, 아니 이미 깨친 분들이 응화신으로 나투어 있었다는 것이다. 그럼에도 불구하고 다만 가섭 혼자서 미소를 지은 것은 붓다 입멸 이후 교단의 지도자는 오직 한 사람만 있어야 하기 때문이라는 것이다. 이는 경허의 독특한 이해 방식이다.

다른 하나의 이유는, 그 이후의 불교사에서 수많은 도인들이 깨달음을 얻었으니 지금의 중생도 깨달을 수 있다는 것이다. 이러한 노력은 실제로 보조 지눌이 「정혜결사문」에서 스스로의 근기를 하열한 것으로 평가한 채, 선을 멀리 밀어내는[高推聖境] 정토가를 강하게 비판하는 장면을 연상시킨다. 그렇게 강력한 비판을 행한 뒤, 경허는 조사의 활구 법문을 스스로 닦아서 스스로 깨닫기를 강조하고 있다.

이러한 논리가 「규례」에서는 자세하게 반복되지 않는다. 1~2조에서 정혜를 부지런히 닦으라고 강조할 뿐이다. 3조부터는 상생 도솔의 원과 관련되는 이야기가 나오는 점에서, 「규례」에서 바른 수행론을 제시하는 부분은 매우 간략함을 확인하게 된다. 그러한 점은 이미 앞의 「계사문」에서 충분히 역설하였다고 생각했기 때문일 것이다.

오히려 미진한 것은 도솔 상생과 정토 왕생의 문제로 인식했던 것 같다. 그래서 그 부분을 다시금 자세하게 밝히는 것이 제3~5조와 제20조에서이다. 제3~5조에서의 문제는 정혜와 도솔 상생 사이의 문제였다. 「계사문」에서 문제가 되었던 것은 도솔 상생과 정토 왕생의 문제였으므로, 정혜와 도솔 상생 사이에는 충분히 고려되지 못했던 것으로 생각되었던 것 같다. 그런 점에서 제3~5조에서 간명하게 정리를 해준 것으로 보인다.

다음으로 살펴보아야 할 것은 도솔 상생의 문제이다. 이 문제는 「계사문」에서 비교적 자세히 다루었다. 유식법상종 계열의 신·구역 경론에 의지하여, 경허는 정토 왕생은 난행도라고 평가하면서 이행도인 도솔 상생을 원하라고 추천했던 것이다. 이는 정토문이야말로 이행도라고 보았던 정토가들의 입장과는 다른 것으로서, 성도문의 입장에서 정토문을 비판한 것으로 보았다.

또한 유식법상종 계통의 점수(漸修)를 받아들이고[31] 있었으므로, 염불이 갖는 돈문(頓門)의 성격을 받아들일 수 없었던 것으로 나는 평가하였다. 즉 경허는 정토 왕생이냐 도솔 상생이냐는 문제를 난이(難易)의 문제로 받아들였으나, 거기에는 점돈(漸頓)의 문제 역시 함축되어 있었던 것이다. 쉽다는 이유로 도솔 상생을 받아들이고 정토 왕생은 받아들이지 않게 되자 그는 돈문이 아니라 점문에 입각한 것이 되었다.

「규례」는 경허의 결사가, 정혜를 닦는 것으로 행법을 삼고 도솔 상생은 어디까지나 원(願)으로 삼는다는 것을 분명히 해 주었다. 그러니까 결사 참가자들은 누구나 정혜를 닦는 것으로 급선무를 삼아야하며, 원에 대해서는 기존에 정토 왕생을 원하는 자들은 정토 왕생을 계속 원해도 좋다는 것이다. 다만 그러한 원을 특별히 갖지 않고 결사에 참여한다면, 경허는 도솔 상생을 원하라고 권한다는 입장이다. 「규례」에서는 정혜와 도솔 상생, 그리고 정토 왕생의 삼자 관계를 함께 공관하면서 분명히 정리하고 있다. 그 점은 「규례」의 미덕이다.

「규례」 역시 정토 왕생보다는 도솔 상생이 더욱 쉽다고 말하고 있다. 그것은 「계사문」과 같은 입장이다. 정토 왕생은 지름길로 가는 것에 비할 수 있으니, 그것은 그만큼 수준이 높은 근기의 사람들에게 해당한다는 것이다. 반면 도솔 상생은 우회하는 길에 비유할 수 있으니 낮은 근기의 사람들에게 해당된다는 것이다. 먼저 도솔 상생한 뒤에 다시 정토에 왕생할 수도 있다고 말한다. 이 점 역시 경허의 독특한 관점이라 생각된다.

그런데 「계사문」에서의 도솔 상생과 정토 왕생 사이의 논의에서, 정토 왕생보다는 도솔 상생이 뛰어난 방편이라고 하는 차별화에 초점이 있었다고 한다면, 「규례」에서는 다소 분위기가 다르다. 이 점을 나는 주목하고 싶은데, 경허는 양자 사이를 회통하고 있다는 점이다.

양자를 회통하면서도, 경허는 도솔 상생을 추천한다. 회통 속에 차별이 있고, 차별 속에 회통이 있다. 그러한 차별을, 경허는 경전이나 역대 조사들이 보여준 '편찬'(偏讚)이라는 논리로 이해를 구한다.

이런 점에서, 나는 「계사문」에서는 양자 사이의 차별— 교판적인 관심 — 을 좀 더 강조하고 있었던 것으로 보며, 「규례」에서는 양자 사이의 회통을 좀 더 강조하고 있었던 것으로 보고자 한다. 이러한 경허의 태도를 우리는 어떻게 평가할 수 있을까? 이에 대해서는 절을 바꾸어서 논의해 보기로 하자.


## 5. 경허의 선택에 대한 평가


경허의 결사에 나타난 수행 이념은 정혜를 부지런히 닦는 것이다. 그런데 이것은 '행의 차원'에서 하는 말이고, '원의 차원'에서는 상생 도솔을 원하라고 하였다. 그러면서도 이미 정토 왕생을 발원한 자라 하더라도 결사에 동참하는 것을 허락하고 있다. 이러한 수행 이념에서 우리는 경허 특유의 관점을 잘 살펴볼 수 있다. 하지만 종래 이에 대해서는 충분히 주목하지 못한 감이 없지 않다. 그러므로 여기서는 그 점을 평가해 보고자 한다.

우선, 경허가 겸수론자가 아니라는 점을 주목해야 한다. 얼핏 보면 그가 정혜의 선(禪)만이 아니라 상생 도솔까지 원하라 한 만큼, 선과 미륵 신앙을 겸하고 있는 것처럼 보기 쉽다. 혹은 정혜와 도솔 상생을 겸해서 닦으라고 말한 것으로 이해하기 쉽다.

그러나, 그렇게 볼 수는 없다. 왜냐하면 그에게 상생 도솔은 '원의 차원'이 아니라 '행의 차원'이기 때문이다. 원은 마음속으로 그렇게 염원하라는 것일 뿐, 그를 위해서 어떤 행을 닦으라는 것이 아니기 때문이다. 예컨대 도솔 상생을 원하라고 했지만, 경허는 그를 위한 행으로서 『미륵상생경』이 권유하는 행법을 실천하라 말하지는 않는다. 『미륵상생경』은 다음과 같이 말했던 것이다.

> 부처님이 열반에 드신 후 사부(四部)의 제자 및 천, 룡, 귀신들이 만약 도솔타천에 태어나고자 하는 자는, 마땅히 이러한 관(觀)을 지어서 생각을 매어 두고서 사유해야 하며 …… 만약 일념에 미륵의 이름을 칭한다면 이 사람은 천이백 겁토록 생사를 반복할 죄를 제거하게 될 것이다.[32]

『미륵상생경』은 상생 도솔을 위하여 관법(觀法)이나 칭명(稱名)을 그 수행법으로 제시하고 있다. 만약 경허 역시 이러한 행법을 정혜의 닦음 외에 더 추가하려고 했다면 정혜와 이들 수행법 사이의 관계가 문제되었을 것이다.

경허는 결코 그러한 점을 문제 삼지 않았다. 그가 '행'으로서 미륵의 도솔천에 상생하는 것을 문제시하지 않았기 때문이다. 그러므로 정혜와 상생 도솔을 행의 차원에서 겸수하라고 주장한 겸수론자로 평가할 수는 없다. 말하자면 경허는 겸수론자가 아니라 전수론자(專修論者)이다.

전수는 오직 하나의 행법만을 전적으로 닦는 것을 말한다. 불교사 속에서 만날 수 있는 대표적인 전수론자로는 일본 정토종의 개조 호넨(法然, 1133~1212년)을 들 수 있다. 그는 모든 수행법 중에서 염불 하나만을 선택했으며, 다른 모든 행은 닦지 않아도 된다고 하였다.

이른바 '선택 - 전수 - 배제'의 기제를 작동시킨 것이다. 이러한 그의 주장을 전수염불(專修念佛)이라 한다. 이러한 전수염불의 주장으로 인해서 호넨은 기성 교단의 많은 반발을 불러왔으며, 마침내는 '죠겐(承元)의 법난'을 만나 유배까지 가게 된다.[33]

그러한 정치적 탄압은 그렇다 치더라도 우리가 여기서 확인해야 할 것은 호넨의 전수론과 경허의 전수론은 그 속 내용이 다르다는 점이다. 호넨은 "오직 염불만 하라."고 말했으며, 경허는 "오직 정혜만 닦으라."고 말했기 때문만은 아니다. 염불과 정혜의 차이에도 불구하고, 그들은 공히 전수론을 펼치고 있다는 점에서 공통점이 있다. 오히려 그들 사이의 본질적인 차이는, 호넨은 이치의 차원에서도 '다름'〔理別〕을 말함에 비하여 경허는 이치의 차원에서는 '같음'〔理通〕을 주장했기 때문이다. 호넨은 이치가 다르므로, 행법은 하나를 선택하여 전수하라는 입장이었다. 이에 반해서 경허는 이치는 같음에도 불구하고, 행법은 하나를 선택하여 전수하라는 입장이었다.

경허의 '이통'에 대해서 우리는 우선 그가 정혜와 염불 사이에 행했던 회통적 관점에 주목해야 한다. 경허는 「법화」(法話)에서 염불 왕생의 근본은 일심불란(一心不亂)에 있으며, 그것은 간화선에서 말하는 성적등지(惺寂等持)와 다르지 않다[34]고 말한다. 또 다른 하나는 도솔 상생과 정토 왕생 사이에서도 '이통'을 보고 있었던 것이다. 그는 다음과 같이 말한 바 있다. 「계사문」의 정종분 중 '별명 동생 도솔'에서이다.

비록 그러하나 정토와 도솔은 수행하는 사람이 잠시 뜻하는 바가 서로 다름이 있음에 따를 뿐이니, 상생 도솔하는 자가 미타여래를 친견함을 원하지 않으며 정토에 왕생하는 자가 미륵존불을 모시려 하지 않겠는가.[35]

이렇게 경허는 정혜와 염불, 도솔 상생과 정토 왕생 사이에 이치적으로는 아무런 차별이 없음을 인정한다. 그런 점에서 우리는 경허를 회통론자로 평가해도 좋을 것이다. 그러나 그러면서도 그는 실천적으로는 전수론자가 된다. 회통론자이므로 겸수론자가 되기 쉬운데 그는 그 길을 가지 않는다.[36] 전수론자가 되면 교판론자가 되기 쉬운데 그 길 역시 가지 않았다. 이와 사를 철저히 구분하여 생각한 것이다. '사/행의 차원'에서만 정혜와 염불이 다르며, 도솔과 정토가 다르다고 본 것이다. 이른바 이통사별(理通事別), 내지는 이통행별(理通行別)의 입장을 취했던 것이다.

그렇다면 왜 경허는 이치로는 회통론자이고, 실천으로는 전수론을 강조한 전수론자가 되었던 것일까? 어쩌면 그가 갖고 있었던 '스승'으로서의 세밀함 때문인지도 모르겠다. 그는 「계사문」에서 참여자 대중의 근기를 세밀하게 고려[37]하고 있음을 보여 준다. 그런 입장에서 볼 때, 두 가지 행법의 겸수보다는 한 가지 행의 전수가 효과적이라 보았던 것이 아닐까? 그리고 그 한 가지 행을 '정혜'로써 제시하면서, 다만 그 정혜로 힘을 얻지 못한 경우를 위해서만 마음속으로 '도솔 상생'을 염원하라고 가르쳤던 것은 아닐까 싶다. 결국 경허는 회통론과 전수론을 동시에 구현할 수 있다는 드문 사례를 우리에게 제시해 주었던 '교육자'의 면목(面目) 역시 갖고 있었던 것으로, 나는 평가하고자 한다.

# 6. 스승/교육자의 얼굴

경허는 결사 운동을 전개하면서 그 취지와 방법 등에 대하여 자세히 서술하는 문헌을 남기고 있다. 하나는 「결 동수정혜 동생도솔 동성불과 계사문」이고, 다른 하나는 「정혜계사 규례」이다. 전자가 결사의 논리를 담고 있는 결사문이라는 점에 대해서는 이의가 없다. 후자의 경우에는 그 명칭에서부터 청규라는 점을 드러내고 있지만 「계사문」에서 이미 언급한 수행 이념을 다시 한 번 자세히 다루고 있다는 점에서, 다른 결사의 청규와는 성격을 달리한다. 이 점이야말로 「규례」가 갖는 특징이라 볼 수도 있을 것이다.

이렇게 「규례」 자체가 윤리적 실천 강령인 청규의 성격만이 아니라 수행 이념을 함께 담고 있다는 점에서, 그것은 결사의 선언문이라 할 수 있는 「계사문」과 다른 독립적인 성격을 갖는 것으로 볼 수도 있다. 물론 양자는 서로 불가 분리의 관계 속에 놓여 있고, 경허의 결사를 이해하는 데 함께 살펴보아야 함은 두말할 나위 없다.

그럼에도 불구하고 내가 여기서 「규례」를 독립적으로 이해하려는 까닭은 결코 그것이 「계사문」에 종속된 부록과 같은 성격의 글이 아니라는 점에서이다. 「계사문」과 「규례」의 둘 중에 어느 하나가 존재하지 않는다고 상정하더라도, 경허의 결사를 어느 정도는 짐작할 수 있게 한다는 점에서이다. 특히 수행 이념의 경우는 더욱 더 그렇다.

이러한 방법론을 갖고서 나는 「규례」에 나타난 수행 이념을 살펴보고자 하였다. 「계사문」에서와 마찬가지로, 경허는 두 가지 점을 논의하고 있었다. 하나는 바른 수행론의 제시인데, 정혜를 닦음에 대해서이다. 다른 하나는 정혜를 행으로 했을 때 그것을 보완하는 원(願)으로 도솔 상생을 요청하는 문제에 대해서이다.

먼저 바른 수행의 제시에서는 요점만을 매우 소략하게 제시하고 만다. 어쩌면 앞의 「계사문」에서 나름으로 충분히 이야기를 했다고 생각해서일지도 모른다. 정혜를 함께 닦아야 한다는 것을 설할 뿐이다. 그리고 나서는 곧장 정혜를 닦음과 도솔 상생, 그리고 정토 왕생 사이의 관계를 정립하는 논의로 옮겨 간다. 「계사문」에서 설한 것과 마찬가지로 정혜를 급선무로 해야 하며 도솔 상생은 원일 뿐이라는 것이다.

경허 스스로는 그렇게 권한다는 입장이다. 다만 종래부터 정토 왕생을 염원하던 사람이 결사에 참여할 경우에는 그 역시 허락한다는 것이다. 이러한 삼자 관계에 대한 정리는 수행 이념의 대강(大綱)을 그려서 제시해 준 것으로 평가할 수 있다.

「규례」제20조에서 길게 논의하는 도솔 상생과 정토 왕생 사이의 논의는, 3~5조 사이에서 논의한 삼자관계에 대한 보다 구체적인 부연설명이라 보아도 좋을 것이다. 문답의 형식으로 이루어진 이 논의 속에서 중요한 것은 도솔 상생을 정토 왕생보다 쉬운 이행도라고 보는 점이다. 그러한 점은 이미 「계사문」에서도 언급되어 있다. 다만 「규례」의 제20조에서는 좀더 구체적으로 정토 왕생은 지름길에 비유할 수 있으니 근기가 우수한 사람들의 수행법이고, 도솔 상생은 돌아가는 길에 비유할 수 있으니 낮은 근기의 사람들도 갈 수 있는 수행법이라 보고 있는 점에서 다소 차이가 있다. 먼저 도솔 상생한 뒤에 정토에 왕생할 수 있을 것이라 말하기도 한다. 이러한 논리는 경허에게서만 볼 수 있는 특유의 관점으로 생각된다.

「계사문」에서 설해진 수행 이념과 「규례」의 그것을 비교해 본다면 큰 틀에서는 차이가 없다. 하지만 전자에서는 유식법상종 계통의 경론(經論)에 의지한 채, 정토 왕생은 난행도이고 도솔 상생은 이행도라는 방식으로 양자의 차이를 부각시켰다고 볼 수 있다. 즉 도솔 상생을 선택한 것도 하나의 교판이라 볼 수 있다. 하지만 「규례」에 이르러서는 그러한 선택이 기본적으로는 수행을 권유하는 데 하나의 행법을 치우쳐서 찬탄(偏讚)하는 것에 지나지 않는다고 말한다. 말하자면 원리적인 측면에서 우열이 있다 할 수는 없고, 다만 권유하는 사람의 선호도에 따른 찬탄/차이일 뿐이라 말한다. 「규례」의 경우에는 좀더 회통론적 관점을 보여 주고 있는 것으로 볼 수 있다.

이렇게 경허는 원리적인 측면에서는 회통론의 입장을 취하고 있다. 그렇지만 수행의 입장에서는 둘 이상의 행법을 함께 닦는 겸수가 아니라 하나의 행법만을 선택하여 오롯이 닦아 가는 전수의 입장을 취한다. 일본 정토종의 호넨이 오직 염불 하나만을 선택하여 오롯이 닦으라고 말했던 것과는 다른 입장이다. 원리적으로 경허는 회통론자였다. 그렇지만 그가 닦음에 대해 겸수가 아니라 전수를 주장한 것은, 결국 그 스스로 중생들의 근기를 세밀하게 살피는 스승/교육자의 면모를 가졌기 때문으로 생각된다.

# 제3부
# 보충 또는 해설

제1장

# 내 논문「경허의 삼수갑산은 입전수수인가 은둔인가」를 말한다

# 1. 새로운 방법론의 시도

경허는 삼수갑산에 들어갔다. 왜 갔지? 그리고 그 행위를 어떻게 이해하지? 이것이 문제이다. 이 문제에 대하여 증거를 제시하면서 자신의 입론이 정당함을 주장하기 위해서는 많은 증거가 있어야 한다. 그런데 그 증거가 별로 없다. 일화나 구전을 빼고 나면 더욱 그렇다. 나는 구전과 일화를 빼기로 하였다. 그러고 나면 더욱 더 증거가 적다.

그래서 나는 이번 논문 「경허의 삼수갑산은 입전수수인가 은둔인가」에서는 역사적 재구성을 완전히 포기하고, 삼수갑산이라는 사실을 하나의 '이야기'로 보고, 그 '이야기'를 해석할 수 있는 가능성을 추구해 보려고 한다. 그럼으로써 나는 이야기인 경허의 삼수갑산에 대한 또 하나의 이야기를 만들고자 하였다. 물론 나는 나의 이 이야기가 역사에 대해서 언제나 옳은 유일한 이야기라는 점을 주장한 적이 없다. 그 대신에 '이렇게 생각해 볼 수 있는 것 아닌가' 하는 것이다. 이를 통해서 내가 생각하는/상상하는 경허상(像)을 제시해 보고자 한다.

그렇기 때문에 종래의 해석(그들은 다 역사적 차원에서의 정당성을 주장하는, 배타적인 주장이라는 점에서 공통성이 있다)을 살펴보면서 비평할 수밖에 없었다. 그러한 비평(비판이 아니다. 비판은 잘못을 비판하는 것이라면, 내가 쓰는 '비평'이라는 말에는 긍정적인 측면의 수용과 부정적인 측면의 비판이라는 변증법적 과정을 담고 있다)을 통해서, 내 자신의 해석(이야기)을 만들 수 있었다. 이러한 '해석과 재구성의 제시'라는 것이 내 논문의 목적이다. 그러니까 내 논문은 사료를 분석하면서 만들

어 가는 역사 논문이나 문헌을 해석해 가는 철학 또는 불교학 논문과
는 다르다. 그런 점에서 이 논문은 '일반적인 논문과 다르다.'라고도
할 수 있다.

그러나, 그렇다고 해서 논문이 아닌 것도 아니고 잘못된 방법론을
쓴 것도 아니다. 우리 불교학 논문이 언제까지 그렇게 사학(역사적 방
법론)이나 철학 논문(철학적 방법론)만, 그런 방법론으로만 써야 한다
는 말인가? 물론 나도 이미 경허의 경우만 하더라도 3편(이 책의 두 번
째, 세 번째, 그리고 네 번째 논문)을 발표했지만, 이 논문과는 다 다르
게 썼다. 그 증거로 제시할 수 있는 문헌이 어느 정도는 있었기 때문
이다. 그러나 삼수갑산은 다르다. 자료가 없다. 그래서 이렇게 쓴 것
이다.

이러한 나의 의도나 방법론이 정확히 이해된 바탕 위에서, 그 내용
에 대한 평가가 이루어져야 할 것으로 생각된다. 그리스 신화에 그런
이야기가 있다 한다. 침대가 하나 있다. 키 큰 사람은 침대 크기에 맞
추어서 키를 자르고, 키 작은 사람은 키를 당겨서 늘린다는 이야기
말이다. 사람의 키를 자르지 않으려면 논자의 의도나 방법론에 대한
정확한 이해가 선행되어야 할 것이다.


## 2. 주관성의 탈피

새롭게 '이야기'를 구성해 보겠다고 해서 주관적인 관점만의 제시
를 시도한 것은 아니다. 그래서는 논문이 안 된다. 평론이나 논평의

형식이 아니라 굳이 논문의 형식을 택한 이유이다. 그 속에서 최대한 증거를 제시하고 논리를 세우자는 것이었다.

내가 김지견과 민영규 두 분 선생님의 '삼수갑산은 입전수수'라는 학설을 비판할 때 주관적으로 했던가? 아니다. 경허의 일생에 대한 판단을 통해서, 일생 전체를 그렇게 이해해서는 경허의 또 다른 측면이 안 보인다고 생각해서 두 분의 관점을 비판한 것이다. 그것은 바로 경허가 제도권 내에서 건설적인 프로그램, 즉 교단 안에서 해야 할 책임/의무(상승의 길)를 다하려고 했다는 점을 강조해서이다. 이는 결사에 초점을 두고서 경허에 대한 글쓰기를 준비해 온 내가 볼 때는 너무나 분명하게 보인 점이었다.

하지만 두 분은 이 점에 대해서 전혀 인정/인식하지 않고 있다. 그래서인지 두 분 모두 결사에 대해서는 일체 의식하거나 언급하지 않았다. 두 분과는 달리 내가 '하강의 길'인 입전수수를 굳이 삼수갑산의 시절에 대해서만으로 한정하는 것도 그런 맥락에서이다.

윤창화 선생의 의견에 대해서도 마찬가지이다. 내가 공감을 하는 면이 있고 비판하는 면이 있다. 공감하는 면은, 경허의 삼수갑산의 이유를 시(詩)를 통해서 경허의 내면 세계를 짐작하면서 찾아보려 시도한 방법론에 대해서이다. 어떻게 보면 정신 분석적이라 할 수 있는 이러한 방법론을 선사에게 들이대는 것이 못마땅할 수도 있을 것이다. 그러나 경허는 선사로서의 측면도 있지만, 또 다른 정신 세계가 있고 고뇌를 했으며 고독했던 부분이 있다. 그것은 부정할 수 없다. 그런 점이 있다는 것이야말로 내가 경허를 이해하고 좋아하고 사랑하는 이유이다.

그럼 동의하지 않는 부분은 무엇인가? 바로 은둔을 부정적으로 평가하는 관점이다. 은둔이라는 말은 윤창화 선생의 것이며, 나는 원래 은둔이라는 말을 안 썼다. 내가 썼던 말은 『삼국유사』에 나오는 피은(避隱)이라는 말이다.(『삼국유사』에는 아예 '피은'이라는 편목이 따로 있다.) 피은은 내가 좋아하고 참으로 긍정적으로 평가해 왔던 덕목이다. 그것은 『일본 불교의 빛과 그림자』(2011년)나 『인물로 보는 일본 불교사』(2005년)의 옮긴이 해설 「일본 불교사를 이해하는 새로운 패러다임」을 읽어 보면 다 알 수 있다. 물론 이러한 점은 논문의 주석을 통해서 다 밝혀져 있다.

그러니까 윤창화 선생의 글이 나오고 나서 비로소 내가 은둔이라는 말을 쓰고 긍정하는 것이 아니라는 점이다. 윤창화 선생의 「경허의 주색과 삼수갑산」은 은둔을 긍정적으로 평가하지 않았지만, 나는 그것을 긍정적으로 높이 평가한다.

그럼으로써 은둔과 입전수수의 공존 가능성을 모색하고 제시한 것이다. 나로서는 너무나 분명한 이야기이다. 이러한 논리를 세울 수 있는 가능성을 평소 내 글 속에서 갖고 있었던 것이다. 다만 나로서는 같은 글에서 '은둔'과 '피은'이라는 말을 다 쓰느냐, 아니면 하나로 쓰느냐 하는 점을 고민한 끝에, 혼돈을 피하고자 하나(은둔)로 쓴 것이다.

2013년 4월 17일, 일본의 고치에서

# 힌두교에서 보는 경허

# 1. 한국 불교를 보는 인도 철학의 눈

나는 1989년부터 2013년까지 만 24년 동안 내 기준으로 해서 83편의 논문을 썼다(뒤의 부록 「저자의 논문 목록」 참조). 그 범위는 인도 철학으로부터 한국 불교나 일본 불교, 심지어는 서양 문학과 불교의 관계까지 폭넓은 분야에 미치고 있다. 경우에 따라서는 서로 다른 두 영역을 넘나들었다. 그런 이유로 독자들에게는 적지 않은 부담을 주었을 것이고, 그런 까닭으로 읽는 사람도 적은 줄 안다.

학부 학생들은, 옛날에는 수업 중에 1학기에 7~8편을 읽힌 적도 있었다. 그러나 요즘은 교육 제도가 바뀌어서 그렇게 못한다. 겨우 1편 정도 ……. 대학원생들도 내 수업을 들을 수 있는 만큼 다 들어도 한 10여 편 정도 읽을 수 있을 뿐이다.

언론사 기자들 중에는 『법보신문』의 이재형 기자만큼 많이 읽어 준 분도 없을 것이다. 이 기자가 신문에서 내 논문 이야기를 많이 보도하는 것은 자주 접하니까 정보가 많아서이기도 하겠지만, 그 이상으로 그가 많이 읽기 때문이다.

일본에 오기(2013. 4.) 전에, 감히 "선생님 논문을 다 읽었어요."라고 말씀하는 분이 나타났다. 지금은 없어진, 프리첼에 있었던 내 홈페이지 '논문 자료실'에 올려둔 논문 파일을 다 읽었다는 것이다. 불교학과 박사 과정 재학중인 분인데, 나는 대답하였다. "그럴 리가 없다. 내 논문 다 못 읽는다. 다만 다 읽을 수 있는 사람이 한 사람이 있는데, 그것은 바로 나다." 그렇게 큰소리쳤다.

그러고는 물어봤다. "인도 철학에 대해서 쓴 논문들도 읽어 봤느냐?" 못 읽어 봤다는 대답이 돌아왔다. 그런데 어떻게 "다 읽었다"라는 이야기를 할 수 있을 것인가? 그럼 그렇지. 다 못 읽는다. 인도 철학 수업을 조금은 들어봐야 무슨 말인지, 개념이 이해되기 시작한다. 범어도 조금은(초급 정도라도) 할 줄 알아야 한다.

이렇게 내 논문은 읽기가 쉽지 않다. 그래서 방편으로 '라이센스 논문'이라는 것을 내 걸어 두었다. 적어도 이 논문 정도는 읽고 난 뒤에, "김호성의 학문이 이렇다 저렇다."라는 평가를 해도 해 달라는 취지에서이다. 「미망사와 불교의 비교 해석학」이라는 논문이 그것인데, 이는 내 책 『불교 해석학 연구』(2009)의 첫 번째 논문으로 수록하면서, 「경전의 무거움과 해석의 가능성」이라는 제목으로 변경되었다. 특별히 잘 써서가 아니라, 이 논문에는 나 자신의 학문적 지향성이나 방법론, 고뇌 등이 두루 잘 녹아 있다고 생각해서이다.

그래서 특별히 문제되는 것이 무엇일까? 특히 한국 불교에 대해서 쓴 논문을 이해하는 데, 인도 철학에 대한 논문을 읽어 보지 못한 경우에는 간혹 깊이 이해하지 못함을 본다. 나에게 인도 철학과 한국 불교는 분리된 것이 아니다. 내면에서는, 그 양자가 끊임없이 상호 텍스트적으로 겹쳐지고 있는 것이다.

한국 불교를 논하는 내 눈에, 어느덧 인도 철학에 대한 나의 관점이 투영되어 있는 것이다. 이는 엄연한 사실이다. 인도 철학 자체의 연구사에서, 비록 내가 공헌한 바는 그다지 없겠으나, 그렇다고 해서 이 사실이 부정될 수 있는 것은 아니다.

이 점을 '이해'해 주고 있는 독자는, 유감이지만 아직은 아무도 없다. 그 한 예로, 경허의 입전수수에 대한 나의 관점을 들어보고

싶다. 「경허의 삼수갑산은 입전수수인가 은둔인가」에 대한 해설이
될지도 모르겠다.


## 2. '유지'와 '파괴'의 의미

힌두교에서는 삼신(三神)을 말한다. 창조의 신 브라마, 유지의 신
비슈누, 그리고 파괴의 신 쉬바이다. 이 중에 널리 신앙되고 있는 것
은 비슈누와 쉬바이다. 힌두교의 2대 종파라고 한다면, 비슈누파
(Vaiṣṇavism)와 쉬바파(Śaivism)이다. 실제로 기독교와는 달리, 힌
두교의 신관(神觀)에서 창조의 신은 그다지 중시되지 않는다. 창조의
신 브라마를 모시는 사원이 그 넓은 인도에서 오직 한 곳밖에 없다.
라자스탄(Rajasthan) 주의 푸슈카르(Pushkar)이다. 이곳에 유일
한 브라만 사원이 있다는 것은 『마하바라타』에 이미 나오는 이야기
이다. 그만큼 오래되었다는 것이다.

이렇게 별로 중시되지 않는 브라마를 빼고, 비슈누와 쉬바를 생각
해 보기로 하자. 비슈누는 유지의 신, 쉬바는 파괴의 신이라 했다. 여
기서 중요한 것은 '유지'와 '파괴'의 의미이다.

우선 유지는 무엇을 유지하자는 것일까? 질서이다. 세상의 질서,
우주의 질서이다. 이 '질서'에 해당하는 산스크리트는 '다르마'(dhar-
ma)이다. 다르마는 명사인데, 동사 어근은 'dhṛ'이다. '유지하다'(to
hold)가 가장 기본적인 의미이다.

세상의 질서를 어떻게 하면 유지할 수 있을까? 노동을 해야 한다.

일을 부지런히 해야 하는 것이다. '일'을 '카르마'(karma)라 한다. '업'(業)으로도 번역되는 말이다. 일을 할 때는 부지런해야 한다. 그뿐이던가, 하고 싶은 욕망을 다 충족하고서는 일을 할 수 없다. 먹고 싶은 것, 하고 싶은 것도 좀 억제해야 한다. 계율을 지켜야 하는 것이다. 그렇지 않으면 이 세상은 유지될 수 없다. 경우에 따라서는 질서 파괴분자들과 싸움도 해야 한다. 전쟁도 한다. 비슈누 신이 지상에 내려와서 악의 세력을 물리친다.『마하바라타』나『라마야나』와 같은 전쟁 이야기는 모두 비슈누 신앙과 연계된다.

그럼 파괴는 무슨 뜻일까? 집을 깨부수고, 학교를 깨부수는 물리적 파괴를 의미하는 것은 아니다. 그 참된 의미는 바로 비슈누 신의 유지를 감안하고서 생각해야 한다. 비슈누의 역할, 즉 '유지'로부터의 해방이 곧 '파괴'이다.

세상의 질서를 유지하기 위해서는 금욕의 계율도 지켜야 하고, 열심히 일해야 한다. 경우에 따라서는 전쟁도 해야 한다. 여기에는 바로 이성과 노동, 그리고 금욕이라는 긴장이 지속되어야 한다. 그런데 인간은 그렇게만 해서는 살 수 없다. 낮의 노동만이 아니라 밤의 휴식도 필요하다. 그 휴식은 노동, 이성, 계율, 그리고 노력으로부터의 해방 속에서 찾아진다.

"낮에 열심히 일한 당신, 밤에는 좀 놀아라. 술도 마시고, 춤도 추고, 사랑도 해라." 이렇게 말하는 것이 쉬바의 파괴이다. 쉬바 신의 상징이라 할까, 가장 널리 알려진 쉬바 신의 모습이 바로 '춤추는 쉬바'라는 점을 생각하면 쉽게 이해할 수 있을 것이다.

유지를 위해서는 '몸'을 잊어야 한다. 오직 '정신'적인 목표를 설정해 놓고 정진해야 한다. 여기서 '몸'은 소외되어 있다. 그렇게 소외된 몸을 복원하는 것이 파괴이다. 파괴의 차원에서 몸은 주요한 관심사이다. 요가라든가, 인도의 장수 의학이라 할 아유르베다(Ayurveda) 같은 것이 이러한 쉬바 신 신앙과 밀접한 관련을 맺는다.

유지가 낮이고 양(陽)이라 한다면, 파괴는 밤이고 음(陰)이다. 유지가 현교(顯敎)라 한다면, 파괴는 밀교(密敎)라 할 수 있다. 예컨대 중국에서는 양은 유교가, 음은 도교가 담당해 왔다. 그러나 그 두 차원을 인도의 힌두교는 스스로 다 갖추고 있는 것이다.


## 3. '유지'와 '파괴'로 보는 경허

이제 이러한 유지와 파괴라는 패러다임으로 불교를 생각해 보고, 경허를 생각해 보자. 어떻게 될 것인가?

우선 불교는 철저하게 '유지'의 종교이다. 초기불교로부터 부처님의 가르침은 '노력'하라는 것이었다. 정진의 종교이다. 이성이나 합리성이 강조되고 계율의 준수가 요구된다. 이것이 유지인데, 이러한 전통은 반야경이나 화엄경을 거쳐서 선 불교까지 이어진다. 그런 중에 '파괴'가 들어오는 것은, 힌두 밀교(密敎, tantrism)의 영향을 받은 밀교에서이다. 밀교에 들어와서 '몸'도 어느 정도는 복원이 되고 복권이 된다.

선 역시 철저한 '유지'의 길이다. 그러니까 선사로서 경허 역시 '유지'에 힘을 기울이지 않을 수 없다. 내가 경허의 삶 전체를 '입전수수'

(혹은 무애행)로 평가하는 민영규, 김지견 두 분 선생의 학설에 반대하는 것도, 그렇게 보게 되면 경허가 '유지'를 위해서 얼마나 고뇌했고, 얼마나 노력했는가 하는 점이 드러나지 않기 때문이다. 그것은 경허의 노력을 외면하는 것이 된다. 나로서는, 결코, 그것을 용납할 수 없다. 경허를 위해서도 …….

특히 경허에게는 한국 선 불교의 중흥이라는 의무(dharma)가 눈앞에 놓여 있었다. 그가 「오도가」(悟道歌)에서 법통 상속의 어려움을 토로하는 것이나, 해인사의 결사를 통해서 새롭게 선 불교의 전성시대를 열어 보려고 했던 행원(行願) 등은 모두 그의 '유지'를 위한 노력이다. 범어사에서 『선문촬요』를 편찬했던 일 같은 것도, 그러한 건설적 프로그램(constructive program) ─ 유지를 위한 ─ 의 일환으로 평가해 볼 수 있다.

경허는 유지를 위해서 전력 투구했다. 그러나 한편 경허에게는 '파괴' 역시 보인다. 계율, 이성, 노력을 넘어서는 행각을 보인다. 여기에는 다시 두 가지가 있다. 하나는 입전수수(은둔)라고 하는 세속으로의 들어옴이고, 다른 하나는 주색이다. 힌두교에 비춰 본다면 주색이 쉬바의 '파괴'라는 차원으로 수렴될 수 있음은 쉽게 이해할 수 있을 것이다. 문제는 입전수수이다. 이 역시 중생 제도의 유지를 위한 것으로 볼 수 있는 것 아닌가 생각해 볼 수 있다. 그렇다. 그 자체를 유지를 위한 하강(下降, avatar)으로 볼 수 있기 때문이다.

그러나 동시에 입전수수는 '파괴'로도 볼 수 있다. 왜냐하면 승가의 일원으로서 그 승가의 유지를 위해서 지켜야 하는 규범이나 행위를 넘어서는 일이 입전수수이기 때문에, 입전수수에는 '유지'를 넘어서고, '유지'에 반하는 일이 벌어지기도 한다. 경허의 경우 만공과 한 암을 양성하기 위한 노력은 '유지'이지만, 그러한 애제자를 비롯해서 아직도 여러 어려움이 산적해 있었던 당시 승가와의 이별, 그리고 삼수갑산으로 들어가는 행각에서는 '유지로부터의 일탈', 즉 파괴라는 측면을 읽을 수 있는 것이다.

　이렇게 경허는 '유지'와 '파괴'라는, 저 힌두교의 두 가지 차원, 즉 두 신으로 대변/상징되는 것들을 그 일신(一身)에 다 구족하고 말았다. 이중성 또는 모순이라 해야 할 것이다. 나는 「경허의 삼수갑산은 입전수수인가 은둔인가」에서, 이 두 측면을 모두 평가하고자 했다.

　앞서 언급한 것처럼 민영규, 김지견 두 분 선생의 입전수수설을 비판하면서 종래의 입전수수설이 '유지'의 측면을 소홀히 했음을 지적하였다. 또한 윤창화 선생의 은둔설은 그 자체가 주색에 대한 비판이라는 연장선에서 이루어진 것으로서 불가피한 것으로 보이지만, 철저하게 '유지'의 입장만을 고수하고 있었기에 입전수수를 인정하지도 은둔의 긍정성을 말하지도 못했던 것이다. 즉 나는 입전수수든 은둔이든 그것이 '파괴'적 측면에서 긍정적으로 볼 수 있는 차원이 있음을 주장했던 것이다.

　다만 삼수갑산의 문제가 아니라 주색에 대해서 말하는 한 그것은 참으로 곤혹스런 일이다. 앞서 말한 것처럼 부처님의 불교(초기불교나 율장에서 시작하는)는 철저히 '유지'의 길이기 때문이다. 경허의 '주색'에 대한 윤창화 선생의 비판은 그것이 '유지'라고 하는 불교 전통/정통의 입장에서 행해지는 것이기에 참으로 거부하기 어려운 것임에 틀림없다. 윤창화 선생의 견해를 지지하는 분들의 입장이 바로 여기에 있는 것이다.

한편 경허의 문도들로서는 '경허 스님 구하기'에 나서야 한다. 그래서 종래의 입전수수설에 의지하고 있는 것이다. 그러나 문제는 입전수수를 주색의 행위들까지 확대해서 볼 수 있는가 하는 점이다. 그래서 고민인 것이다. 합리적인 설명이 쉽지 않다. 차라리 '파괴'의 차원에서 설명해 보려는 시도는 해 볼 수 있는데, 그렇게 하려면 경허를 단일한 이미지로 고정화하려는 시도 ─ 예컨대, '한국 선 불교의 중흥조' 내지 '근대 한국 선 불교의 개조'라는 이미지 모두 '유지'의 차원이다 ─ 를 포기해야 할는지도 모른다. 그러나 그럴 수는 없다. 경허의 문도들 역시 '유지'의 차원에서 존속하고 싶어하기 때문이다.

정화 교단인 대한불교조계종 안에서 경허를 자리 매김해야 하는 것이다. 그렇게 하기 위해서는 경허를 반드시 '유지'의 맥락 속에서 이해하고 위치지어야 하는 것이다. 여기에 고민이 있다. '유지'의 맥락에 서 있는 한 경허의 '주색'을 비판했던 윤창화와 사실상 차원을 같이 하고 있는 것이다. '유지'라는 차원 말이다. 그리고 그러한 차원에서 입전수수설에 의하여 합리화하려는 전략이다.

그러나 나로서는 앞서 말한 것처럼, 경허에게서 입전수수를 인정한다고 하더라도, 그것을 삼수갑산의 행위에서만 보기 때문에, 그의 '주색' 역시 입전수수로 보는 것에 대해서는 반대한다. 그리고 그러한 입전수수로서의 삼수갑산은 동시에 '파괴'적인 은둔이기도 하다고 생각하는 것이다. 그러한 은둔은 윤창화처럼 부정적으로 평가하는 것이 아니라 오히려 나는 긍정적으로 높이 평가했던 것이다.

## 4. 공존 또는 화쟁을 위하여

내 논문 「경허의 삼수갑산, 입전수수인가 은둔인가」라는 글에 어느만큼 표면화되어 있는지는 알 수 없지만, 이러한 '유지와 파괴의 패러다임'이 적용되어서 경허를 분석하고 평가하고 있는 것이 사실이다. 입전수수설과 은둔설을 의도적으로 '화쟁'(和諍)시키거나 '공존'(共存)시키고자 한 것은 아니었다. 그저 평소 인도 철학 공부를 통해서 갖게 된 입장이, 그 저류(底流)에 흐르고 있었기에 가능한 입론(立論)이었다.

그럼에도 불구하고, 즉 '유지'의 입장에서 비판할 수밖에 없는 '주색'의 문제가 있음에도 불구하고 '경허 스님 구하기'는 계속되어야 한다. 다만 종래의 전략(입전수수설 또는 무애행)을 그대로 고집한다고 해서 유효한 것같지는 않다. '유지'의 입장에서 볼 때 그렇게 보이더라도, 그럼에도 불구하고 그러한 것까지를 다 포함해서 경허라는 인물을 어떻게 보아야 할 것인가 라는 문제를 추구해야 할 것이다.

이 문제는 여전히 남아 있는 숙제이다. 「삼수갑산」 논문에 이어져 쓰여야 할 주제였다. 그것은 인도의 자이나교의 입장주의 논리나 원효의 화쟁 논리에 의지해 볼 수 있을 것이다. 만공 스님은 그러한 논리를 이해하고 있었던 것 같다. 「문 경허 법사 천화음」(聞鏡虛法師遷化吟)이라는 시를 볼 때 그런 생각이 든다.

2013년 6월 18일, 고치

# 제3장

# 『스님과 그 제자』에 비춰 본
# 경허의 고독

# 1.『스님과 그 제자』와의 사소한 대화

벌써 여러 해 전의 일입니다만 저는 한 어르신으로부터『대하의 한 방울』(大河の一滴)이라 번역할 수 있는 책을 한 권 받았습니다. 그 어르신의 뜻은, 당신께서 보셨더니 '좋은 이야기가 많더라. 그러니 한 번 읽어 보라.'는 것이었겠습니다만, 저는 오늘까지 이 책을 그냥 연구실의 책장에 '모셔 두고' 있기만 했습니다.

오늘 연구실에 함께 간 우리 아이가 이 책을 집으로 가져와서 읽 겠다고 하길래 뽑아 들게 되었고 그 목차를 읽게 되었습니다. 그랬더니 글쎄 그 소제목 중에 "『스님과 그 제자』와의 사소한 대화"라는 글이 있는 것 아닙니까?『스님과 그 제자』는 우리가 널리 함께 읽었고, 많은 이웃들에게 읽히기를 발원해 왔던 바로 그 책입니다. 우리 연구소(일본불교사연구소)에서도 이 책을 주제로 세미나를 했었고, 그를 인연으로 해서 저 역시도 「출가, 탈권력의 사제동행」이라는 논문을 발표했던 일이 있습니다. 우리 연구소 논문집(『일본불교사연구』, 제5호, 2011)을 통해서입니다.

학교에서 집으로 오는 전철 안에서 그 부분만이라도 읽기로 했습니다. 저자 이쓰키 히로유키(五木寬之, 1932년생)는 지금도 활약하고 있는 일본의 유명 작가인 것으로 알고 있습니다만, 저로서는 아직 읽은 일이 없습니다. 아, 그러고 보니 언젠가 신문 서평란에서 이 책이 우리나라에서도 번역되었다는 이야기를 들었습니다.『대하의 한방울』(지식여행)이라는 제목입니다. 그리고『타력』이라는 책도 번역이 되었습니다. 서점에서는 이 책의 선전 띠지에 '삼성 이건희 회장이 좋아하는 책'이라고 하여 선전하더군요. 『신란』이라는 제목의 책을 쓴 분이라는 정도는 알고 있었습니다.

「『스님과 그 제자』와의 사소한 대화」는 이런 이야기로 시작합니다. 이 책이 나온 것이 1917년(大正 6년)인데, 이쓰키도 읽어 본 적이 없었다 합니다. 그런데 한 번은 읽어 봐야 하지 않을까 생각했다고 하더군요. 명색 이쓰키는 소설가이고 희곡도 쓰시는 분이고, 또 『신란』 같은 책을 쓴 분이기도 하고요. 신란 스님을 받드는 정토진종 서본원사에서 세운 대학인 교토의 류코쿠(龍谷) 대학을 다닌 분이기도 하고 ……. 『스님과 그 제자』의 저자인 구라타 햐쿠조(倉田百三, 1891~1943년)와 이쓰키 사이에는 겹치는 부분이 적지 않은 것입니다. 그런 것을 생각하면 이쓰키로서도 그때까지 이 책을 읽지 않았다는 것은 사실 '문제'로 느꼈을 수도 있다고 봅니다.

1999년에 나온 책에서 그런 말을 했으니 아마도 그 무렵에 읽은 것 같습니다. 약 80년의 세월이 훌쩍 갔으니 이 책을 구하기 쉽지 않을 것으로 생각하고서 "국회도서관에나 가 봐야 하나?"라고 생각했다고 합니다. 그렇지만 '혹시나' 하는 생각으로 가까운 서점에 가서 이 책을 찾았고, 뜻밖에 너무나 쉽게 이 책을 구할 수 있었다는 사실에 놀랐다는 이야기를 먼저 하고 있습니다. 그러니까 그 당시까지 약 80여 년 동안 끊임없이 이 책이 읽혔다는 이야기입니다. 결코 품절되지도 절판이 되지도 않는, 살아 있는 책이라는 그 생명력에 놀랐다는 이야기를 합니다.

## 2. 치유되지 않는 외로움

「『스님과 그 제자』와의 사소한 대화」에서, 이쓰키가 털어 놓는 독후감은 가장 깊은 인상을 받은 한 부분을 말하는 것이었습니다. 창가에 앉아서 제자 유이엔이 스승 신란 스님과 대화를 하는 장면입니다. 지나가는 사람을 바라보면서 유이엔은 스승에게 외롭다는 이야기를 털어 놓습니다. 어떻게 할까요? 그래, 그렇다면 외로워할 수밖에 없지. 이에 유이엔이 묻기를, 스님께서도 외롭습니까?

이 질문에 대해서 신란 스님은 과연 어떻게 대답하셨을까요? 우리나라 사람들은 부처님이나 큰 스님들은 외로움을 타는 분들이 아니고, 외로움을 넘어선 분들이며, 결코 외로움과 같은 번뇌에 물들지 않은 분들이라는 관념을 많이 갖고 있는 것 같습니다. 그런 분들이 기대하는 신란 스님의 대답은 "아니, 나는 외롭지 않다."라는 것일 터입니다.

그러나 그렇지 않습니다. 신란 스님 역시, "그래, 나도 외롭다."라고 답합니다. 그러면서 하는 말이 외로움에는 치유되는 외로움이 있고, 치유되지 않는 외로움이 있는데, 유이엔의 외로움은 치유될 수 있는 외로움이지만 신란 스님 자신의 외로움은 치유될 수 없는 외로움이라고 하시면서, 외로움은 그것을 버리려 하지 말고 안고서 살아가야 한다는 것이었습니다.

이쓰키는 바로 그러한 신란 스님의 말씀에 감동했다고 말합니다. 이 말씀이 역사적으로 실제 정토진종의 조사인 신란 스님이 직접 하신 말씀인지, 신란 스님의 저술 어디에 나오는지 어쩐지는 과문한 저로서는 알 수 없습니다. 아마도 어쩌면 『스님과 그 제자』의 작가 구라타가 창조한, 이른바 '구라타 신란'의 이미지인지도 모르겠습니다.

집에 와서 『스님과 그 제자』의 해당 부분을 찾아 보니, 이쓰키가 말한 것은 아마도 다음과 같은 부분이 아닌가 싶습니다. 제3막 2장에서 유이엔은 신란 스님에게 젠란(善鸞, 신란 스님의 아들이지만 의절당한 처지)의 외로움을 말하고 있었습니다. 젠란의 외로움을 말함으로써 유이엔은 젠란에 대한 스승의 노여움을 풀고 마침내는 젠란에 대한 용서를 이끌어 내려는 문맥입니다.

> 신란 : 인생의 외로움이 술이나 여자로 달래질 수 있는 그런 얕은 것이 아니니까. 많은 약한 사람들이 쓸쓸할 때면 술을 찾거나 여자에게 가지. 그래 봐야 쓸쓸함은 더해 가고 영혼만 거칠어질 뿐이야. 부자연스럽고 거칠고 옳지 못한 심적 상태에 빠지게 돼. 그렇게 되는 것도 무리는 아니지만 제 길일 수는 없지. 거기엔 자기 기만과 회피와 거짓이 있어. 강한 사람은 그 외로움을 껴안고 살아가야 하는 거야. 만약 그 외로움이 인간의 운명이라면 그 외로움을 받아들여야 해. 그 외로움을 내용으로 해서 생활을 세워 가야 하는 것이다. 종교 생활이란 바로 이 같은 생활을 두고 하는 말이야. 탐닉과 신심과의 분기점은 아슬아슬한 고비라고 할 수 있지. 올곧게 가는 것과 속임수를 쓰는 것과의 차이야.(『스님과 그 제자』, 김장호 역, 서울 : 동국역경원, pp. 145~146.)

# 3. 고독을 거부하지 않은 경허

구라타가 창조한 희곡『스님과 그 제자』중에서 신란 스님은 그 스스로도 외롭지만, 범인들과는 달리 외로움으로부터 벗어나기 위한 노력을 하는 것이 아니라 그 외로움을 받아들이고, 그 외로움을 껴안으면서 살아가야 함을 말하고 있습니다. 그것이 바로 종교, 혹은 종교인의 생활이라고 말하는 것입니다.

저는 오늘날 우리 현대인들의 병이 바로 여기에 있다고 생각합니다. 외롭다는 사실 그 자체가 병이 아니라(그것은 인간의 실존이고, 인간이기에 어쩔 수 없는 운명 같은 것입니다만 ……), 그것으로부터 '도피'하려고 하는 것이 병인 것입니다. 술과 여자만이 아니라 마약, 도박, 게임 등 오늘날 현대인들은 스스로의 외로움을 메워 줄 대상을 밖에서 찾아 헤매고 있습니다. 외로움을 외로움으로 받아들이고 껴안으면서, 거기에서 우리의 생활을 세워가야 할 줄을 모르는 데서 온갖 병/사회 문제가 생깁니다.

다른 예를 들 것도 없이 사랑이라는 것도 그렇습니다. 자신의 외로움을 극복하기 위한 도피로서의 사랑은 결코 타자(他者)를 사랑하는 것이 아니라, 사실은 그런 명목으로 자기 스스로를 사랑하는 것에 지나지 않습니다. 이것을 깨닫지 못하지요. 그러면서 남을 사랑한다고 말합니다.

저는 근래「사효(師孝)의 윤리와 출가 정신의 딜레마(이 책의 두 번째 논문)」라는 논문을 썼습니다. 경허 스님과 그 제자 한암 스님의 이야기입니다. 스승 경허는 제자 한암을 사랑하였습니다. 참으로 좋아한 것 같습니다. 그래서 1903년 해인사를 떠나서 북쪽으로 갈 때 한암에게 함께 가자고 청합니다. 그렇지만 한암은 사양합니다. 이때 경허 스님이 한암에게 써 준 글이 이른바 「전별사」로서 남아 있고 시도 있습니다. 한암 역시 스승 경허의 시에 화운(和韻, 화답하는 의미에서 운을 맞추어서 쓰는 시)하면서, "어찌하여 오래도록 모시지 못할까요?"라고 한탄할 뿐입니다. 스승이 가는 길을 함께 따라가지 않습니다.

뿐만 아니라 1931년에 경허의 일생에 대한 평전(評傳)이라 할 수 있는 「선사 경허 화상 행장」을 쓰면서는 "스승 경허의 법을 배우는 것은 옳지만, 그 행동거지를 배움은 옳지 않다."라는 말을 합니다. 차마 제자로서는 할 수 없는 이야기를 한 것으로 지탄되면서, 이 행장은 필화를 겪습니다. 『경허집』에 싣기로 하여 청탁받은 것이지만 수록이 거부된 것입니다. 이는 한암의 기백이나 출가 정신으로 이해될 수 있고, 찬탄할 만한 일입니다. 그래서 저는 작년에 「출가 2 ― 한암 스님 송」이라는 시를 쓴 일이 있습니다.


내미는 손 뿌리치는 또 다른 손
뜻밖이었다
뜻한 것은 아니었지만
불효자
할 수 없었다


스승을 베려는 것은 아니었다

길이 달랐을 뿐이다

끝이 아니었다, 불효는

이어졌다

스승이 걸었던 길

산길

어촌

주막들

함부로 출입할 수 없다

봉인(封印)하고

말았다


지음(知音)

이라 칭찬받았다

그 상장

벽 위에 높이 내걸지도

않았다

적어도 제 목소리로 노래

부르고자 했다


불효가 막심했다, 그런 제자가

있었다


2012. 11. 11.

그렇지만 한암 역시 제자입니다. 스승에 대한 효라는 부담감이 없지는 않았습니다. 제 논문에서는 이러한 한암의 입장이 '스승에 대한 효'와 '출가 정신' 사이에서 딜레마를 겪은 것으로 보았습니다. 그런 이야기를 해 보고자 한 것입니다. 그런데 그 논문에서 하고 싶었지만, 결국 뺀 것은 바로 '경허의 입장'입니다(분량도 이미 많이 나갔고, 논점의 혼선을 우려했기 때문입니다). '경허의 고독'이었습니다. 한암에게 거절을 당한 경허의 외로움이었습니다. 제자에게 손을 내밀었다가 거절당한 스승, 얼마나 외로웠을까요? 저는 경허가 한없이 외로웠다고 봅니다. 경허는 결코 메마른 사람이 아니었습니다.(부처님이나 큰 스님들도 감정이 없는 '아이언 맨'은 아니라고 보기 때문입니다.) 그가 지은 시를 보십시오. 얼마나 처절히 외로워하고 있는가를 ……

경허를 판단할 때, 우리는 그가 외로워했는가 아닌가로 판단해서는 안 됩니다. 정작 중요한 판단 기준은 그가 그 외로움으로부터 도피하려고 했는가 아닌가입니다. 그가 자신의 외로움을 메우려고 밖으로 달려갔는가 아닌가입니다. 제가 감탄하는 것은 경허의 고독, 아니 그 고독을 껴안고 가는 경허의 발길입니다. 만약 경허가 그 외로움으로부터, 한암이 안겨 준 외로움으로부터 벗어나고자 했다면 그는 대안을 찾았어야 마땅할 것입니다. 그랬다면 그 대안은 만공에 대한 선택이 되었을 것으로 생각됩니다. 수덕사에 가서 만공의 시봉을 받으면서, 경허는 거기에서 안주하였을 것입니다. 어른 노릇을 하면서, 제자들에게 둘러싸여 살았을 것입니다. 그러면서 자신의 외로움을 메웠을 것입니다.

그러나, 우리의 경허는 그렇게 하지 않았습니다. 수덕사를 가긴 갔습니다. 갔지만, 만공에게는 후사를 부탁하는 시를 써 주고, 북행(北行)을 했을 뿐입니다. 저 삼수갑산으로 가서, 완전히 자기를 소멸시켰던 것이지요. 자기를 망각시켰던 것입니다.


## 4. 고독의 철학, 고독의 윤리

이 경허의 고독을 생각할 때 함께 떠오르는 인물이 잇펜 스님입니다. 잇펜 스님 역시 "나의 교화는 내 일생에 있을 뿐이다."라고 했기 때문입니다. 제자들에 의해서 자신의 교화를 존속시키고 상속시키고자 하는 욕망을 버렸던 것입니다. 그 말 속에는 그러한 그의 결단이 엿보입니다. 어쩌면 경허가 북행을 하였을 때, 잇펜 스님이 말한 그런 마음을 먹었던 것은 아닐까요? 그러니까 경허는 외로움을 뼛속까지 느꼈지만 그것을 외면하거나 거부하지 않았습니다. 정히 끌어안고 갔습니다. 그리고 그 위에 자기 삶의 마지막을 세워 갔습니다.

그런 경허 스님의 경애(境涯, 정신적 경지)에 대한 이해를 우리는 이구라타가 창작한 신란 스님을 통해서, 그 신란 스님의 말씀을 통해서 절감할 수 있는 것은 아닐까 합니다. 이것이 '고독의 철학'이고, '고독의 윤리'입니다. 이 고독을 견디고 끌어안는 자만이 진정으로 자기를 바라볼 수 있는 자이고, 진실한 삶을 살아가는 자입니다. 또 타자 역시 사랑할 수 있는 것입니다. 이 지점이 바로 『스님과 그 제자』에서 신란 스님이 말씀하시는 '탐닉과 신심과의 분기점'이고 '아슬아슬한 고비라고 할 수 있'을 것입니다. 여기에 바로 '올곧게 가는 것과 속임수를 쓰는 것과의 차이'가 있습니다.

약관 25세의 청년인 구라타 햐쿠조가 이 지점을 보고 있었습니다. 그리고 이쓰키 역시 그 점에 공명(共鳴)하고 있습니다. 놀라운 일입니다. 이렇게 이 '고독의 철학', 혹은 '고독의 윤리'는 살아 있습니다.

2013년 2월 12일

# 부록

# 주석

## 제1부 삼수갑산과 행리의 분별

### 제1장 경허의 삼수갑산은 입전수수인가 은둔인가

1)  민영규(2003), p. 21.

2)  예컨대 동족간의 전쟁 상황 속에서 전쟁에의 참여를 회의하고 있는 아르주나(Arjuna)의 행위에 대하여 그 이유와 의미는 다를 수 있음을 논한 일이 있다. 김호성(2000), pp. 86~92, 참조.

3)  일단 『경허집』에 실려 있는 경허 자신의 글을 1차적 자료로 활용함으로써, '경허가 말하는 경허'를 추출할 필요가 있을 것이다. 그런 뒤에 '일화가 전하는 경허'를 따로 정리하여 양자를 대조해 보는 작업이 필요하리라 생각한다. '일화가 전하는 경허'는 이미 '경허 신앙'이라 할 수 있는 차원으로서, '역사로서의 경허'와는 구분될 수 있기 때문이다. 물론 나로서는 그 '경허 신앙'의 차원 역시 의미가 크다고 본다. 이는 심성사적(心性史的)으로 접근할 부분일 것이다. 심성사의 방법론에 대해서는 김호성(2006a), pp. 238~240, 참조.

4)  김현(2005), p. 60.

5)  비평은 비판과 다른 의미로 쓰는 말이다. 비판은 부정적인 측면을 비판하는 것이고, 비평은 그 대상 안에서 부정적인 측면을 비판하지만 긍정적인 측면은 그대로 다시 평가하는 것이다.(비평의 방법론을 활용한 글쓰기로는 김호성(2010a), pp. 137~172, 참조.) 입전수수설이나 은둔설이나 다 나에게는 비판의 대상이 아니라 비평의 대상이다. 그런 점에서 이 글은 '연구 논문'이라기보다는 '비평'이라는 지적이 가능할지도 모른다. 이 글의 대상 텍스트(경허의 삼수갑산)를 이야기로 보고 있기 때문이고, 선행하는 패러다임에 대한 비평을 통해서 자신의 패러다임을 제시하는 방법론 역시 '비평적'이기 때문이다. 특히 이러한 '비평'은 윤창화가 입전수수의 패러다임과 다른 은둔의 패러다임을 제기하지 않았다면 나로서는 이 문제에 대한 나름의 사색을 전개하거나 내 나름의 관점을 제시할 시도를 하지 못했을 것이다. 그런 점을 밝혀 두기 위하여 굳이 「경허의 주색과 삼수갑산」을 기연(機緣)으로 해서'라는 부제를 붙여 둔 것이다. 그

러나 '비평적'이라고 해서 '논문'이 아니라는 견해에는 동의할 수 없다. '비평' 없이 '논문'이 과연 가능한가라는 점에서도 그렇지만, 이 글은 '논문'의 형식과 엄밀성 속에서 구성하고 있기 때문이다. 문학 비평에서 보는 비평과 이 논문은 다른 글쓰기라는 것을 주의해야 할 것이다. 문학 비평을 몇 가지라도 읽어 본다면 쉽게 알 수 있으리라.

6) 이외에 하나의 패러다임이라 볼 수 있는 것은 최병헌의 '환속설'(최병헌 (2000), p. 95.)과 홍현지의 '상채설'(償債說)을 들 수 있을지도 모른다. 홍현지(2012), pp. 296~323, 참조. 그럼에도 불구하고 이들 두 설에 대해서 언급하지 않은 것은, 전자의 환속설에 대해서는 형태상 환속이라는 점을 인정하는 것으로만 해석이 멈출 수는 없는 것으로 생각되기 때문이다. 그 형태상의 환속이 어떤 의미를 갖는가 하는 것에 대해서 최병헌은 침묵하고 있는데, 나의 논의는 바로 거기서 출발하고자 한다. 홍현지의 상채설은, 그 스스로 밝히듯이 윤창화 논문에 대한 비판(p. 325)이라는 의도에서 구상한 것으로 생각된다. 그 안에서 삼수갑산은 "이류중행도 화광동진도 아니다."(p. 289)라고 언급하고 있으나, 어떤 점에서 이류중행이나 화광동진으로 볼 수 없는지에 대해서는 언급하지 않고 있다. 한편으로 윤창화의 은둔설을 비판하고 있으나, 그것은 은둔의 이유에 대해서는 윤창화와 견해를 같이 할 수 없다는 것뿐이지 실제로 은둔(p. 304)을 인정하고 있다. 따라서 아직은 상채설을 하나의 독립적인 패러다임으로 보기에는 논의상 많은 문제가 엿보인다. 내가 볼 때 상채행의 모델로서 제시하고 있는 혜가(慧可)의 행에서 보듯이, 상채의 행이라는 것은 대자적(對自的) 관계에서 하는 평가이고 대타적(對他的)으로는 화광동진으로도 볼 수 있는 것이 아닌가 싶다. 또한 군이 상채의 대상을 전생에 지어온 숙업(宿業)만으로 한정할 이유가 무엇인가? 과거에 지어온 업은 전생이든 금생이든 다 상채의 대상이 될 수 있는 것 아닐까? 이른바「진응강백답송」의 내용은 결코 전생의 업만을 대상으로 하는 것이 아님은 분명하기 때문이다.(「진응강백답송」은 일화만이 아니라 시가 함께 전해 오고 있기에, 경허의 입장이 드러난 자료로서 활용해도 좋으리라 본다.) 사족이지만 홍현지의 논의에서 '환채'는 '돌아온 빚'으로 '상채'는 '빚을 갚는 것'으로 구분해서 쓰이는데, 어떤 근거에서 그렇게 구분하는지 알 수 없다. '환채'에서도 '환'과 '채'의 관계는 타동사와 목적어의 관계일 뿐이다. 윤창화의 논문이 필화 사건을 일으키고, 경허를 추앙하는 문중에 의해서 사실상

'금서'(禁書)로 지정되었다는 저간의 사정을 생각할 때, 홍현지의 논문은 비록 윤창화의 논문에 대한 비판(비평이 아니라)으로 쓰였지만, 상징적으로나 의례적으로나 윤창화의 논문을 '해금'(解禁)해 주는 의미가 있다. 학문적 마당에서 그 논문을 논의해 보자는 것이기 때문이다. 그런 점에서 학술사적 의미가 있는 것으로 평가하고 싶다. 다만 "경허는 …… 전생에 학문을 휘날리던 대유학자이며 대문장가였음에 틀림없다고 느낄 수 있는 대목이다."(p. 318)와 같은 언급은, 신앙적으로는 할 수 있는 말이겠으나 학술 논문에서는 부적절한 언급이다. 그 스스로 "경허의 행적 및 사상이 객관적, 학문적인 차원에서 분석, 비평되기를 기대한다."(p. 325)라고 한 만큼 더욱 그렇다.

7) 김지견(2002), p. 254.

8) 에세이라고 해서 학문성(學問性, Wissenschaftlichkeit)이 없다는 것은 아니다. 학문성이 있는 글이라면 그 어떤 형식이나 장르의 글이라도 다 존중되어야 할 것이며, 학문적 논의의 대상이 되어야 할 것이다. 발신자로서 작가는 그의 메시지(傳言)를 다양한 장르의 글을 통하여 방출할 수 있기 때문이다. 다만, 그럼에도 불구하고 이렇게 형식이나 장르를 규정하는 것은, 그러한 형식이나 장르가 내용에 영향을 미친다는 점 역시 기억하자는 것이다. 김지견의 이 에세이는 에세이라는 장르의 성격과 그의 종학적(宗學的) 지향성이 잘 합치되고 있다. 그렇기 때문에 어떤 경우에는 반론 가능성(falsification)을 부정하면서 심판적인 언술이 등장하기도 한다. 이는 '…… 이다'의 '글'이 아니라 '…… 입니다'의 '말씀'을 택하고 있다는 점과도 관련이 있는 것으로 생각된다. 이 점은 뒤에서 살펴볼 민영규에게서도 보인다. 또 하나 주의하고 싶은 것은, 여기서 내가 말한 '종학적 지향성'은 결코 부정적인 개념이 아니라는 점이다. 나는 그것을 자기 철학의 제시를 가능케 하는 긍정적인 측면 역시 있는 것으로 보고 있다. 과학주의, 객관주의를 지향하는 '메마른' 불교학에서 사라진 자기 철학의 '물기'를 되살려 주는 것은 종학적 지향성이기 때문이다.

9) 김지견(2002), p. 256.

10) 김지견(2002), p. 261.

11) "신들은 시지프(시시포스의 불어 — 옮긴이 주)에게 바위를 산꼭대기까지 끊임없이 굴려 올리는 형벌을 내렸었다. 그런데 이 바위는 그 자체의 무게 때문에 산꼭대기에서 다시 굴러 떨어지곤 했다. 무용하고 희망 없는

노동보다 더 끔찍한 형벌은 없다고 그들이 생각한 것은 일리 있는 일이었다." 카뮈(2008), p. 183.

12) 오도가의 게송 중 '의발수전(衣鉢誰傳)'을 '의발을 누구에게 전해 받으랴'라고 옮겨야 하는 것은 김호성(1995), p. 142, 참조.

13) 민영규(2003), p. 10.

14) 민영규(2003), p. 14. 앞의 인용은 평어체(平語體)의 문어로 되어 있으나, 지금 여기서는 경어체(敬語體)의 구어로 되어 있다. 다른 시점에 쓴 두 편의 글을 하나의 제목 안에 합편(合編)하여 발표한 것으로 보인다. 앞의 글은 '문제 제기 1～3'까지로 되어 있으며, 뒤의 글은 '보탬 말'이라 제목하였다. 그리고 난 뒤에 '경허(鏡虛) 연보'를 덧붙이고 있다.

15) 일본 정토진종의 개조 신란(親鸞)은 극락에 가는 왕생을 왕상회향(往相廻向)이라 하고, 극락에서 중생을 제도하기 위하여 다시 사바 세계로 오는 것을 환상회향(還相廻向)이라 말하였다. 야나기 무네요시(2006), pp. 174～175, 참조. 상승의 길을 왕상으로, 하강의 길을 환상으로 볼 수도 있을 것이다.

16) 김지견(2002), p. 258.

17) 민영규(2003), p. 12.

18) 민영규(2003), p. 14.

19) 여기서 하나 더 생각해 보아야 할 것은 민영규가 이류중행의 철학이 담긴 텍스트라고 하여 든 일연의『중편조동오위』나 매월당의『조동오위요해』라고 하는 텍스트는 모두 조동선의 텍스트라는 점이다. 과연 경허의 저술 어디에 조동선의 텍스트를 읽었던 흔적이 나타나 있는 것일까? 그가 편집한『선문촬요』에는 조동선의 텍스트는 전혀 포함되지 않았다. 또 경허가 제자들을 제접할 때 임제종 계통의 간화선을 활용했음은 명백하다.

20) 한암문도회 편(2010), pp. 261～270, 참조.

21) 귀일은 서로 모순되는 듯이 보이는 두 가지를 어느 한쪽으로 포섭하는 것일 뿐 진정한 회통(會通)은 아니다. 서로 이중적이고 모순되는 것은 있는 그대로 놓아 두는 것, 즉 존이(存二)가 차라리 더욱 회통적이라 할 수 있다. 김호성(2001a), pp. 128～129, 참조.

22) "余姓好和光同塵."(『경허 법어』, p. 106.) '姓'은 '性'이 되어야 할 것이다.『정본 한암일발록』에서는 그렇게 고쳤다. 한암문도회 편(2010), p. 223, 참조.

23) 이덕진(2002), pp. 256～262, 참조.

24) 이상하(2012), p. 7.

25) 홍현지(2012), pp. 300~301, 참조.

26) 이덕진(2002), pp. 268~270, 참조.

27) 이덕진(2002), p. 268.

28) 윤창화(2012), pp. 189~218, 참조.

29) 이는 내가 필자로부터 직접 들은 내용이다. 양적으로 보더라도 윤창화의 논문은 전체가 29쪽인데, 그중에 주색은 10쪽이다. 나머지는 '맺는 말'이 5쪽이고, 삼수갑산행은 14쪽이나 된다.

30) 이렇게 '종 → 인'의 서술 순서는 인도/불교의 논리학에서 말하는 삼지작법(三支作法)이 가르쳐 주는 바이다. 예컨대 "저 산에 불이 있다."(종/주제), "저 산에 연기가 오르고 있기 때문이다."(인/이유), "불이 있는 곳에는 연기가 있다. 마치 아궁이와 같이."(유/실례), 등의 경우처럼 종을 먼저 서술하고 인을 나중에 서술하는 것은 종을 선명하게 제시하기 위해서이다.

31) 힌두교의 해석학을 개척한 미망사(Mīmāṃsā) 학파는 한 텍스트의 주제를 파악하기 위해서 고려할 수 있는 여섯 가지 기준의 하나로서 '새로움(apūrvatā)'을 제시한다. 김호성(2004), p. 206, 참조. 주제는 그 텍스트의 새로움에서 찾아야지, 새롭지 않음에서 찾아서는 안 된다는 뜻이다.

32) 윤창화(2012), p. 199. 각주 12.

33) 윤창화(2012), pp. 216~217, 참조. 윤창화 논문이 갖는 형식적인 문제점의 또 하나의 사례는 이러한 논의가 결론에서 행해지고 있다는 점이다. 결론 부분은 양적으로 5쪽이나 된다. 흔히 결론은 본론에서의 논의를 요약 정리함으로써 맺음하는 것인데, 윤창화는 오히려 이능화나 김태흡 등을 인용하면서 논의를 확장해 간다. 게다가 본론에서의 논의와는 달리, 결론이라고 생각해서인지는 모르지만 매우 분명한 어조로 비판적인 언급을 해간다. 전체적으로 이 결론은 본론의 어세(語勢)와는 다른 흐름이다. 나는 그래서 이 부분만이 먼저 언론을 통해 보도됨으로 인해서, 사람들로 하여금 논문 전체에 대한 선입견을 나쁘게 심어 주는 결과를 낳았다고 본다.

34) 최근 김광식은 윤창화의 논문과 그에 대한 반박의 글들을 검토하는 글을 발표하였다. 그중에 삼수갑산에 대한 윤창화의 입장을 비판하면서, 윤창화가 "기존 해석을 유의하지 않고", "경허의 중생 구제의 가능성을 가볍게 보았다."(김광식(2013), p. 209.)라고 하였다. 이때 '기존 해석'은 삼수

갑산을 입전수수로 보는 김지견과 민영규의 설, 즉 패러다임 1을 가리키는 것이었다. 윤창화가 경허의 삼수갑산에서 "중생 구제 가능성을 가볍게 보았다"는 평가에는 나 역시 동의하지만, "기존 해석을 유의하지 않"았다는 비판은 타당성을 인정할 수 없다. 김광식은 "삼수갑산행 …… 에 대한 해석을 하려면 그에 대한 선학의 이야기도 참고, 소개하는 것이 적절하지 않았을까 한다."라거나, "그간의 연구 성과와 논리를 참고하지 않은 것은 아쉬운 대목이다."(p. 212)라고 거듭 비판하였다. 그러나 비록 각주에서 인용은 되지 않았다 하더라도, 윤창화가 김지견 등이 주장하는 입전수수설에 대해서 무지한 채 이 글을 썼다고 생각되지는 않는다. 알고 있었지만 동의하지 않았던 것이다. 그 '기존 해석'에 동의할 수 없었기에, 그는 자설(自說) 또는 신설(新說)을 모색해 갔던 것으로, 나는 보고 있다. 윤창화의 은둔설에 대해서 그 내용적인 잘잘못을 따지고 비판할 수는 있지만, 그러한 패러다임의 전환이라는 의미를 인정하지 않고서 여전히 종래의 패러다임에 입각하여 비판하고 있는 데에는 동의할 수 없다. 입전수수설이 유일무이한 모범 답안일 수는 없기 때문이다. 덧붙여 말하자면 김광식의 글은 윤창화 논문 필화 사건 이후의 논의를 비판적으로 검토하고자 했다는 '저자의 의도'와는 달리, 윤창화의 글에 대해서는 "긍정적인 측면이 적지 않았음에도"(p. 200)라고 하면서도, 구체적으로 그 긍정적인 측면이 무엇인지 전혀 언급하지 않음으로써 문제점만 지적하고 있다. 또한 윤창화의 논문에 대한 비판의 글(허정, 옹산 스님)에 대해서는 깨달으면 계율의 문제는 해소되고 만다는 논리를 소개하면서도 그 논리에 대한 논자 자신의 입장은 제시하지 않는다. "필자는 계율 전공이 아니기에 이를 거론할 입장이 아니다. 다만 여기서는 간단치 않음을 우선 적시한다."(p. 216.)라고 말하면서, 스스로 단정적인 입장 표명을 하지 않는다. 그럼으로써 그의 '저자의 의도'에도 불구하고, 그의 비판적 검토는 윤창화와 그 반대편 논리 사이에서 각기 무게감을 달리해서 행사되고 만다. 아쉬운 대목이다. 차라리 공정 ― 필봉의 무게감에서 ― 하게 양비(兩非), 양시론적(兩是論的)으로 접근하였다면 필화 사건 이후의 상처를 보듬어 안고 화쟁(和諍)을 위한 발판 마련에 기여했을 것이다. 그렇지만 경허의 주색에 대한 윤창화의 입장을 비판하는 부분에서는 윤창화의 입장이 그렇게 비판당하는 것이 타당한지에 대해서 다시 사색할 수 있는 기연(機緣)을 제공해 주고 있는 것으로 생각된다.

35) 보충이라는 말은 데리다(J. Derrida, 1930~2004년)의 '대리 보충'을 줄인 말이다. 연기적 관계에 있는 것들은 서로가 서로를 대리하고 보충하는 관계에 있다. 대리는 대체한다는 의미이고, 보충은 덧보탠다는 의미이다. 따라서 이 글은 윤창화의 학설을 덧보태어 줄 뿐만 아니라, 그의 학설을 나의 학설로서 대체한다는 의미가 있다. 이는 윤창화만이 아니라, 이 글에서 다루어지는 김지견과 민영규에 대해서도 그렇다. 모든 글은 대리 보충의 관계에 있는 것인지도 모른다. 글이 연기(緣起)라는 이름의 텍스트이기 때문이다. 결코 내 글이 윤창화의 관점을 '동조'하는 것으로만 볼 수 없는 이유이다.

36) 은둔이나 도피에 대해서 부정적으로 평가한 것은 윤창화만이 아니다. 그것은 윤창화의 글에 비판적인 입장에 서 있는 분들에게서도 마찬가지로 보인다. 그렇기에 '필화 사건'이 일어났을 것이다. 은둔이나 도피라는 말을 쓰더라도, 얼마든지 그것을 재평가함으로써 오히려 경허의 삼수갑산 또는 경허의 삶이 갖는 긍정적 가치가 더욱 부각될 수 있음에도 말이다. 이는 뒤의 3절에서 나의 새로운 패러다임을 제시할 때 상론하게 될 것이다.

37) 「규례」의 과목 나누기에 대해서는 김호성(2012b), pp. 166~167, 참조.

38) "此稧誼初創, 未布於他處, 今此以海印禪社, 定結社所, 則其居住姓名等事, 乘便記送於結社所, 輪照於稧中諸人也. 不必專爲此事來往, 以作煩弊事."(『경허집』, p. 94.)

39) 『경허 법어』, p. 231.

40) 최병헌(2000), p. 85.

41) 이 '꿈'과 '꿈의 좌절'을 그의 시에서 찾아본다면, '붕새'의 이미지로 나타난다. "옥과 관음사 수익 스님에게 주다"(贈玉果觀音寺修益師)에서 스스로를 '붕새'에 비유하고 있다. 이 '붕새'의 이미지는 한암에게 준 시에서도 등장한다. 「전별사」의 진실성을 보강해 줄 또 하나의 증거가 될 수 있을지 모르겠다.

42) 최병헌(2000), p. 85.

43) "余以疎慵, 廢棄無用於世, 而佛化之爲廢膜者, 百端俱發, 而道德不能濟得, 文章亦何救焉. 因此感憤, 置其文墨, 亦有年矣."(『경허집』, p. 57.) 『경허 법어』에는 "문묵을 놓아 버린 지 이미 10년이 된지라"(p. 300)라고 하였다.

44) 윤창화(2012), p. 216.

45) "今年光五十有五, 髮蒼凉而面皺縮, 於佛法無所開明, 二利俱闕. 吁, 可勝言哉."

(『경허집』, p. 62.)

46) 『경허집』, p. 58. 『경허 법어』는 '납월'을 '등월(騰月)'(p. 301)로 보고 있다. 선학원본 『경허집』(p. 27, 후엽)에는 아예 그 일자 부분이 빠져 있다.

47) 윤창화(2012), p. 216. 『경허 법어』, p. 300.

48) 『경허집』, p. 57, 참조.

49) 최병헌(2000), p. 96. 최병헌은 해인사 이회광(李晦光, 1862~1933년)의 원종(圓宗) 창설과 일본 조동종과의 합병 시도 등을 들고 있다.

50) 이외에 더 들 수 있는 것은 석전(石顚, 1870~1948년)에 의한 비판이다. 이에 대해서는 김호성(2013), pp. 338~344, 참조.

51) "招人疑謗."(『경허집』, p. 11.)

52) "人心如猛虎, 毒惡徹天飛, 伴鶴隨雲外, 此身孰與歸."(수덕사본 『경허 법어』, p. 325.) 「반학」(伴鶴)이라는 제목이 붙어 있다. 우리말 옮김은 『경허 법어』를 참조하면서 내가 다시 한 것이다. 이하 같다. 윤창화 역시 인용하고 있다. 윤창화(2012), p. 201. 민영규는 이 "반학"과 "방황"(彷徨)을 뒤섞어서 인용하고 있다. 민영규(2003), p. 9. 그러나 하나의 시로 보이지는 않는다. 제목이야 수덕사본 『경허 법어』에서 붙였겠으나, 『경허 법어』와 같이 2편의 시로 보는 것이 자연스럽게 생각된다.

53) "是非名利路, 心識狂紛飛, 所稱英雄漢, 彷徨未定歸."(수덕사본 『경허 법어』, pp. 324~325.)

54) 윤창화(2012), pp. 199~200, 참조.

55) "癸卯秋, 自梵魚寺, 往海印途中, 有口號一節. '識淺名高世危亂, 不知何處可藏身, 漁村酒肆豈無處, 但恐匿名名益新.' 盖詩言志, 可知其志在韜晦, 惟求人不識也."(『경허집』, p. 9.) 이 시의 제목이 "自梵魚寺向海印寺途中口號"이다.

56) 윤창화(2012), p. 217.

57) 공존 대신에 화쟁(和諍)이라는 말을 쓸 수도 있다. 하지만 애당초 이 두 패러다임을 화쟁해야겠다는 생각으로 접근한 것이 아니기에 공존이라는 말을 선택하였다. 화쟁이나 변증법은 모두 논의의 결과였다.

58) 이타행을 보림이라 보는 이론적 근거는 보조 지눌이 『절요』에서 보림을 화엄적 보살행으로 설명한 데에서 찾을 수 있다. 〔"悟解後, 以差別智, 觀衆生苦, 發悲願心, 隨力隨分, 行菩薩道, 覺行漸圓, 豈不慶快哉."〕(「절요」, p. 139.) 이는 '숙업의 해소'라는 차원의 보림이 유식적 수행이라는 사실과는 구별된다.

59)  김지견(2002), p. 263.

60)  이른바 우국시이다. 이는 윤창화도 인용(pp. 207~208)하고 있다.

61)  삼수갑산에 들어가기 전, 이미 경허에게서는 우국을 발견할 수 있다. 그 것은 해인사 시절에 작성한 문서에서 드러난다. 이에 대해서는 김호성 (2012b), p. 355의 각주 13, 참조.

62)  히지리에 대해서는 김호성(2011a), pp. 54~66, 참조. 나는 원효를 '히지 리'의 선구자로 본다. 하지만 우리의 경우 원효, 대안, 혜숙, 혜공, 경허, 만 해 같은 이들을 부르는 보통명사가 없다. 그래서 일본 불교의 '히지리'라 는 개념을 가져와서 우리 불교에서 발견되는 한 현상을 설명하고 있는 것이다. 다만 경허의 경우, 히지리의 계보에 들어갈 수 있는 것만이 아니 라 승가의 정통 계보에도 '조사'로서 들어갈 수 있다는 점에서 이중성이 있다. 지금 다시 경허가 문제되는 것도 바로 그런 이중성 때문이다. 경허 100주년 기념 사업회측이나 윤창화나 공히 경허를 승가의 정통 계보 속 의 조사로 위치 지어 놓고 있다.(사업회측에서는 그런 경허를 비판하는 것 은 있을 수 없다는 입장인 것 같고, 윤창화는 바로 그런 위치이므로 후학들에 대한 경계라는 차원에서도 비판할 필요가 있다는 입장인 것 같다.) 주색의 문제에서는 이러한 승가의 정통 계보 안에서 논의를 해야 함이 마땅하 다. 하지만 삼수갑산의 문제는 경허 스스로 '경허'임을 벗어 놓고서 '박난 주'로 들어가서 살았던 이상 '승가의 정통 계보를 벗어난' 차원, 즉 '히지 리의 계보' 안에서 이해해 주어야 하는 것이 아닐까 나는 생각하고 있다. 오히려 그것이 삼수갑산으로 떠날 때 경허가 바랐던 것이 아닐까?

63)  "다리 놓기와 같은 토목 공사를 주로 한 히지리, 또한 불사에 대한 시주를 권하고 다녔던 히지리"의 대표자가 바로 교키이다.

64)  나 개인적으로는 '은둔'이라는 말보다는,『삼국유사』에 나오는 것처럼 '피은'(避隱)이라는 말을 더 선호한다. '피은'에는 그 자체에 '도피'와 '은 둔'의 의미를 다 담고 있다. 김호성(2005), pp. 209~216, 참조. 다만, 이 글 에서는 이미 윤창화가 '은둔'이라는 말을 씀으로써 패러다임상으로 '입전 수수' 대 '은둔'의 대립이 형성되었기 때문에, 혼돈을 피하기 위해서 '은 둔'이라는 말로 통일하였다. 다만 내가 쓰는 '은둔'이라는 말은 '피은'이 라는 의미에서 쓰이고 있음을 주의해야 할 것이다.

65)  "吾有誓願, 足不踏京城之地."(『경허집』, p. 12.)

66)  은둔과 동진의 동일성에 대해서는 김호성(2005), p. 215, 참조.

1) 김호성(2009c), pp. 24~28.

2) 김호성(2010b), p. 548.

3) 김호성(2011b), pp. 499~535.

4) 우리에게는 낯선 말이다. 일본 가마쿠라(鎌倉)에 있는 안국론사(安國論寺)는 니치렌(日蓮, 1222~1282년)이 『입정안국론』(立正安國論)을 집필한 곳에 세워진 절이다. 그 절에는 안국론사를 실질적으로 절로 만든 니치렌의 제자 니치로(日朗, 1245~1320년)를 모신 전각이 있는데, 그 현판에 "師孝第一"이라 적혀 있다. 니치로는 평생 탄압을 받은 스승 니치렌을 지극 정성으로 모셨다 한다. '다쓰쿠치(龍口)의 법난' 때에는, 곧 사형에 처해질 스승보다 먼저 "나부터 목을 잘라라"라고 하면서, 그 목을 내놓았다고 한다. 그런 까닭에 니치렌의 제자들 중에서 '孝行 第一'로 불렸다. 齋藤昭俊(1993), p. 347. 물론 니치로의 경우와 지금 내가 말하는 '효'가 다를 수 있지만, 나는 '스승에 대한 효'를 의미하는 이 '사효'라는 말을 안국론사에서 발견하였다. 그리고 이 논문에 가져와 쓴다.

5) 「행장」 중에서 경허의 행리를 논한 부분을 분별행리분이라 이름 붙인 것은 「행장」을 현토(懸吐), 분과(分科), 역해(譯解)한 연남(延南) 거사이다. 연남 거사 현토·번역(1982), pp. 30~37. 연남 거사는 「행장」 전체를 열 가지 범주로 나누었는데, 그중 아홉 번째를 분별행리분이라 이름한 것이다. 이 책은 수덕사 원담(圓潭) 스님 소장 「행장」을 저본으로 한 것인데, 이는 한암이 만공(滿空)에게 보내 준 것이 전해진 것으로 생각된다. 연남 거사가 어떤 분인지에 대하여 김지견 박사님께 여쭈어 보지 못한 것이 아쉽게 느껴진다.

6) 『조선 불교 통사』는 1918년에 간행되었고, 「행장」은 1931년 집필되었다. 스승 경허에 대한 이능화의 비판을 13년이 흐르는 동안, 제자 한암이 모르고 있었을 것 같지는 않다. 만약 알았다면, 그의 분별행리분은 이능화에 대한 대답이라는 성격마저 있을지도 모른다. 그와는 다른 의견을 제시하고 있기 때문이다.

7) 이는 경허가 쓴 다른 행장 안에서 보기 어렵다는 말일 뿐만 아니라, 다른 스님들이 쓴 행장 안에서도 보기 어렵다는 말이다.

8) "古德云 : '佛法, 不怕爛却', 余却怕爛却. 不怕者, 有以也 ; 却怕者, 亦有以也. 雖

有本有不爛之理, 而非戒定慧三學之熏修, 則所云不爛者, 未必期其保護, 至於不爛也. 今也, 靑山之麓, 鵠鳥相望者, 皆浮屠也 ; 梵樓之上, 綺紈間錯者, 皆寫照也. 寔未必其皆爲之, 於可爲之事也, 而行狀也, 不然, 其不可爲之事, 則不可以爲焉. 非修其三學之道者, 不可以爲狀焉."(『경허집』, p. 58.) 수덕사본『경허 법어』에서는 '鳥'를 '鶴'이라 하였다. 또한 "雖有 …… 不爛也." 부분의 번역을 "비록 본래 멸망하지 않는 이치가 있으니, 계(戒) 정(定) 혜(慧)를 훈습(熏習)하여 닦은즉 이른바 멸망하지 않는다 하였으니, 반드시 보전하는 것만을 가지고 지극히 멸망하지 않기를 기약할 수는 없는 것이다." (『경허 법어』, p. 284.)라고 하였으나, 오역이다. 또 "寔未必其皆爲之, 於可爲之事也,"를 "이것이 반드시 꼭 해야만 할 일은 아니다."(p. 285)라고 한 것 역시 오역이다.

9) "每臨行狀, 未嘗不停筆有感. 夫出家之人, 不修三學, 則道業不成, 而道業不成, 則無行狀可爲. 盖不惜其無行狀可爲, 惜其道業不成, 道業不成, 則佛之慧命, 莫得以寄焉. 其三學之爲綱領, 而不爛却佛法也. 固若是也. 今之沙門, 莫之事焉, 可慨也已."(『경허집』, p. 59.)

10) "定慧二字, 乃三學之分稱, 具云戒定慧."(「정혜결사문」, p. 13.)

11) "蕩無拘檢, 至犯婬殺."(이능화(2010), p. 976.)

12) 김광식(2011), pp. 199~200.

13) 연남 거사는 문단을 바꿀 때마다 '△' 표시를 해두었다. 이 문단들에 대한 의미 부여, 즉 '자유로운 행리와 그 이유' 등은 연남 거사의 명명(命名)이 아니라 내 자신이 붙인 것이다.

14) 이는 내용 요약이며, 직접 인용의 번역은 아니다. 그 내용은 모두『경허집』, p. 12, 참조. 이 글에서「행장」의 인용은 모두 한암 편집본을 의지한다. 한암이 직접 육필로 쓴 것이기 때문이다.

15) "非與道凝精, 孰如是哉."(『경허집』, p. 12.)

16) "吾有誓願, 足不踏京城之地."(『경허집』, p. 12.)

17) 이는 경허가 감행했던 삼수갑산행의 의미 파악을 위해서도 의미 있는 발언이다.

18) "或懶遊城市, 混同塵俗 ; 或閑臥松亭, 嘯傲風月, 其超逸之趣, 人莫能測. 有時垂示, 則極柔和, 甚精細, 演不可思議之妙旨, 可謂善到底 ; 惡到底."(『경허집』, p. 13.)

19) 만공이 경허의 입적 소식을 듣고서 읊은 추모시「문경허법사천화음(聞鏡虛法師遷化吟)」에 나오는 "선악과호불(善惡過虎佛)"이라는 시구(詩句)와

한암의 "선도저 악도저"가 다른 맥락에서 이해되어야 한다는 것이다.

20) "噫, 出家之人 ……, 心祝者也."(『경허집』, p. 13.)

21) 『원각경약초』 7권에 따르면, 종도자는 종지가 다른 사람들을 말한다고 한다. 연남 거사 현토·번역(1982), p. 31.

22) "飮啄自由, 聲色不拘, 曠然遊戲, 招人疑謗. 此乃以廣大心, 證不二門, 超放自如, 如李通玄宗道者之類乎? 抑亦不遇而慷慨, 藏身於下劣之地, 以卑自牧, 而以道自樂歟, 非鴻鵠, 難知鴻鵠之志 ; 非大悟, 安能不拘於小節哉. 和尚詩有, 酒或放光色復然, 貪嗔煩惱送驢年, 佛與衆生吾不識, 平生宜作醉狂僧之句, 寫出其一生行履也."(『경허집』, pp. 11~12.)

23) 한암이 제시한 두 가지 이유 외에, 경허의 시에서 말하는 '주색'이라는 말을 해석하는 또 다른 관점을 근래 김영욱이 제시하였다. "조사선에는 술집과 다방에 관한 기사가 적지 않지만 은산 철벽의 화두와 연결되는 방식이 그 해설에 가장 적절하다. …… 이런 따위의 본분 화두에 윤리적 논쟁이 끼어들면 덧없는 말놀이가 될 뿐이다." 김영욱(2012), p. 27. 여기서 인용을 생략한 부분은 실제로 선종사에서 화두와 연결되는 방식으로 술집과 다방에 관한 말이 쓰이는 사례를 제시하고 있다. 원론적으로 김영욱의 말은 옳다. 주색이라는 말은 얼마든지 김영욱이 말하는 것처럼, 은산 철벽의 화두와 연결되는 방식으로 받아들여야 할 측면을 갖고 있다. 그런 측면에서 하나의 상징적 의미, 성속불이(聖俗不二)의 상징으로 쓰일 수 있다. 김영욱이 조사선의 전통에서 찾은 예는 그렇게 이해해야 할지도 모른다. 그러나 언제나 그렇게 '주색'을 넣어서 노래한 시인을 괄호 속에 집어넣어서 소거(消去)시켜야 한다고 주장하는 것 역시 또 하나의 극단이 아닐 수 없다. 어떤 시는 시인을 배제하고서 이해할 때 더욱 정확하게 이해될 수 있겠으나, 어떤 시는 그렇지 않을 수 있기 때문이다. 혹시라도 그 시인의 삶에 대한 일체의 사전 정보가 주어지지 않고서, 경허의 시를 읽는 사람이라면 그러한 상징적 의미로 이해할 수 있을지도 모른다. 그러나 경허와 함께 지내면서 경허의 행리를 지켜본 제자 한암에게는 경허의 시를, 시인을 배제하고서 시 자체만으로 읽어야 할 대상으로 받아들일 수는 없었던 것이다. 「자범어사향해인사도중구호」(自梵魚寺向海印寺途中口號)나 지금 한암이 들고 있는 이 시를 그렇게 해석할 수 없다. 왜냐하면 「자범어사향해인사도중구호」를 전하면서, 한암은 "시라는 것은 그것을 지은 사람의 뜻을 노래하는 것〔詩言志〕(『경허집』, p. 9)이

라 말하였기 때문이다. 그리고 이 시에 대해서도, 한암이 "그 일생의 행리를 표현한 것"이라 하지 않았던가? 1960년대 미국에서 일어났던 신비평(New Criticism)에서처럼, 시인을 괄호 속에 넣고 작품 자체만으로 이해하는 시가 우리 동양의 전통에서는 얼마나 될까? 물론 선시에서 종종 그 사례를 찾을 수 있을 것이다. 그러나 지금 이야기되는 '주색'이라는 말이 들어간 경허의 시는, 비록 선사이기도 한 분이 쓴 시일지언정, 불이의 소식을 노래한 격외의 선시라 보기는 어렵다.

24) "非大悟, 安能不拘於小節哉!"『경허집』, p. 12.

25) 만약 '소절' 운운의 구절이 없었다고 한다면, 나는 한암의 입장이 판단 중지 또는 불가지론(不可知論)에 머물러 있었다고 평가할 것이었다.

26) 한암에게서 유교적 윤리의 영향을 인정한 관점으로는 윤창화(2011), p. 48과 김광식, 앞의 책, p. 200, 참조.

27) 인도의 논리학에서 오지작법(五支作法)은 '종(宗) → 인(因) → 유(喩) → 합(合) → 결(結)'이며, 이것이 '종 → 인 → 유'의 삼지작법(三支作法)으로 축약된다. 그러니까 '법 → 인 → 합'은 오지작법을 또 다른 방식으로 축약한 것임을 알 수 있다. 인도의 논리학에서는 '종'이라 말하는 것을 불교 해석학에서는 '법'이라 말한다. 둘 다 '제시'를 의미하는 동의어이다.

28) "然, 後之學者, 學和尙之法化則可 ; 學和尙之行履則不可, 人信而不解也. 又依法者, 依其眞正妙法 ; 不依人者, 不依其律儀與不律儀也. 又依者, 師而效之也 ; 不依者, 不見其得失是非也. 學道之人, 畢竟法亦能捨, 況於人之得失是非乎." (『경허집』, pp. 13~14.) '解'의 목적어로서 "(내가 앞에서 말한 것과 같은 차원의 일)"을 생각해 볼 수는 있다. 연남 거사는 "사람들은 화상의 행리를 그저 믿기만 하고 왜 그렇게 하게 되는 것인지 이해하지 못한다."(연남 거사 현토·번역(1982), p. 76)라고 번역함으로써 그러한 입장을 취하고 있다. 그러나 '解'의 대상, 즉 목적어는 앞에서 나오는 '법화'가 되어야 할 것이다. 그리고 그 '법화'는 뒤에서 나오는 "의법불의인"이라고 할 때의 '법'과 다른 것이 아니다. 그러므로 경허의 행리가 왜 그렇게 되었느냐 하는 점보다는 다른 차원인 '법'을 그 대상/목적어로 삼는다고 보는 것이 자연스럽게 생각된다. 한편, 『정본 한암일발록 상권』의 번역은 그저 "사람들이 믿어서 이해할 수 없기 때문이다."(한암문도회 편(2010), p. 468)라고만 되어 있어서, 역자가 이 문맥을 어떻게 이해했는지 알 수 없게 한다. 또 수덕사본 『경허 법어』의 번역은 너무 많은 오역을 범하고 있어서 일일

이 다 지적할 수 없을 정도이다. 예컨대, "然, 後之學者, 學和尙之法化則可 ; 學和尙之行履則不可"의 번역을 " …… 간절한 마음을 갖춘 연후의 학자라야 화상의 법의 교화를 가히 배울 수 있을 것이며, 화상의 행리만을 보고 불가하다고 하는 사람들은 화상의 정법을 알지 못하는 까닭이다."(『경허법어』, p. 685)라고 하였다. 이러한 번역에는 경허의 법과 행리에 대한 역자의 관점이 투영되어 있는 것으로 보이지만, 그것은 한문 원문의 구조상 그렇게 번역될 수 없다. "A則B"의 구문은 "A이면 B이다."이기 때문이다. A에 대한 판단을 하는 것이 B일 뿐이지, 결코 『경허 법어』의 번역처럼 "A則B"의 구문이 "A之B"로 이해될 수 있는 것이 아니기 때문이다. 더욱이 그러한 『경허 법어』 번역자가 갖고 있는 경허관은 한암이 여기서 말하고자 하는 경허관과는 많은 차이가 나는 것임에랴?

29) 이에 대해서는 김호성(2009a), pp. 46~47, 참조.

30) "又古德云 : '只貴正眼, 不貴行履', 又云 : '我之法門, 不論禪定解脫持犯修證, 惟達佛之知見', 此非先開正眼而後, 論行履耶. 故曰 : '學和尙之法化則可, 學和尙之行履則不可', 此但責其未具擇法眼, 而先效其行履無碍者也. 又策其局執於有爲相見, 不能洞徹心源者也. 若具擇法正眼而洞徹心源, 則行履自然稱眞, 四威儀內, 常現淸淨, 安可爲外相之所幻惑, 起愛憎人我之見也哉."(『경허집』, p. 15, 밑줄 — 인용자.)

31) 윤창화(2011a), p. 48.

32) 이때 후학들의 행리는 '넓은 뜻의 행리'와 '좁은 뜻의 행리'로 분별/분열되지 않게 된다. 그것이 이상적이라는 것은 두말할 나위 없다. 그런데 경허는 그렇지 못했다. 분열을 겪은 것이다. 이 분열을 있는 그대로 받아들이면서, 그에 맞추어서 평가하는 것이 한암의 태도이다. 연남 거사가 '분별'이라는 말을 쓴 것은 예사롭지 않게 느껴진다. 이러한 맥락에서 '분별'이라는 말을 단순히 '평가'로 옮길 수 없게 된 것이다. 이 글에서 '행리의 분별'이라고 하여, '분별'이라는 말을 쓰고 있는 까닭이다.

33) 윤창화(2012), p. 218.

34) 그러니까 내가 한암 역시 경허의 행리를 ②와 관련하여 승화/미화했다고 보지만, 그 논리는 이와 같은 것이 아니라는 점에 주의해야 한다. 그것은 앞서 살핀 '홍곡'의 비유에서 드러나 있는 것처럼 판단 중지 또는 불가지론에 기반하고 있는 것이다.

35) 윤창화에 대한 반론자들은 이제 바로 그러한 입장에 서 있는 것이다. 「경

허의 주색과 삼수갑산」의 윤창화는 「경허의 지음과 한암」의 윤창화와는
달라진 것이다.

36) 이 글은 수덕사본 『경허 법어』에서는 「여등암화상서」(與藤庵和尙書)라고
제목한 것이다. 「법화」는 한암 편집본의 제목이다.

37) "牛頭禪師云 : '心無異心, 不斷貪淫. 故, 善知識, 牧牛有八十一行, 自佛行梵行,
乃至有殺盜婬酒等行, 而道眼明白, 亦無所碍."(『경허집』, p. 26.) 한암 편집본
에서는 '盜'가 '者'로 되어 있다. 명백한 오자이므로 바로잡았다.

38) 김방룡(2012), p. 122. 그가 '경허의 행리를 문제 삼을 것이 없다'고 한 데
에는, 경허의 행리를 문제 삼은 윤창화의 글, 즉 「경허의 주색과 삼수갑
산」이 그 배경에 놓여 있었다.

39) '경허 대 경허'는 대자적이고, '경허 대 후학'은 대타적이다. 각기 자리와
이타의 범주로 보아도 좋다. 김방룡의 논리에 대해서 나는 자리/대자의
차원에서는 동의할 수 있지만, 이타/대타의 차원에서는 동의할 수 없다.
선은 자리/대자의 차원에서만 생각되어도 좋은 것일까? 나는 그렇게 생
각하지 않는다.

40) 김영욱은 일관되게 상징으로 받아들이고 있었다. 김영욱(2012), p. 26. 이
에 반해 김방룡은 상징으로 해석될 수 있는 가능성을 전혀 고려하지 않
고 있다.

41) 「법화」를 중심으로 한 경허의 계율관에 대해서는 더욱 깊이 있는 고찰이
필요하다.

42) "貪欲卽大道 ; 瞋恚亦復然, 如是三法中, 具一切佛法, 廣說諸法, 持犯無二, 名爲
理戒. 卽諸法無行經也."(『경허집』, p. 26.)

43) 지금 이 맥락에서 살펴보고 있는 경허와 한암의 말들이 의미하는 것을
가장 쉽게 설명하려고 할 때 떠오르는 말은 공자의 말씀이다. "종심소욕
불유구(從心所欲不踰矩), 마음대로 원하는 바를 다 행하더라도, 그것이
결코 규칙에 어긋남이 없다." 이계의 해석을 자칫 잘못하게 되면, 우리는
백장(百丈)의 여우 이야기에 나오는 '인과에 떨어지지 않는다'에 걸리게
되지 않을까 우려된다. "잘 수행한 사람은 인과에 떨어집니까, 떨어지지
않습니까?"라는 질문에, 한 수행자는 "인과에 떨어지지 않는다"(不落因
果)라고 하였으나, 정답은 "인과에 어둡지 않다"(不昧因果)였다. 이에 대
해서 도겐(道元, 1200~1253년)은 "부동인과"(不動因果)라고 하였다. 김호
성(2012a), pp. 39~45.

44)  박해당은 "원효는 파계한 뒤 스스로 승복을 벗고 소성 거사라 하였고, 만해는 승려들의 행위양식 자체를 바꾸자고 주장하였던 데 반하여, 경허는 승복을 입은 채 만행을 하면서도 다른 승려들의 행위 양식 자체를 바꾸려 하지는 않았다."(박해당(2008), p. 98)라고 비판했으나, 그렇지 않다. 더러 그렇게 행위했다 하더라도 바로 그 시기에 그는 진지하게 계율을 말하고 있는 것 아닌가? 이렇게『경허집』의 산문들 —「서룡 화상 행장」의 '행장의 철학'을 포함하여 — 에서, 계정혜 삼학의 실천을 역설한 것이야말로 그에게는 그 자신의 행리의 부정(否定)이 아니었을까? 부정이라는 점에서 원효와 같은 것으로 나는 본다.

45)  '미필적 비판'은 법률 용어인 '미필적 고의'를 패러디(parody)한 것이다. '미필적 고의'는 그 의도와는 무관하게, 하나의 행위가 나쁜 결과를 가져올 수 있음을 예상하지만 그렇더라도 어쩔 수 없다는 심정으로 행하는 행위를 말한다. 이것 자체가 일종의 고의로 받아들여진다. 이러한 뉘앙스를 그대로 가져와서 나는 '미필적 비판'이라는 말을 썼다. 비판하고자 해서 한 것은 아니다. 하지만 결과적으로 비판이 되더라도 어쩔 수 없다는 심정이었을 것으로 짐작된다. 왜냐하면 한암에게는 '법'을 존중하고 옹호해야 한다는 사명감이 있었기 때문이다. 그가 "법에 의지하지 사람에 의지하지 말라."(依法不依人)라고 말했던 것도 이러한 맥락에서이다.

46)  윤창화(2011b), p. 203.

47)  김광식(2011), p. 200.

48)  1981년에 간행된 수덕사본『경허 법어』는 한암의「행장」을 수록한다. 이는 일종의 금서(禁書) 해제, 혹은 복권이라는 상징적/의례적 의미를 갖는 조처였던 것으로 평가할 수 있을 것이다. 이를 통하여 덕숭 문중과 오대산 문중의 화해를 도모한 것으로 볼 수도 있다. 이 수덕사본『경허 법어』 편찬의 책임을 맡으셨던 분이 원담 스님이셨다. 그리고 스님은 연남 거사 번역본의 저본을 제공한 분이다.

49)  "庚午冬, 滿空師兄, 在金剛山楡岾寺禪院祖堂, 寄書於五台山中, 囑余述先師行狀, 余本不閑於文辭. 然, 其於先師行狀, 不敢以已之."(『경허집』, p. 15.)

50)  이를 나는 한암 편집본『경허집』으로 부르고 있다.

51)  "又以禪師之詩詠, 與記文若干篇, 付同行諸禪和, 抄錄印刷, 行于世."(『경허집』, p. 16.)

52)  한암은「행장」말미에, 그 저술의 시점을 '불기 2958년 신미 3월 15일'이

라 명기(明記)하고 있다. 신미는 1931년이다. 1931년 한암 편집본『경허집』은 근래 오대산 월정사에서 원본(소장자 김민영 선생) 그대로 영인하여 보급하였다. 이 이전에도 한암 편집본『경허집』은 명정 역주본(통도사 극락선원, 1990)과『한국불교전서』제11권에 수록되기도 하였다. 윤창화(2009), pp. 6~7, 참조.

53) 김지견(1982), pp. 86~87.

54) 김지견(2002), pp. 255.

55) 이상하(2011), pp. 146~147.

56) 김광식(2011), pp. 199~200.

57) 여기서 우리는 스승에 대한 효가 어떻게 유교적인 윤리이기만 한 것인가라는 반문을 예상해 볼 수 있다. 불교에서도 역시 스승에 대한 효는 스승에 대한 귀의를 삼귀의의 하나로 보는 이상, 너무나 당연한 것으로 받아들여진 것이기 때문이다. 그렇다. 그것은 출가를 기반으로 해서 성립된 불교라고 하지만 '가족 윤리로서의 효'를 인정하는 것과 마찬가지 맥락일 것이다. 하지만 '가족 윤리로서의 효'를 인정하는 불교는, 다만 그것뿐이지 더 적극적으로 지배 이데올로기로서의 효까지 인정하지 않는다. 마찬가지 맥락에서, "진리를 등불로 삼고, 자기를 등불로 삼으라."는 초기불교의 가르침으로부터 "스승을 만나면 스승을 죽이라."는 임제선의 가르침까지 역시 포괄하고 있는 것이다. "스승을 만나면 스승을 죽이라."는 임제선의 가르침이 아무리 상징적인 의미가 있는 것일 뿐, 문자 그대로는 아니라 하더라도 "여래가 간 길이라 하더라도 따라가지 말라.〔莫向如來行處行〕"라고 한 선의 기백 속에서는 분명 유교적인 윤리와는 다른 에토스(ethos, 윤리적 의식)가 나타나 있는 것도 사실이다.

58) "昔潙山謂仰山曰∶'只貴子眼正, 不說子行履. 近有狂禪輩, 改不說, 訛爲不貴, 此引說先輩之只貴道眼明正, 以若行履之恣行婬殺盜妄, 爲無碍之當然, 是可謂邪人說正法, 正法悉歸邪者歟. 仍以訛傳, 通行于禪門, 曰∶'只貴子眼淨, 不貴子行履處'. 聽之者不察, 惟惟影從, 隨好其放恣行履, 禪團瓦解, 害甚洪水之濫焉." (『석림수필』, p. 2.) 이 글은 현성 편(1988), pp. 30~32에 번역되어 있다. 그렇지만 본문의 번역은 내가 새로 한 것이다. 원문의 '淨'은 '正'의 오자로 보인다.

59) 현성 편(1988)에는 계미를 1883년으로 비정하였으나 잘못이다. 1883년은 석전 나이 14세로서, 서문 본문에 나오는 "노경에 접어들면서" 운운과

는 맞지 않는다.

60)    2012년 11월 12일, 개인적으로 문의하여 자문을 받았다.

61)    "牛頭禪師云 : '心無異心, 不斷貪淫. 故, 善知識, 牧牛有八十一行, 自佛行梵行, 乃至有殺盜婬酒等行, 而道眼明白, 亦無所碍. 故, 潙山禪師云 : '只貴正眼, 不貴 行李處'."(『경허집』, p. 26.) 한암 편집본에서는 '盜'가 '者'로 되어 있다. 명 백한 오자이므로 바로잡았다.

62)    이는 그만큼 한암이 경허를 충실히 잇고 있으며, 한암의 「행장」 안에서의 논리는 거의 모두 그 연원을 경허에게서 찾을 수 있다는 것을 나타낸다.

63)    대자적으로 볼 때 그 선사의 경지가 그러했음을 우리가 인정할 수 있다 — 나는 그렇게 믿는다. 이 '믿음'이야말로 '종학으로서의 불교학'이 가질 수밖에 없는 가능성 조건이라 보기 때문이다 — 하더라도, 대타적인 차 원에서도 언제나 면책되는 것은 아니다.

64)    동일한 지평인데, 김방룡의 해석은 경허를 비판으로부터 옹호하기 위해 서 쓰였고 석전의 그것은 경허를 비판하기 위하여 쓰였다.

65)    물론 선학에게도 책임은 있다고 본다. 오해의 가능성을 고려하고, 그 가 능성을 최대한 줄여 가는 방식으로 발신해야 할 책임이 없지 않기 때문 이다. 이미 '살도음주'를 사실적으로 받아들일 중생이 있으리라 예상할 수 있다면, 그 말이 비록 상징적 의미가 있고 그런 차원에서 쓴다고 할지 라도, 그 말을 피하는 '교육적 배려'가 필요하다. 한암은 그렇게 했고, 경 허는 그렇게 하지 않았다.

66)    후학들이 경허를 빙자하여 막행막식해서는 안 된다는 점을 자각한 측면 에서 한암은 이능화와도 같은 입장이다. 다만 이능화는 그러한 책임이 경허에게 있는 것으로 판단하여, 경허 자체를 비판하였으나 한암은 그렇 게 하지는 않았다. 그 점에서 한암이 사효의 윤리를 의식하고 있었음을 알 수 있으며, 그가 놓인 딜레마적 상황이 바로 그러하였다.

## 제2부 결사와 그 이념

### 제1장 「정혜계사문」에 나타난 수행 이념

1)    "歷代以來, 成就僧寺, 爲法會社. 社之, 法以衆輕成一重, 濟事成功, 莫近於社. 今之結社, 共作福因, 條約嚴明, 愈於公法. 行人互相激勵, 勤於修證, 則社有生

善之功大矣."『대송승사략』, p. 250 하.

2) 김호성(1991), pp. 395~417, 참조.

3) 한보광(2000), 참조.

4) 경허의 생년에 대해서는 종래 몇 가지 견해가 제시되었다. 1857년설(한 암의『行狀』), 1849년설(만해의『略譜』), 그리고 1846년설(김지견,「경허 당 散考」) 등이다. 김지견의 견해(「경허당 산고」, p. 259)는 경허의「서룡 화상 행장」에 입각한 것인데, 최병헌은 경허의「서룡 화상 행장」이 집필 을 부탁받은 때보다 뒤에 찬술되었음을 근거로 해서 "실제 탈고된 것은 1903년 경으로 추정됨으로써 만해 찬술의『약보』에서의 출생년과 일치 한다"(최병헌(2000), p. 70 각주 2)라고 하였다. 그러나 그 '추정'의 근거를 제시하지는 못하고 있다.「서룡 화상 행장」을 부탁받은 시점과 집필 시점 사이에 간극이 있기는 하지만, 그렇다고 해서 최병헌의 계산을 뒷받침하 는 근거는 없는 것으로 생각된다. 뿐만 아니라, 경허가 한암에게 써준 이 른바「전별사」(속칭,「與法子漢巖」)에 의거해 보더라도, 1846년생이 맞다. 이에 대한 변론은 고영섭(2008), pp. 65~66, 참조, ; 일지,『경허』(서울 : 민 족사, 2012), pp. 22~24, 참조.

5) 김호성(1995), pp. 131~166, 참조.

6) 종래에는 '한암필사본『경허집』'(이상하(2011)) 혹은 '육필본『경허집』' (윤창화(2009))으로 불러 왔다. 하지만 나는 '한암 편집본『경허집』'으로 부르고자 한다. 왜냐하면 기존에 존재하던『경허집』을 한암이 필사하였 다면 '필사본'이든 '육필본'이든 가능한 명칭이겠지만, 존재하지 않는『경 허집』을 한암 스스로 편집하였기 때문이다. 이 점을 윤창화는 '회편'이라 는 말을 넣음으로써 살려주고자 했다. 물론 한암 스스로 필사한 것이기 도 하지만, '필사'라는 행위보다는 '편집'이라는 행위가 더욱 앞서기도 하 고 더 높이 평가되어야 하기 때문이기도 하다.

7) 선학원본『경허집』은 1942년 만해 한용운이 편찬한 '중앙선원 장판'(中央 禪院 藏版)인데, '경허집'이라는 제자(題字)는 남전(南泉, 1868~1936년)이 썼다.

8) "이 결사문은 海印寺 堆雪堂 修禪寺(寺는 社의 잘못이다 — 인용자)의 留鎭 本을 幻寄翁이 壬戌(1922) 立秋에 借謄한 筆寫本"(고익진(1987), p. 407)이 다. 고익진의, 이 해제 성격의 논문과 함께 영인되어 있다. 영인본 전체는 고익진(1987), pp. 418~450, 참조. 이하, 이를 '환기옹본'이라 부른다.

9) 이상하(2011), p. 157

10) 이런 대조를 통해서 우리는 한암 편집본이 가장 선본(善本)임을 알 수 있게 될 것이다.

11) 과목 나누기가 갖는 해석학적 의의에 대해서는 김호성(2009a), pp. 84~97, 참조.

12) '余'로 되어 있는 판본도 있다. 『경허 법어』, p. 216 이하, '수덕사본 『경허 법어』'로 약칭한다.

13) 이 부분은 선학원본 『경허집』에서는 누락되어 있다. 그 부분을 한암 편집본 『경허집』에서 복원해 보면 다음과 같이 된다. "謹此伏, 此勝緣, 仰祝皇帝陛下, 聖壽萬歲, 次願歲稔時和, 烟塵永絶. 正法流通於無窮, 法界含識, 同證妙覺. 結社比丘惺牛等, 歸依一代敎主釋迦牟尼佛;歸依當來敎主彌勒尊佛;歸依十方三世常遍常住佛法僧, 仰伏憐愍加被之力, 使我等所願, 勿浪失, 速成就, 伏祝."(『경허집』, pp. 92~93.) 1922년 해인사 堆雪堂 修禪社 留鎭本을 필사하였다는 幻寄翁本 역시 이 부분을 살리고 있다.(『한국미륵사상연구』, pp. 432~433, 참조.) 이 부분에 "황제 폐하 성수 만세 운운"하는 부분이 있기에, 일제 치하였던 1942년 당시 선학원에서 출판할 때 빼지 않을 수 없었는지도 모르겠다. 하지만 이 부분은 우리가 경허의 사회 의식이나 우국(憂國)을 고려할 때, 훗날 그가 삼수갑산에서 읊었던 시편들과 함께 고려할 수 있는 귀중한 자료이다. 이런 부분은 범어사 계명암 수선사의 「청규」에서도 보인다. 한암 편집본 『경허집』에서는 그 「청규」가 모두 11조로 이루어져 있는데, 그 제1조는 "此禪室, 旣是英親王殿下, 爲祝願堂, 則凡居此社者, 當脫却塵累, 長養道胎, 上報國恩, 下濟群品事."이다.(p. 51) 그러나 이 부분 역시 선학원본 『경허집』에서는 누락되어 있었다.(p. 11, 참조.) 이런 점에서도 우리는 한암 편집본의 자료적 가치를 다시 한번 더 확인할 수 있다. 1931년 당시, 빼앗긴 나라의 백성이었던 한암은 이러한 구절을 가감 없이 그대로 필사하면서 무슨 생각이 들었을까? 이 부분이 있다는 것만으로도 『경허집』은 어쩌면 그 시대에는 쉬쉬하면서 보아야 했을 텍스트였는지도 모르겠다.

14) 或者曰: '靈山會上, 佛擧拈花, 百萬大衆, 皆罔措, 唯迦葉尊者一人, 領解微笑, 而末葉衆生, 不能量其機小曰, 參尋祖庭, 是豈有成功之理哉."(『경허집』, p. 81.)

15) 경허는 분명하게 밝히지 않고 그저 '혹자의 주장'이라고 하지만, 아마도 정토가의 주장이라 이해해도 크게 틀리지 않을 것이다. 왜냐하면 정토가

에서는 염불을 시기 상응(時機 相應)의 법이라 말하고 있기 때문이다. 이
점은 왜 경허가 정혜등지(定慧等持)를 주장하는 한편으로, 정토 신앙이
아니라 미륵 신앙을 말하고 있었던가 하는 점을 생각할 때 하나의 증거
가 될 수 있을 것이다. 뒤에서 다시 논의할 기회가 있을 터이므로, 여기서
는 바로 이러한 점을 염두에 두고서 넘어가기로 하자.

16) 이상은 "然, 若如是念過 ~ 非謂其無餘外得道者也."(『경허집』, p. 81)의 요약
이다.

17) "若不然者, 末葉之得道者多, 靈山會之傳付則, 人人一之, 豈以末葉之機, 勝於
靈山之衆而然耶. 萬萬無是理也."(『경허집』, p. 82.)

18) "又若以末葉之所悟, 不及於靈山所付, 以沮毁之也. 此尤不可也. 世豈有天生彌
勒, 自然釋迦者哉."(『경허집』, pp. 82~83.)

19) 경허는 불교 밖에서 미륵 하생 신앙을 갖고 있는 사람들의 종말론적 세
계관은 공유하지 않는다. "역사 속의 미륵 하생 신앙은 종래의 석가 불
법 내지 석가의 시대는 끝이 나고, 이제 미륵 불법 내지 미륵의 시대가 시
작된다고 한다. 더 나아가서 석가와 미륵을 대립적으로 그리면서 미륵의
우수성을 높이 주장하기도 한다. 그 한 예로서 구전 무가(巫歌)인 「창세
가」(創世歌)를 들 수 있을 것이다." 김호성(1998), pp. 79~80. 손쉽게 경
허의 미륵 신앙을 하생 신앙과 결부시키는 선행 연구들이 잘못된 것이라
는 점은 뒤에서 논의하게 될 것이다. 다만 여기서 이 점을 확인해 두는 것
이 방증(傍證)을 제공하는 일이 될 것이다.

20) "華嚴論云, 此一乘敎門, …… 不說有佛無佛世界, 不說有像法末法. 如是時分,
常是佛興 ; 常是正法, 此乃了義經, 但說有此方穢土, 別方淨土, 有佛無佛處所
及像法末法, 皆爲不了義經."(「정혜결사문」, p. 8.) 또한 보조의 말법 사관 비
판에 대해서는 김호성(1990), pp. 449~451, 참조. '말법'이라는 말은 종래
존재하고 있었지만, '말법 사관'이라는 말은 나의 이 논문에서 내가 조어
(造語)해서 쓴 것이다. 그 이후 한보광 역시 쓰고 있다. 한보광(1998), p.
38 ; 한보광(2000), p. 306, 참조.

21) "只聞諸導師之敎人, 明心見性之說, 未見禁止末葉人之習學定慧者也."(『경허
집』, p. 83.)

22) "夫善念, 成人天 ; 惡心, 形鬼獄, 而此祖庭之活句法門, 則得覷破古佛未生前, 安
身立命於大寂光道場, 拈來森羅物物, 無非淨佛國土, 皆是海印三昧."(『경허집』,
p. 84.)

23) '근기론'과 '근기의 고려'에 대한 구분은 김호성(2009a), pp. 201~202, 참조.

24) "其有機勝者, 一超之入, 把斷要津, 安邦定國, 豈有其他哉. 然, 若機下者, 未能頓成. 故, 古人云 : ( …… ), 則機下者, 久習, 畢竟得入." 선학원본『경허집』(p. 14 後葉)에서는 '一超之入'을 '一超直入'이라 하였다.『경허집』, p. 84.

25) 예컨대 힌두교의 철학자 샹카라(Śaṅkara, 788~820년)가 그러하였다. 상근기는 명상과 같은 지혜의 길에 적합하다고 말하며, 그보다 못한 하근기는 제례를 지내야 한다고 하였다. 김호성(2000), pp. 118~121, 참조.

26) "盖迷者, 不達此理, 若見聞祖宗之說, 則高推聖境, 但務事相有爲. 或誦經手執珠 ; 或營作梵宇 ; 彩塑佛像, 望功德, 希菩提, 誤之哉, 遠於道矣."(『경허집』, p. 84.)

27) "若遇宗師, 陞座說法, 切不得於法, 作懸崖想, 生退屈心."(「계초심학인문」, p. 168.)

28) "念佛轉經, 萬行施爲, 是沙門住持常法, 豈有妨碍. 然, 不窮根本, 執相外求, 恐被智人之所嗤矣."(「정혜결사문」, p. 8.)

29) 玄奘法師云 : "西域之人, 皆作上生兜率業", 盖爲同是欲界之內, 聲氣相合, 其行易成故, 大小乘師, 皆許此法. 彌陀淨土, 恐凡鄙穢, 修行難成故. 如新舊譯經論, 皆云 : "十地已上菩薩, 隨分得見報佛淨土", 豈容下品凡夫, 卽得往生. 所以大乘許之, 小乘不許也.

故法師, 一生以來, 常作兜率業, 臨命終時, 發願上生, 見彌勒佛, 請大衆, 同時說偈云 ; '南無彌勒如來應正等覺, 願與含識, 速奉慈顔, 南無彌勒如來, 所居內衆, 願捨命已, 必生其中. 盖玄奘法師, 識法上士, 必不是自誤賺人('誤'가 선학원본 『경허집』, p. 16, 前葉에서는 '悞'로 되어 있다.) 況古今傳記, 上生兜率者, 何可勝記. 而如無着天親菩薩者, 亦同願上生兜率, 今斷取法焉.

雖然如是, 其淨土與兜率也, 隨其修行人之暫時, 志願有異, 豈有上生兜率者, 不願親見彌陀如來, 往生淨土者, 不願承事彌勒尊佛. 譬夫白璧黃金, 各爲眞寶, 春蘭秋菊, 共傳淸香, 幸勿以優劣難易, 諍起是非人我之見也.

今稷社內, 先入者, 有如是上生行願, 追後參社者, 亦同其心. 口說有道, 力未成者, 乘斯願力, 上生兜率內院, 參聽彌勒尊佛, 無上玄旨('旨'를 선학원본『경허집』, p. 16, 前葉과 幻寄翁本, p. 436에서는 '音'이라 하였다.), 速證大覺, 度衆生, 豈不暢哉快哉. 願諸道者, 幸勿以重古輕今, 發願同參而深結善緣也.(『경허집』, pp. 89~90.)

30) 현장 법사의 말이 어디까지를 가리키는지 알기 어렵게 되어 있다. 종래

의 해석들은 " …… 모두 이 법을 허락하였다."까지로 보았다.(수덕사본 『경허 법어』, p. 222 ; 고영섭(2008), p. 88.) 그러나 나는 다음과 같은 두 가지 이유에서 " …… 업을 짓는다."라고까지만 현장의 말이 아닐까 추정하였다. 첫째 뒤에 나오는 "所以大乘許之 ; 小乘不許也"는 경허의 평가인데, 그렇다면 "大小乘師, 皆許此法" 역시 경허의 평가가 아닐까 해서이다. 둘째, 마찬가지 맥락에서 "修行難成故"가 경허의 평가라고 한다면, 그와 대구를 이루는 "其行易成故" 역시 경허의 말이어야 할 것으로 생각되어서이다. 물론 대장경 속에서 이 말을 찾을 수 있다면 문제는 해결된다. 그래서 CETC.(Chinese Electronic Tripiṭaka Collection)를 통하여 검색을 시도해 보았으나, 실패했다.(검색은 동국대 인도철학과 박사과정 임은정 학우가 하였다. 노고에 감사한다.) 못 찾았을 수도 있고, 아니면 경허가 현장의 말씀을 요약했을 수도 있다. 하지만 현장의 임종시 게송을 정확하게 인용한 경허이니만큼, 언젠가 대장경 안에서 확인될 가능성도 없지는 않다. 제현(諸賢)의 질정(叱正)을 기다린다. 물론 어디까지 이어지든 그 의미에서 큰 차이는 없다.

31) 『대당대자은사삼장법사전』 권 제1, p. 277 상.

32) 원문의 '上生行願'을 '상생해 가려는 원'으로 해석한 것은 '행'과 '원'으로 이루어지는 복합어 '행원'을 지업석(持業釋, karmdhāraya, 동격 한정 복합어)으로 보았기 때문이다. 즉 '행＝원'으로 본 것인데, 정혜계사에서는 '행＝정혜등지, 원＝상생 도솔'(「규례」 제3조, 『경허집』, p. 93)로 말하고 있기 때문이다. 만약 '상생의 행과 원'으로 옮긴다면, 그것은 상위석(相違釋, dvandva)으로 옮긴 것이다. 그렇게 되면 경허의 의도와는 어긋나는 해석이 된다. 수덕사본 『경허 법어』(p. 224)에서도 "상생의 원"이라고 해서, 아예 '행'을 옮기지 않았다. 행이 곧 원이기에, 행은 원 속으로 소멸한 것이다. 경허의 의도를 잘 살린 번역으로 생각된다. 한편 산스크리트의 복합어 해석 방법인 육합석(六合釋)에 대해서는, 김호성(2001b), pp. 43~67, 참조.

33) 「法話」에 보인다.(『경허집』, p. 23, 참조.) 그런데 이 「법화」는 선학원본 『경허집』에서는 「與藤菴和尚」이라 한 글이다. 원래는 제목이 없었는데, 두 편집본에서 다 따로이 붙인 것이 아닐까 싶다. 글의 성격상 「법화」라 하는 것이 적절할 듯 싶다. 한편, 이상하(2011), pp. 140~141에서는 이 양자가 동일한 글임을 간과하고 있다.

34) 이 '전통적 종학 넘어서기'가 가져오는 부정적 측면 역시 없지는 않은데, 후술하게 될 것이다.

35) 이를 지적한 선구적 연구는 고익진(1987), pp. 411~412, 참조.

36) "知足天宮, 同在此內, 亦大小共信許."『유심안락도』, 한불전 1-578b. tuṣita 를 음역하면 '도솔' 등이 되고, 뜻으로 옮기면 '지족천' 등이 된다. 다양한 번역 용례는 鈴木學術財團編,『梵和大辭典』(東京 : 講談社, 1987), p. 546, 참조. '이곳'은 욕계를 의미한다.

37) 이에 대해서는 앞의 「2)어리석은 수행 비판」에서 상세히 살펴보았다.

38) 김호성(1995), pp. 142~151, 참조.

39) 梵海覺岸의 無量會를 들 수 있다. 이에 대해서는 한상길(2006), pp. 96~99, 참조.

40) 「규례」의 제목이 「定稧社 規例」(『한국 미륵 사상 연구』, p. 431.)로 되어 있으나, '慧'를 빠뜨린 것으로 보아야 할 것이다.

41) 고익진(1987), p. 415.

42) "以大慈悲, 觀察一切苦惱衆生, 亦應化身, 廻入生死園, 煩惱村中, 遊喜神通, 至敎化地, 以本願廻向故, 是名出第五門."(『무량수경우파제사』, p. 233 상.) 바수반두(Vasubandhu)는 일반적으로 유식가로서는 세친(世親)이라 불리고, 정토가로서는 천친이라 불린다.

43) 오형근(1987), pp. 61~72, 참조.

44) 『경허집』, p. 90.

45) "其所以同盟之約, 何也? 以同修定慧, 同生兜率, 世世同爲道伴, 究竟同成正覺."(『경허집』, p. 87.)

46) 이는 정종분 중 둘째 '결사의 실제적 모습' 중에서 결사의 목적에 해당하는 부분이다.

47) "還來下生, 敎化此人."(『대자은사삼장법사전』, p. 234 상.)

48) 한 마디로 미륵 신앙이라 말하지만, 첫째 유식법상종의 미륵 신앙, 둘째 불교 내 미륵 경전이 말하는 미륵 상생 신앙, 셋째 불교 내 미륵 경전이 말하는 미륵 하생 신앙, 그리고 마지막으로 불교 밖의 민중들이 신봉하는 미륵 하생 신앙으로 나눌 수 있다.

49) 불교 안의 미륵 하생 신앙에 대해서는 김호성(1998), pp. 64~83, 참조.

50) 이에 대해서는 김호성(2012), 참조.

51) 최병헌(2000), p. 91.

52) 한상길(2006), pp. 55~66, 참조.

53) "諸菩薩出離, 得成辦相應, 是無分別智, 應知於十地. 諸菩薩究竟, 得淸淨三身, 是無分別智, 得最上自在."(『섭대승론본』, p. 147 하.)

54) 『섭대승론』 증상혜학분의 게송과 십지의 의미에 대해서는 금강대 김성철(金成哲) 박사의 자문이 있었다. 감사드린다.

55) "佛告阿難及韋提希：下品下生者, 或有衆生, 作不善業五逆十惡, 具諸不善. 如此愚人, 以如惡故, 應墮惡道, 經歷多劫, 受苦無窮. 如此愚人, 臨命終時, 遇善知識, 種種安慰, 爲說妙法, 教令念佛, 此人苦逼 , 不遑念佛. 善友告言：汝若不能念彼佛者, 應稱歸命無量壽佛. 如是至心, 令聲不絶, 具足十念, 稱南無阿彌陀佛, 稱佛名故, 於念念中, 除八十億劫生死之罪, 命終之時, 見金蓮花, 猶如日輪, 住其人前. 如一念頃, 卽得往生極樂世界."(『관무량수경』, p. 346 상.)

56) 고영섭(2008), p. 89.

57) "又舍利佛, 極樂國土衆生生者, 皆是阿鞞跋致. 其中多有一生補處."(『관무량수경』, p. 346 상.)

58) 『천수경』에서도, 천수천안관세음보살이 천광왕정주여래로부터 다라니를 듣고서 바로 단박에 제8지로 초월했다고 한다.(『천수천안관세음보살광대원만무애대비심다라니경』, p. 106 하, 참조.) 『천수경』이 『무량수경』의 영향 아래 성립되었기 때문인지도 모른다. 김호성(2006b), pp. 38~48, 참조.

59) "又彼二經, 皆說：'其往生者, 皆得不退', 不言：'但不退人, 乃得往生也'."(『유심안락도』, p. 567 상.)

60) 신란에게는 "나무아미타불" 일념(一念)만으로 왕생이 가능하다는 코우사이(幸西, 1163~1247년)의 '일념의(一念義)'가 들어가 있다. 그런데 이 일념의가 바로 돈문이 아닌가. 잇펜은 원래로 "아미타불이 아미타불을 염한다."라고 보는 점에서, 염불선의 정토가이다. 신란과 잇펜의 정토 사상에 대해서는 야나기 무네요시(柳宗悅), 『南無阿彌陀佛』(東京：岩波書店, 2006), 참조. 또 코우사이(幸西)의 사상에 대해서는 김호성(2011a), pp. 265~266, 참조.

61) 정토문과 같은 타력의 신앙 세계에서 볼 수 있는 돈문의 차원, 즉 돈신(頓信)에 대해서는 김호성(2012d), pp. 99~101, 참조.

62) "看話門中, 說惺寂等持, 必能見性；念佛門中, 說一心不亂, 決定往生. 一心不亂, 豈非惺寂等持耶. 若以一心不亂, 以爲他力, 惺寂等持, 豈非他力；若以惺寂

等持, 以爲自力, 一心不亂, 豈非自力."(『경허집』, pp. 25~26.)

63)    이에 대해서는 이 책의 p. 39, 제1장 4절 (1)항 1) 교단적 차원의 이유, 참조.

### ▨ 제2장 「정혜계사 규례」에 나타난 수행 이념

1)    김호성(1995), pp. 131~166, 참조.

2)    김호성(2009b), pp. 220~223, 참조.

3)    봉암사 결사에 대해서는 김호성(2008), pp. 105~160, 참조.

4)    결사 의식(結社 意識)이라는 점에서, 경허는 '고독'했던 것으로 생각된다. 그가 지음(知音)이라 평가했으며, 당시의 결사에 대중의 한 사람으로 참여했던 한암에게조차 경허의 결사는 '결사로서 의식'되지 못했다. 한암은 「선사 경허 화상 행장」이나 경허와의 문답 등을 기록한 「일생패궐」(一生敗闕) 등에서 결코 '결사'라는 말을 쓰지 않고 있다. 어떻게 보면 바로 그러한 점이야말로 경허의 의욕에도 불구하고 그의 결사에 대한 당시의 평가를 나타내는 것이 아닐까 싶다.

5)    김호성(2012c), 참조.

6)    경허의 결사에 대한 많은 논의가 있었지만, 지금 내가 취하는 방법론, 즉 「계사문」과 「규례」를 분리하여 하나의 독립된 텍스트로 보면서 각각의 텍스트에 나타난 수행 이념을 고찰한 논문은, 과문한 탓인지 모르지만 보지 못하였다. 대개 「계사문」과 「규례」를 함께 인용하면서 논하는 방식이었다. 그러다 보니, 어느 한 문헌에 대해서도 철저한 천착은 하기 어려웠던 것 같다. 이제 이렇게 나누어 봄으로써, 철저한 천착이 가능하리라 기대된다.

7)    선학원본 『경허집』은 1942년 만해 한용운이 편찬한 '중앙선원 장판'(中央禪院 藏版)인데, '경허집'이라는 제자(題字)는 남전(南泉, 1868~1936년)이 썼다.

8)    "이 결사문은 海印寺 堆雪堂 修禪寺(寺는 社의 잘못이다 — 인용자)의 留鎭本을 幻寄翁이 壬戌(1922) 立秋에 借騰한 筆寫本"(고익진(1987), p. 407.)이다. 고익진의 논문은 일종의 해제 역할을 한 것으로 생각된다. 영인본 전체는 고익진(1987), pp. 418~450, 참조. 이하, 이를 '환기옹본'이라 부른다.

9)    선학원본 『경허집』, p. 1. 前葉, 참조. 한암 편집본 『경허집』에는 아예 목

차가 존재하지 않아서 한암이 이 문제를 어떻게 보았는지 알 수 없게 되어 있다.

10) '余'로 되어 있는 판본도 있다. 『경허 법어』, p. 216. 이하, '수덕사본 『경허 법어』'로 약칭한다.

11) 선학원본 『경허집』에서 누락하고 있는 부분을 한암 편집본 『경허집』에서 복원해 보면 다음과 같이 된다. "謹此伏, 此勝緣, 仰祝皇帝陛下, 聖壽萬歲, 次願歲稔時和, 烟塵永絶. 正法流通於無窮, 法界含識, 同證妙覺. 結社比丘惺牛等, 歸依一代教主釋迦牟尼佛；歸依當來教主彌勒尊佛；歸依十方三世常遍常住佛法僧, 仰伏憐愍加被之力, 使我等所願, 勿浪失, 速成就, 伏祝."(『경허집』, pp. 92~93.) 1922년 해인사 堆雪堂 修禪社 留鎭本을 필사하였다는 幻寄翁本 역시 이 부분을 살리고 있다.(고익진(1987), pp. 432~433, 참조.) 이 부분에 "황제 폐하 성수 만세 운운" 하는 부분이 있기에, 일제 치하였던 1942년 당시 선학원에서 출판할 때 삭제했는지도 모른다. 하지만 이 부분은 우리가 경허의 사회 의식이나 우국(憂國)을 고려할 때, 훗날 그가 삼수갑산에서 읊었던 시편들과 함께 고려할 수 있는 귀중한 자료이다. 이런 부분은 범어사 계명암 수선사의 「청규」에서도 보인다. 한암 편집본 『경허집』에서는 그 「청규」가 모두 11조로 이루어져 있는데, 그 제1조는 "此禪室, 旣是英親王殿下, 爲祝願堂, 則凡居此社者, 當脫却塵累, 長養道胎, 上報國恩, 下濟群品事."이다.(p. 51.) 그러나 이 부분 역시 선학원본 『경허집』에서는 누락되어 있었다.(p. 11, 참조.) 이런 점에서도 우리는 한암 편집본의 자료적 가치를 다시 한번 더 확인할 수 있다. 1931년 당시, 빼앗긴 나라의 백성이었던 한암은 이러한 구절을 가감 없이 그대로 필사하면서 무슨 생각이 들었을까? 이 부분이 있다는 것만으로도 『경허집』은 어쩌면 그 시대에는 쉬쉬하면서 보아야 했을 텍스트였는지도 모르겠다.

12) 이 과목은 〔표 5〕의 과목과 같다. 여기서 다시 한번 더 인용할 필요가 있어서 중복하였다.

13) 나 이전에 「규례」의 30조를 과목으로 나눈 것은 김광식이다. 김광식(2010), pp. 49~50, 참조. 김광식의 과목 역시 큰 문제는 없다. 다만 다소 평면적이라서, 「규례」에서 핵심적으로 말하고자 하는 부분〔正宗分〕이 어디에서 어디까지인지를 알 수 없게 하는 아쉬움이 있다.

14) "一. 當念無常迅速, 生死事大, 勤修定慧. 若不勤修定慧, 而求佛果者, 如却行求前, 適越北轅. 切勿執着有爲幻法, 以誤平生事. 一. 若勤修定慧, 能決擇行業

而後, 不枉用功, 應須參尋知識事."(『경허집』, p. 93.) 구분의 편의상, 동일한 '一'은 일련번호(1, 2)로 바꾸었다. 이하 같다.

15) 선학원본 『경허집』(p. 16. 後葉)과 수덕사본 『경허 법어』(p. 229)에서는 '願'을 '業'이라 하였다. 환기웅본(p. 431)은 '願'이라 하였다. 이 문맥에서는 정혜라는 행과 상생 도솔이라는 원을 함께 병렬하고 있는 문맥이므로, '願'이라 해야 옳을 것이다. 한편, 2조는 모두 '業'이라 되어 있는데, 그것이 맞다. 왜냐하면 거기서는 오직 정혜 하나만을 문제 삼고 있기 때문이다. '행이라는 업'(2조)의 의미는 지업석(持業釋, 동격 한정 복합어)으로 해석한 것이며, '행원'을 '행과 원'(3조)으로 이해한 것은 상위석(相違釋, 병렬 복합어)으로 해석한 것이다.

16) "一. 自古成佛作菩薩, 必具行願, 然後得辦, 所以行定慧;願上生兜率內院宮, 同成佛果事. 一. 旣參稧社者, 以定慧爲急務, 不可但願上生兜率也. 有願無行, 則其願歸虛事. 一. 能眞修定慧者, 不願生兜率, 亦許參社;能眞修定慧者, 願往生極樂, 亦許參社事."(『경허집』, pp. 93~94.)

17) 고익진(1987), p. 413.

18) 〔표 5〕의 「계사문」의 과목에서는 '별명 동생 도솔'이라 하였으나, 실제로는 거기에서도 마찬가지로 도솔 상생과 정토 왕생을 함께 대비하면서 논의하고 있다.

19) "問曰:'今結定慧社, 而兼上生兜率者, 何以耶?' 答曰:'爲其未得力於定慧者, 設也. 其能得力者, 隨意自在, 豈有假其願力, 而後來往也. 然, 大力菩薩, 亦有誓願, 其得力者, 何妨有願. 所以願上生兜率內院也."(『경허집』, p. 98.)

20) 근기는 수행자/청자의 수준이나 역량을 헤아리는 것으로서 선사/설법자로서는 마땅히 고려해야 한다. 그렇지만 어떤 특정한 수행법을 어떤 특정한 근기의 사람들에게만 해당된다고 할 때, 자칫 상대의 근기를 한정시킬 수 있는 가능성이 없지 않다. 그러한 태도를 나는 '근기론'이라 하여, '근기의 고려'라는 것과는 구분한다.

21) 김호성(2012b), pp. 363~365, 참조.

22) "問曰:'旣以上生兜率爲同社, 又何以許其參入往生淨土者耶?' 答曰:'結社乎定慧, 以其修定慧, 而願極樂者, 亦可以同社故, 許其參入. 若能眞修定慧者, 豈有以其兜率與淨土之不同指歸, 而成異見.'"(『경허집』, p. 98.)

23) "問曰:'然則, 稧文中, 只願上生兜率, 而不言往生淨土者, 又是何以耶?' 答曰:'生淨土難, 以業兜率易, 以其同是欲界之內, 而聲氣相合也.'"(『경허집』, pp.

98~99.)

24) 보조의 정혜결사 역시 개방적 공동체였다. 김호성(1991), p. 409, 참조.

25) "問曰 : 他勸修文中, 有言生兜率難, 而業淨土易, 今胡以言之相反, 有其若是耶? 答曰 : 此有深意, 遍撿經論與古人語錄, 非特淨土與兜率之難易也. 以偏讚, 或云 成道莫如持呪. …… 散擧萬行, 偏讚其法, 此不是謂其一法是可, 而餘法是不可 也. 只在當時主化人之用善權, 而作利益衆生也."(『경허집』, p. 99.)

26) 교판의 제시는 자기 철학의 제시이므로 긍정적인 의미가 있다. 그러나 그러한 교판이 모두 상대적인 가치를 갖는 것임을 알지 못하고서, 절대 화하게 될 때는 자기 교판에 국집하게 되면서 다른 교판의 제시자/신봉 자와 불화하게 된다. 이러한 태도를 나는 '교판론'이라 불러서, '교판'과 구분한다. 즉 교판이 긍정적임에 반하여 교판론은 부정적으로 보고 있는 것이다. 김호성(2009a), pp. 79~84, 참조.

27) 원효는 "배움에 스승을 쫓지 않았다〔學不從師〕."라고 말해지고(『삼국유 사』, p. 1006 상), 보조는 "배움에 일정한 스승이 없었다〔學無常師〕."라고 말 해진다(「보조 국사 비명」, p. 419.). 모두 폭넓게 읽었기에, 어느 한 경전, 어느 한 수행만이 옳다는 집착에서 벗어나 교판론자(敎判論者)가 되지 않고, 회통론자가 될 수 있었다.

28) "問曰 ; '旣然則, 當願往生淨土耶? 當願上生兜率耶?' 答曰 : '當願乎上生兜率 也."(『경허집』, p. 99.)

29) "問曰 : '此規例中之, 所許同社淨土者, 是爲妄也?' 答曰 : 爲其多年, 願生淨土, 堅持(선학원본 『경허집』은 坐住로 하였으며, 환기웅본은 堅注로 하였다.)不 移者, 從以(선학원 『경허집』은 而로 하였으며, 환기웅본은 以로 하였다.)許 之也. 何如今之上生兜率, 成其道力, 而後任運往生於淨土, 而親見彌陀(선학원 본 『경허집』은 勒이라 하였으며, 환기웅본은 陀라 하였다.)如來之事之萬不失 一也. 只恐(선학원본 『경허집』과 환기웅본 모두 慮라고 하였다.)願淨土者, 不 得徑往. 若能徑往者, 希有哉 ; 有何不可哉. 吾亦當從君, 接武而往也. 雖然, 幸 須十分仔細, 當最後一念, 眼光落地之時, 莫自悔之事." 한암 편, 『경허집』, pp. 99~100 ; 선학원본 『경허집』, p. 18. 후엽 ; 환기웅본, p. 422.

30) 「계사문」의 수행 이념에 대해서 여기서 다시 논할 수는 없고, 다만 김호 성(2012b), pp. 347~395를 참조하여 그 요점만을 요약한다.

31) 경허는 돈오를 말하는 선사인데, 의외로 점수를 말하는 유식법상종의 가 르침을 받아들이고 있다는 점에서 놀라움이 있다. 그의 독서 폭이 넓었

다는 점, 종래 강원의 이력 과정이라는 전통적 커리큘럼을 벗어났다는
점 등이 놀랍다. 그런 한편으로 이러한 점수의 수용이라는 점에서, 그의
선 사상 자체에 대해서도 어떻게 평가하는 것이 좋을지 등의 문제는 숙
제로 남는다. 앞으로 깊이 생각해 보아야 할 문제이다.

32) "佛滅度後, 四部弟子, 天龍鬼神, 若有欲生兜率陀天者, 當作是觀, 繫念思
惟 …… 若一念頃, 稱彌勒名, 此人除却千二百劫生死之罪."『불설 관미륵보
살 상생도솔천경』, p. 420 중.

33) 마츠오 겐지(2005), pp. 83~84, 참조.

34) 『경허집』, pp. 23~24, 참조.「법화」는 경허 사상의 기본적 입각지를 내보
이고 있는 문헌으로 생각되는데, 이에 대한 상세한 분석은 연구자들에게
주어진 과제가 될 것이다.

35) "雖然如是, 其淨土與兜率也, 隨其修行人之暫時志願有異, 豈有上生兜率者, 不
願親見彌陀如來 ; 往生淨土者, 不願承事彌勒尊佛."『경허집』, p. 90.

36) 종래 나는, 이치의 차원에서 회통론자일 경우에는 행의 차원에서는 겸수
론자가 되는 것으로 생각해 왔다. 경허를 통해서 반드시 그렇지 않을 수
도 있다는 새로운 사실을 배우게 되었다. 이것이 경허가 갖는 의미의 하
나가 아닐까 싶다.

37) '스승 경허'에 대해서도 김호성(2012b), pp. 362~365, 참조.

# 참고 문헌

## • 원전류

『경허당법어록』(선학원본의 복각본), 보련각, 1970.

『경허 법어』(경허성우선사법어집간행회편), 서울 : 인물연구소, 1981.

『경허집』(漢岩 編), 오대산 월정사, 2009.

「계초심학인문」(普照知訥 撰), 『보조전서』, 보조사상연구원, 1989.

『대당대자은사삼장법사전』(慧立 本) 권제1, 대정신수대장경 50.

『대송승사략』(贊寧 撰), 대정신수대장경 54.

『무량수경우파제사』(天親 撰), 대정신수대장경 26.

「보조국사비명」(金君綏), 『보조전서』, 보조사상연구원, 1889.

『불설 관무량수경』, 대정신수대장경 12.

『불설 관미륵보살 상생도솔천경』, 대정신수대장경 14.

『불설 아미타경』, 대정신수대장경 12.

『삼국유사』(一然 撰), 대정신수대장경 49.

『섭대승론본』, 대정신수대장경 31.

『유심안락도』(元曉 撰), 한국불교전서 1.

「절요」(普照知訥 撰), 『보조전서』, 보조사상연구원, 1889.

『정본 한암일발록 상권』(한암문도회 편), 평창 : 오대산 월정사, 2010.

「정혜결사문」(普照知訥 撰), 『보조전서』, 보조사상연구원, 1989.

『천수천안관세음보살광대원만무애대비심다라니경』, 대정신수대장경 20.

## • 사전류

사이토 아키토시(齋藤昭俊)(1993). 『日本佛敎人名辭典』, 東京 : 新人物往來社.

스즈키(鈴木)學術財團 編(1987). 『梵和大辭典』, 東京 : 講談社.

## • 저서류

김현(2005).『현대 비평의 양상』, 서울 : 문학과지성사.

김호성.

　2006a.『천수경과 관음 신앙』, 서울 : 동국대학교출판부.

　2006b.『천수경의 새로운 연구』, 서울 : 민족사.

　2009a. 『불교 해석학 연구』, 서울 : 민족사.

　2011a.『일본 불교의 빛과 그림자』, 서울 : 정우서적.

마츠오 겐지(松尾剛次)(2005).『인물로 보는 일본 불교사』, 김호성 옮김, 서울 : 동국대학교 출판부.

야나기 무네요시(柳宗悅)(2006).『南無阿彌陀佛』, 東京 : 岩波書店.

연남 거사 현토·번역(1982). 『선사 경허 화상 행장』, 서울 : 대한전통불교연구원.

이능화(2010).『조선 불교 통사』, 제7권, 서울 : 동국대학교출판부.

카뮈(2008).『시지프 신화』, 김화영 옮김, 서울 : 책세상.

한보광(2000).『신행 결사 연구』, 성남 : 여래장.

한상길(2006).『조선 후기 불교와 寺刹契』, 서울 : 경인문화사.

현성 편(1988).『영호 대종사 어록』, 서울 : 동국출판사.

## • 논문류

고영섭(2008).「경허 성우의 불사와 결사」,『한국불교학』, 제51집, 서울 : 한국불교학회.

고익진(1987).「경허당 성우의 도솔이생론과 그 시대적 의의」,『한국미륵사상연구』, 서울 : 동국대 불교문화연구원.

김광식.

　2010.「근대 선원 청규의 개요와 성격」,『한국 현대선의 지성사 탐구』, 서울 : 도피안사.

　2011.「종합 토론」,『한암사상』, 제4집, 평창 : 한암사상연구원.

　2013.「경허 논의의 비판적 검토」,『불교평론』, 제53집, 서울 : 만해사상

실천선양회.

김방룡(2012). 「경허 선사의 간화선과 수행관」, 『경허 선사 열반 100주년 학술 세미나』, 서울 : 대한불교조계종교육원.

김영욱(2012). 「경허 선의 특징과 게송, 한시 해석의 제 문제」, 『경허 선사 열반 100주년 학술 세미나』, 서울 : 대한불교조계종교육원.

김지견.

    1982. 「후기」, 『선사 경허 화상 행장』, 서울 : 대한전통불교연구원.

    2002. 「경허당 산고」, 『화엄 사상과 선』, 서울 : 민족사.

김호성.

    1990. 「보조의 정토 수용에 대한 재고찰」, 『한국철학종교사상사』, 익산 : 원광대 종교문제연구소.

    1991. 「정혜결사의 윤리적 성격과 그 실천」, 『한국불교학』, 제16집, 서울 : 한국불교학회.

    1995. 「결사의 근대적 전개 양상 — 정혜결사의 계승을 중심으로」, 『보조사상』, 제8집, 서울 : 보조사상연구원.

    1998. 「불교 경전이 말하는 미륵 사상」, 『동국사상』, 제29집, 서울 : 동국대학교 불교대학.

    2000. 「바가바드기타의 윤리적 입장에 대한 비판적 고찰」, 『종교연구』, 제19집, 서울 : 한국종교학회.

    2001a. 「이샤 우파니샤드에 대한 샹카라와 오로빈도의 해석 비교」, 『인도철학』, 제10집, 서울 : 인도철학회.

    2001b. 「한문 불전의 이해를 위한 기초적 범어 문법」, 『불교대학원논총』, 제7호, 서울 : 동국대 불교대학원.

    2004. 「바가바드기타를 읽는 틸락의 분석적 독서법」, 『종교연구』, 제35집, 서울 : 한국종교학회.

    2005. 「옮긴이 해설 : 일본 불교사를 이해하는 새로운 패러다임」, 『인물로 보는 일본불교사』, 서울 : 동국대학교출판부.

    2008. 「봉암사 결사와 현대 한국 불교」, 서울 : 조계종출판사.

    2009b. 「결사의 정의에 대한 재검토」, 『보조사상』, 제31집, 서울 : 보조사상연구원.

2009c.「두 유형의 출가와 그 정치적 함의」,『인도철학』, 제26집, 서울 : 인도철학회.

2010a.「비베카난다의 붓다관에 대한 비평」,『인도철학』, 제29집, 서울 : 인도철학회.

2010b.「불교화된 효 담론의 해체」,『무심 보광 스님 화갑 기념 논총 불연록』, 성남 : 여래장.

2011b.「효, 출가, 그리고 재가의 딜레마」,『불교학연구』, 제30호, 서울 : 불교학연구회.

2012a.「도겐(道元)과 에죠(懷奘)의 남전참묘」,『선과 문화』, 제4호, 서울 : 선과 문화.

2012b.「경허의 '정혜계사 규례'에 나타난 수행 이념 재고」,『종교연구』, 제69집, 서울 : 한국종교학회.

2012c.「경허의 정혜계사에 나타난 수행 이념 재고」,『불교학연구』, 제33호, 서울 : 불교학연구회.

2012d.「바가바드기타 제12장의 난문(難文)에 대한 이해」,『인도철학』제35집, 서울 : 인도철학회.

2013.「'사효의 윤리'와 출가 정신의 딜레마」,『불교연구』, 제38집, 서울 : 한국불교연구원.

민영규(2003).「경허당의 북귀사(北歸辭)」,『민족과 문화』, 제12집, 서울 : 한양대 민족문화연구소.

박해당(2008).「경허의 선 사상에 대한 조명'(변희욱)에 대한 논평」,『경허, 만공의 선풍과 법맥』, 서울 : 대한불교조계종 교육원 불학연구소.

오형근(1987).「신라 유가 사상의 전개와 미륵 신앙」,『한국미륵사상연구』, 서울 : 동국대불교문화연구원.

윤창화.

2009.「漢岩禪師 會編 肉筆本『鏡虛集』解題」,『경허집』, 평창 : 오대산 월정사.

2011a.「鏡虛의 지음자(知音者) 漢岩」,『한암사상』, 제4호, 평창 : 한암사상연구원.

2011b.「종합 토론」,『한암사상』, 제4호, 평창 : 한암사상연구원.

2012. 「경허의 주색과 삼수갑산」, 『불교평론』 제52호(14권 제3호), 서울 : 만해사상 실천선양회.

이덕진(2002). 「경허 선사의 '법화'와 '행리'에 대하여」, 『한국선학』, 제4집, 서울 : 한국선학회.

이상하.

2011. 「경허집 편찬, 간행의 경위와 변모 양상」, 『한암사상』 제4집, 평창 : 한암사상연구원.

2012. 「경허 선의 특징과 게송, 한시 해석의 제 문제」, 『경허 선사 열반 100주년 학술 세미나』, 서울 : 대한불교조계종교육원.

최병헌(2000). 「근대 선종의 부흥과 경허의 수선결사」, 『덕숭선학』, 서울 : 한국불교선학원연구원 무불선원.

한보광(1998). 「보조의 정토관」, 『불교학보』, 제35집, 서울 : 동국대 불교문화연구원.

홍현지(2012). 「경허의 삼수갑산과 償債」, 『대각사상』, 제18집, 서울 : 대각사상연구원.

# 찾아보기

## ㅈ

# 저자의 논문 목록

일러두기

1. 박사 과정 입학(1989년) 이전에 쓴 글이 비록 활자화되고, 또 인용된다고 하더라도 학자로서의 정식 등단(박사 과정 입학) 이전의 것이므로 이 목록에서는 제외한다. 필자로서는 다만 '습작' 정도의 의미밖에 없는 것으로서, 학문적 가치를 부여할 수는 없다고 생각되기 때문이다.

2. 재수록의 경우에는 특별한 주기(註記, * 표시)가 없는 한, 재수록을 요청받아서 이루어진 것이다.

> * 1987년 2월, 송광사 보조사상연구원 간사로 취임(~1992년).
> * 1989년 3월, 동국대학교 대학원 인도철학과 박사과정 입학.

## 1889년

1. 「보조(普照)의 이문정혜(二門定慧)에 대한 사상사적 고찰」, 『한국불교학』, 제14집, 한국불교학회, pp. 405~432.

## 1990년

2. 「보조의 정토 수용에 대한 재고찰」, 『한국철학종교사상사』, 원광대 종교문제연구소, pp. 441~461.

3. 「보조선의 실재론적 경향과 그 극복」, 『동서철학연구』, 제7호, 한국동서철학연구회, pp. 111~131.

4. 「돈오점수의 새로운 해석―돈오를 중심으로」, 『한국불교학』 제15집, pp. 423~446. →『깨달음, 돈오점수인가 돈오돈수인가』, 민족사, 1992, pp. 215~237. 재수록. →『한국의 사상가 10인 지눌』, 예문서원, 2002, pp. 219~245. 재수록.

## 1991년

5. 「무기설에 대한 일고찰―언어 철학과 관련하여」, 『한국사상사』, 원광대학교 출판국, pp. 1539~1554.

6. 「돈오돈수적 점수설의 문제점」, 『동과 서의 사유 세계』, 민족사, pp. 459~479.

7. 「해동 화엄의 근대적 계승과 한암」, 『아세아에서의 화엄의 위상』, 대한전통불교연구원, pp. 197~222.
8. 「보조선의 사회 윤리적 관심」, 『동서철학연구』 제8호, 한국동서철학연구회, pp. 139~160. →『계초심학인문』, 민족사, 1993, pp. 203~236. 재수록.
9. 「정혜결사의 윤리적 성격과 그 실천」, 『한국불교학』 제16집, 한국불교학회, pp. 395~417. →『계초심학인문』, 민족사, 1993, pp. 171~202. 재수록.

## 1992년

10. 「능가경의 여래장설과 성상융회」, 『불교연구』 제8집, 한국불교연구원, pp. 137~152. → 전면적으로 해체 수정 증보하여 『대승 경전과 禪』, 민족사, 2002, pp. 286~295. 재수록.
11. 「돈점 논쟁의 반성과 과제」, 『깨달음, 돈오점수인가 돈오돈수인가』, 민족사, pp. 11~28.
12. 「바가바드기타의 카르마 요가에 대한 윤리적 조명」, 『인도철학』 제2집, 127~147. → 수정 증보 개제(改題)하여 「바가바드기타의 카르마 요가와 불교 윤리」, 『바가바드기타 연구』, pp. 1~31. 재수록.

## 1993년

13. 「능가경에 나타난 자내증(自內證)과 언어」, 『한국 종교 사상의 재조명 上』, 원광대학교 출판국, pp. 549~562. → 전면 수정, 보완하여 『대승 경전과 禪』, 민족사, 2002, pp. 268~282. 재수록.
14. 「혜심 선 사상에서 교학이 차지하는 의미」, 『보조사상』 제7집, 보조사상연구원, pp. 101~131.

## 1994년

15. 「바가바드기타의 제사관 — 불교 의례의 재검토를 위한 정초로서」, 『인도철학』 제4집, 인도철학회, pp. 139~159.

## 1995년

16. 「결사의 근대적 전개 양상 — 정혜결사의 계승을 중심으로」, 『보조사상』 제8집, 보조사상연구원, pp. 133~166.

## 1996년

17. 「밀교 다라니의 기능에 대한 고찰」, 『인도철학』 제6집, 인도철학회, pp. 175~200.

   * 이 17번 논문이 부분적으로 삭제, 수정, 보완되어서 새롭게 형성된 것이 45번 논문이다. 하지만 그 개정의 정도가 현저하다고 생각되므로 별도의 논문으로 정리한다.
   ** 이 해 여름 『선관(禪觀)의 대승적 연원 연구』라는 주제의 박사 학위 논문(지도교수 : 정태혁)이 통과되다. 실제로는 1995년 하반기부터 1996년 상반기까지 쓰여졌다. → 수정, 삭제, 보완을 거쳐서 『대승 경전과 禪』이라는 제목으로 민족사에서 2002년에 출판되었다.

## 1997년

18. 「천수경 신행의 역사적 전개」, 『미래 불교의 향방』, 장경각, pp. 131~154.
19. 「한국의 인도 불교 연구」, 『인도연구』 제2호, 한국인도학회, pp. 71~89.

   * 이 해 9월 1일자로 동국대학교 인도철학과 전임 강사에 임용됨.

## 1998년

20. 「『해심밀경』의 철학적 입장과 선의 수증론(修證論)」, 『구산논집』 창간호, 구산장학회, pp. 49~82. →『불교학논총』, 동국역경원, pp. 127~151. 재수록.

   * 월운 스님의 고희 기념 발간을 위하여 재수록도 좋다는 편집진의 요청에 따라서 재수록함.

21. 「불교 경전이 말하는 미륵 사상」, 『동국사상』 제29집, 동국대학교 불교대학, pp. 63~83. →『철학비평』 제3호, 세종출판사, pp. 151~176. 재수록.
22. 「한국의 정통 인도 종교 연구사 검토」, 『종교연구』 제15집, 한국종교학회, pp. 197~227. →『해방후 한국종교연구사』, 도서출판 창, 1997, pp. 297~336.
23. 「'저자의 부재'와 불교 해석학」, 『불교학보』 제35집, 동국대 불교문화연구원, pp. 187~206. →『동서비교문학저널』 제5호, 한국동서비교문학학회, 2001, pp. 141~169. 재수록. →『동서 비교 문학, 왜 학문 공동체인

가』, 경희대 출판국, 2005, pp. 187~221. 재수록. → 「'저자의 부재'론과 실천적 독서법 ― 문학 이론과의 공관(共觀)을 통하여」로 개제하여 『불교 해석학 연구』, 민족사, 2009, pp. 103~141. 재수록.

24. 「초기 우파니샤드의 명상 개념 1」, 『인도철학』 제7집, 인도철학회, pp. 65~88.

## 1999년

25. 「초기 우파니샤드의 명상 개념 2」, 『인도철학』 제8집, 인도철학회, pp. 179~212.

26. 「인도철학, 불교학의 방법론에 대한 성찰」, 『불교연구』 제16집, 한국불교연구원, pp. 95~129.

27. 「바가바드기타와 구라단두경의 입장에서 본 조선 불교 유신론의 의례관」, 『불교학보』 제36집, 동국대 불교문화연구원, pp. 197~223.

28. 「전통적 불교학의 방법론에 나타난 현대적 성격」, 『가산학보』 제7호, 가산학회, pp. 47~70. → 「자기 철학의 제시를 위한 전통적 불교학의 해석학적 장치들」로 개제하여 『불교 해석학 연구』, 민족사, 2009, pp. 61~101. 재수록.

## 2000년

29. 「불교의 여성관 정립을 위한 해석학적 모색」, 『불교학의 해석과 실천』, 불일출판사, pp. 31~60.

30. 「바가바드기타의 윤리적 입장에 대한 비판적 고찰」, 『종교연구』 제19집, 한국종교학회, pp. 83~103.

31. 「산스크리트어 형태론의 구조적 이해」, 『불교어문논집』 제5집, 한국불교어문학회, pp. 59~81.

## 2001년

32. 「힌두교 전통에 비춰 본 불교의 효(孝) 문제」, 『인도철학』 제11집 1호, 인도철학회, pp. 67~94. → 수정 보완하고, 「불교화된 효 담론의 해체」로 개제하여 『불연록(佛緣錄)』, 여래장, 2010, pp. 529~548. 재수록.

33. 「한문 불전의 이해를 위한 기초적 범어 문법」, 『불교대학원논총』 제7호, 동국대 불교대학원, pp. 43~67.

34. 「이샤 우파니샤드에 대한 샹카라와 오로빈도의 해석 비교」, 『인도철학』 제10집, pp. 105~148.

## 2002년

35. 「バガヴァッド・ギーターと大乘涅槃經における暴力/戰爭の正當化問題」, 『韓國佛敎學 Seminar』 第9號, 韓國留學生印度學佛敎學硏究會, pp. 149~166.
36. 「미망사와 불교의 비교 해석학 ─ 경전관을 중심으로」, 『한국종교사연구』 제10호, 한국종교사학회, pp. 77~116. → 「경전의 무거움과 해석의 가능성 ─ 이 책의 서론으로서」로 개제하여, 『불교 해석학 연구』. 민족사, pp. 21~59. 재수록.
37. 「천수경 이해를 통해서 본 광덕의 회통 불교」, 『종교연구』 제29집, 한국종교학회, pp. 259~281. → 「일음교에 있어서 천수경의 위상 ─ 광덕의 관점을 중심으로」로 수정, 증보하여 『천수경의 새로운 연구』, 민족사, 2006. pp. 141~199. 재수록.

   * 박사 학위 논문을 수정 보완하여, 『대승 경전과 禪』(민족사)으로 출판. 문화체육관광부 우수 학술 도서로 선정되었다.
   * 9월부터 2003년 8월까지 일본 교토에 있는 불교대학(Bukkyo University)에서 객원 연구원으로 있었다.

## 2003년

38. 「Arjunaの懷疑に見られる意味」, 『印度學佛敎學硏究』 제52권 1호, 일본인도학불교학회, pp. 465~470.
39. 「'정의의 전쟁'론은 정의로운가」, 『동서철학연구』 제28집, 한국동서철학회, pp. 5~35.

   * 앞의 33번 논문이 편집 실수로 중간에 잘리게 되어서, 다시 발표할 필요가 있었다. 이에 한국어로 번역하고, 개제하여 다시 발표하였다.

40. 「'원본 천수경'과 '독송용 천수경'의 대비」, 『불교학보』 제40집, 동국대 불교문화연구원, pp. 53~103. → 『천수경의 새로운 연구』. 민족사, 2006, pp. 19~95. 재수록.

## 2004년

41. 「바가바드기타를 읽는 틸락의 분석적 독서법」, 『종교연구』 제35집, 한국종교학회, pp. 195~224.

42. 「바가바드기타를 읽는 샹카라의 호교론적 해석학」, 『인도철학』 제17집, pp. 155~182.

43. 「보살계본지범요기(菩薩戒本持犯要記)의 성격론에 대한 재검토」, 『원효학 연구』 제9호, 원효학연구원, pp. 63~92.

   * 아래 44번 논문의 5장 1절로 집필되었으나, 원효 연구자들의 공람(供覽)을 원하여 별도로 다시 발표하였다.

44. 「'독송용 천수경'에 대한 언어적 재해석과 그 적용」, 『불교학보』 제41집, 동국대 불교문화연구원, pp. 105~157. →『천수경의 새로운 연구』, 민족사, 2006, pp. 237~351. 재수록.

## 2005년

45. 「禪宗で大悲呪を讀誦する理由」, 『禪學研究』 제83호, 日本 花園大學 禪學研究會, pp. 25~53. →「선종에서 대비주를 독송하는 이유」, 『천수경의 새로운 연구』, 민족사, 2006, pp. 201~235. 재수록.

46. 「관음 신앙의 유형에 대한 고찰」, 『천태학연구』 제7호, 천태불교문화연구원, pp. 289~323. →『천수경의 새로운 연구』, 민족사, 2006, pp. 97~140. 재수록. →「觀音信仰の類型に對する一考察」, 『日本佛教史研究』 第3號, 일본불교사연구소, pp. 195~242. 재수록.

47. 「바가바드기타를 읽는 간디의 다원적 독서법」, 『인도연구』 제10권 2호, pp. 179~213. →「여러 가지 독서법에 의지한 해석의 사례 — 간디의 『바가바드기타』 읽기를 중심으로」로 개제하여, 『불교 해석학 연구』, 민족사, 2009, pp. 143~180. 재수록.

48. 「伽範達摩譯本千手經に見られる思想」, 『印度學佛教學研究』 제54권 1호, 일본인도학불교학회, pp. 524~530.

## 2006년

49. 「기타에 대한 샹카라의 주제 파악과 틸락의 비판」, 『인도철학』 제20집,

pp. 153~190.

50. 「산스크리트 산디 현상의 원리 해명」, 『남아시아연구』 제11권 2호, 한국
    외대 남아시아연구소, pp. 53~82.

51. 「반야심경의 주제에 대한 고찰」, 『불교학보』 제44집, 동국대 불교문화
    연구원, pp. 31~61.

52. 「아르주나의 회의와 그 불교적 의미」, 『종교연구』 제42집, pp. 103~126.

53. 「바가바드기타와 관련해서 본 한암의 염불 참선 무이론」, 『한암사상연
    구』 제1집, 한암사상연구원, pp. 55~147.

54. 「바가바드기타에 보이는 지혜와 행위의 관련성 — 간디의 sthitaprajña
    개념을 중심으로」, 『인도연구』 제11권 2호, 한국인도학회, pp. 99~143.

55. 「일음교(一音教)와 자기 철학의 글쓰기」, 『동서철학연구』 제42호, 한국
    동서철학회, pp. 53~89. →『불교 해석학 연구』, 민족사, pp. 181~229.

* 이 해 7월 『천수경의 새로운 연구』(민족사) 출판. 학술원 우수 학술 도서에 선정됨.

## 2007년

56. 「바가바드기타에 대한 틸락의 행동주의적 해석」, 『인도철학』 제22집,
    인도철학회, pp. 275~311.

57. 「텍스트와 현실의 해석학적 순환 — 불연 이기영의 원효 해석학」, 『불교
    연구』 제26집, 한국불교연구원, pp. 101~174. →『불교 해석학 연구』, 민
    족사, pp. 231~295. 재수록.

58. 「韓國から見た日本佛教史 — 松尾剛次著『お坊さんの日本史』に寄せて」,
    『山形大學歷史·地理·人類學論集』, 山形大學歷史·地理·人類學研究會, pp.
    13~22.

59. 「반야심경의 진언(mantra)에 대한 고찰 — 인도 찬술 주석서들을 중심
    으로」, 『인도철학』 제23집, 인도철학회, pp. 33~71.

60. 「바가바드기타에 보이는 믿음과 행위의 관련성」, 『남아시아연구』 제
    13권 1호, pp. 73~99.

## 2008년

61. 「봉암사 결사의 윤리적 성격과 그 정신」, 『봉암사 결사와 현대 한국 불
    교』, 조계종 출판사, pp. 105~160.

## 2009년

62. 「결사의 정의에 대한 재검토」, 『보조사상』 제31집, 보조사상연구원, pp. 191~230.
63. 「탄허의 결사 운동에 대한 새로운 조명」, 『한암사상』 제3집, 한암사상연구원, pp. 125~166.
64. 「두 유형의 출가와 그 정치적 함의」, 『인도철학』 제26호, pp. 5~45.
65. 「『겨울의 유산』에 나타난 한국 불교」, 『일본불교사연구』 창간호, pp. 61~110. → 「『冬のかたみに』における韓・日佛教」, 『日本佛教史研究』 제7호, 일본불교사연구소, 2012, pp. 235~288.

  * 『불교 해석학 연구』(민족사) 출판. 불교 출판 문화상 우수상 수상.

## 2010년

66. 「근대 한국의 선농 불교에 대한 재조명 — 학명과 용성을 중심으로」, 『불교학보』 제55집, 동국대 불교문화연구원, pp. 63~390.
67. 「학명(鶴鳴)의 선농 불교에 보이는 결사적 성격」, 『한국선학』 제27호, 한국선학회, pp. 101~138. → 『아시아불교, 전통의 계승과 전환』, 동국대 출판부, pp. 43~73.
68. 「비베카난다의 붓다관에 대한 비평 — 유행(sannyāsa)과 출가(pabbajjā)를 중심으로」, 『인도철학』 29집, pp. 137~172.
69. 「초기 경전과 대승 경전의 화쟁론 —『불교 해석학 연구』의 자주(自註), 혹은 보론(補論)」, 『보조사상』 34집, pp. 357~415.

## 2011년

70. 「근대 인도의 '노동의 철학(karma-yoga)'과 근대 한국 불교의 선농일치(禪農一致) 사상 비교」, 『남아시아연구』 제17권 1호, 한국외국어대학교 남아시아연구소, pp. 97~132.
71. 「『이입사행론』(二入四行論)의 인도 철학적 이해」, 『요가학 연구』 제6호, 한국요가학회, pp. 191~235.
72. 「'자성(自省)과 쇄신(刷新) 결사'에 대한 고찰 — 성립 가능성과 수행을 중심으로」, 『한국선학』 제30호, 한국선학회, pp. 283~319.
73. 「출가, 탈권력의 사제 동행 — 구라타 햐쿠조(倉田百三)의 『스님과 그

제자』를 중심으로」, 『일본불교사연구』 제5호, 일본불교사연구소, pp. 101~141.

74. 「효, 출가, 그리고 재가의 딜레마」, 『불교학연구』 제30호, 불교학연구회, pp. 499~535.

## 2012년

75. 「대만 불교의 실천 이념에 대한 고찰 — 인간 불교의 주제와 변주를 중심으로」, 『전법학연구』 창간호, pp. 155~209. →『대만 불교의 5가지 성공코드』, 불광출판사, pp. 133~173 재수록.

76. 「대만 불교 지도자의 리더십에 대한 고찰」, 『대만 불교의 5가지 성공 코드』, 불광출판사, pp. 395~419.

77. 「불교 사회 복지의 모범 사례 — 대만 자제공덕회의 활동」, 『불교평론』 제51호, 만해사상실천선양회, pp. 140~159.

78. 「경허의 정혜계사에 나타난 수행 이념 재고 —「계사문」을 중심으로」, 『불교학연구』 제33호, 불교학연구회, pp. 347~395. → 이 책의 세 번째 논문으로 재수록.

79. 「경허의 '정혜계사 규례'에 나타난 수행 이념 재고」, 『종교연구』 제69집, 한국종교학회, pp. 175~203. → 이 책의 네 번째 논문으로 재수록.

80. 「카뮈의 '이방인'에 대한 불교적 이해 — 자력 불교와 관련하여」, 『동서비교문학저널』 제27호, 한국동서비교문학학회, pp. 37~71.

81. 「백화도량 발원문의 이해에 대한 성찰 — 결락된 부분의 복원에 즈음하여」, 『한국사상사학』 제42집, 한국사상사학회, pp. 65~104.

82. 「바가바드기타 제12장의 난문(難文)에 대한 이해 — 9~12송을 중심으로」, 『인도철학』 제35집, 인도철학회, pp. 73~114.

## 2013년

83. 「사효(師孝)의 윤리와 출가 정신의 딜레마 — 한암의 '선사 경허 화상 행장'을 중심으로」, 『불교연구』 제38집, 한국불교연구원, pp. 301~355. → 이 책의 두 번째 논문으로 재수록.

* 이 해 4월부터 9월까지 6개월간 대학으로부터 연구년을 얻어서, 일본 시코쿠의 "고치 대학"에서 외국인 연구원을 지냈다.